沪上伟薪录

高中语文教学的研究与实践

万技伟 著

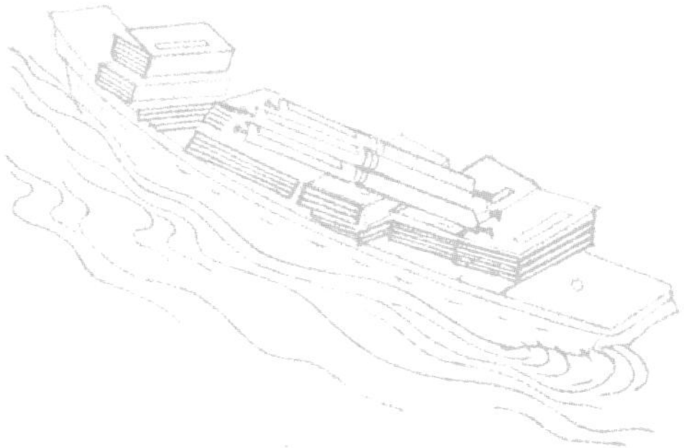

中西書局

图书在版编目(CIP)数据

沪上传薪录：高中语文教学的研究与实践 / 万技伟著. —上海：中西书局，2021.12
ISBN 978-7-5475-1887-8

Ⅰ. ①沪…　Ⅱ. ①万…　Ⅲ. ①中学语文课—教学研究—高中　Ⅳ. ①G633.302

中国版本图书馆 CIP 数据核字(2021)第 202613 号

沪上传薪录：高中语文教学的研究与实践

万技伟　著

责任编辑　唐少波
装帧设计　黄　骏
责任印制　朱人杰

出版发行　上海世纪出版集团
中西書局(www.zxpress.com.cn)
地　　址　上海市闵行区号景路 159 弄 B 座(邮政编码：201101)
印　　刷　启东市人民印刷有限公司
开　　本　700×1000 毫米　1/16
印　　张　14
字　　数　239 000
版　　次　2021 年 12 月第 1 版　2021 年 12 月第 1 次印刷
书　　号　ISBN 978-7-5475-1887-8/G·642
定　　价　66.00 元

目　录

小　序

从2003年《普通高中语文课程标准(实验)》到2020年的《普通高中语文课程标准(2017版2020年修订)》,语文课程不断改革、发展,取得了丰硕成果。作为一线语文教师,如何把握语文课程的价值导向,将《普通高中语文课程标准》的要求贯彻、落实在平常的每一堂语文课上,以提升学生的语文学科核心素养,这是我近二十年来一直在探索、研究与实践的课题。

首先,本书本着"知行合一"的理念,将一些在阅读教学、写作教学中常涉及的相关理论,例如建构主义理论、认知理论、多元智能理论、信息加工理论等,为我所用地运用于语文教学实践中,坚持基本的语文教学方法,探索个性化阅读和创意写作的策略,研究如何创设情境让学习经历真实地发生,取得了一定的教学成效。其次,语文教学离不开课堂,课堂上"师"与"生"、"教"与"学"到底是什么关系?立德树人的根本任务在语文课堂上如何落实?结合自身的教育教学实践,本书阐述了学生是在教师指导下的学习主体,总结了专家型教师的课堂实践智慧,挖掘语文课程资源对学生进行生涯指导,凸显了以学生为中心的教育理念,结合教学实例展示了如何实现学科育人的目标。最后,语文是一门综合性、实践性的课程,学业考试当然是很重要的学习评价方式,但肯定不是唯一的。本书列举了一些学生的课堂发言、课后作业、创作作品,这让我们既能从中看到学生外在的学习成果,又能从中看到学生内在的学习品质,比如语言的建构与运用、鉴赏与表达、思维的发展与提升、正确价值观的形成与确立。同时,这些不仅是对学生学习的评价,也是对教师教育教学的评价,我们可以从这些学生的学习成果中去关照、反思自己的教育理念和教学实践。

到明年,我就从教30年了,一路走来,有对成为好教师的憧憬、有对自我能力的怀疑、有学生超出我预期时的惊喜、有尝试却失败了的沮丧……我用心地记录着学生的成长,他们的点滴进步让我感到当老师的幸福;我认真地审视自己的教育教学,因为害怕由于自己的失误影响学生成长。很早就知道于漪老师的名言"一辈子做老师,一辈子学做老师",耕耘讲台近30年后,我对这句话有了真正属于自己的感受。所以今天，我斗胆把这些探索与实践整理、呈现出来，以资有志于语文教育的同道批评、借鉴，也作为自己再出发的起点。

万技伟
2021年8月

【辑一】

阅读教学

“双新”背景下个性化阅读实践研究

2017年，我国颁布《普通高中语文课程标准（2017版）》；同年，教育部在上海市和浙江省进行了高考改革试验；随后，语文新教材逐步推广使用，语文课程改革对一线语文教师带来的挑战不可谓不大。但是，如果我们回顾一下2003年《普通高中语文课程标准（实验）》，就会发现课程性质和育人价值没有发生本质变化，《普通高中语文课程标准（2017版2020年修订）》是对2003年《普通高中语文课程标准（实验）》素养型目标体系的演绎与发展。比如从语文素养到语文学科核心素养，重视学习者的学习过程，追求共性与个性的统一，强调自主合作、个性化、创造性等因素等都是一致的，但有了更为丰富、科学的表达，并且增加了问题导向、跨文化、跨媒介运用等和时代发展密切相关的内容。

语文是一门时代性很强的课程，创新发展是新时代的特征。学生的个性化阅读实践有助于学生的自主发展、个性化发展、创造性发展，而这是未来社会创新发展的动力源泉。世界各国都很重视个性化阅读。加拿大要求每个学生都应学会在阅读和写作中表达个性化观点；日本要求学生在阅读各种各样的文章后能分享自己独特的见解；英国要求教师在教学莎士比亚剧作时，鼓励学生独立地、批判性地阐释自己的看法，不要将莎士比亚当作“民族文学偶像”盲目崇拜。英国《英语课程学习规划和成就目标〈关键阶段4〉（2012年版）》中关于“阅读”的描述有“对文本形成个性化的观点，并用具体的原文语段支持自己的阐释”“阅读文本后能够反馈自己的想法”。

个性化阅读能力培养，在2003年《普通高中语文课程标准（实验）》中有明确提出，在《普通高中语文课程标准（2017版2020年修订）》中分散在不同的任务群中加以落实。“学习任务群1 整本书阅读与研讨”课程标准对本任务群的学习目标与内容有如下要求：“联系个人经验，深入理解作品；享受读书的愉悦，从作品中汲取营养，丰富自己的精神世界，逐步形成正确的世界观、人生观、价值观。”这是对整本书阅读效果的要求，即强调个性化理解，强调享受读书乐趣，强调立德树人。在教学提示中特别指出“教师应善于发现、保护和支持学生阅读中的独到见解”。“学习任务群5 文学阅读与写作”课程标准对本任务群的学习目标与内容有如下要求，“结合自己的生活经验和阅读写作经历，发挥想象，加深对作品的理解，力求有自己的发现”，即强调将文学阅读与学生个人的生活经验对接，形成自己个性化的独特感受。

那么，什么样的阅读是个性化阅读？个性化阅读实践中要把握哪些原则？教师在个性化阅读教学实践中要怎么做呢？

一、什么是个性化阅读

个性一般指个人稳定的心理品质，个性化就是独具“个人”特色。阅读是一种从语言符号中取得意义的心理过程。如果在这个过程中，获得的是和其他人一样的、带有共性色彩的意义，那么这还不是个性化阅读。如果读者在阅读过程中启动了大脑中以前的具有个性倾向性和个性心理特征的知识、情感、意向、兴趣和信念等，来对作品进行感知、理解、探究，把握其所反映的事件及其意义，以形成自己对客观世界的认识，最终获得带有强烈主观色彩的感悟和体验，那么我们认为这是个性化阅读。高中学生已有不少语言积累和人生经验，思维发展水平也决定了高中学生有能力也有意愿从不同角度、不同立场对作品提出独具个性的理解，所以我们应鼓励高中学生进行个性化阅读。

个性化阅读具体表现在：阅读准备的个性化、阅读过程的自主探究性和阅读结果的差异性。

（一）阅读准备的个性化

理解总是从已有的认知结构开始的，海德格尔在《存在与时间》中提出了“前结构”理论，它包括思想、智慧、意志、经验和技能等，认为这是每个人认识事物、阅读文本的起点。接受美学则提出“期待视野”这个概念：“期待视野是阅读一部作品时读者的文学阅读经验构成的思维定向或先在结构。……这里所谓期待视野，包括人们的思想观念、道德情操、审美趣味，同时也包括人们的直觉能力和接受水平等等。”①我认为不管认知理论还是接受反应理论，虽然运用的名词术语各不相同，但都确定任何读者在阅读之前必须要、也一定会具备一种知识框架或理解结构，没有这一结构，就不可能接受新东西，读者阅读前

① ［德］H. R. 姚斯、［美］R. C. 霍拉勃《接受美学与接受理论》，周宁、金元浦译，沈阳：辽宁人民出版社，1987年版，第8页。

不存在“零”度的纯中立的清明无染的白板状态。这些“框架”“结构”是由人的生活经验和气质、性格、能力、动机、兴趣、世界观、人生观、态度等个性特征决定的。而这些生活经验和个性特征与人的遗传素质以及社会实践活动有关,具有唯一性、不可替代性。因此,每个人的阅读起点是不一样的,阅读准备是个性化的。

例如,在阅读鲁迅的小说《祝福》时,作者开篇写道,鲁四老爷跟我寒暄之后“即大骂其新党。但我知道,这并非借题在骂我:因为他所骂的还是康有为”。大多数同学不会觉得此处有什么深意,而有一位历史知识比较丰富的同学则敏感地发现,康有为在戊戌变法失败后逃往日本,自称持有皇帝的衣带诏,在辛亥革命后,作为保皇党领袖,是反对革命、反对共和的,而鲁四老爷骂“新党”竟然骂的还是“康有为”。时间在鲁镇似乎停滞了,这既反映了鲁镇的封闭、保守,也表现了外面世界轰轰烈烈的革命并没有触及社会基层,这里的人们至多只是听说了“新党”“革命”等新名词,其实不过死水微澜而已。鲁迅先生写的《祝福》要反映的正是这样的社会现实:20 世纪 20 年代,中国新文化运动快速发展,知识分子以极大的热情欢呼辛亥革命的爆发,可是不久,他们就发现辛亥革命并没有彻底摧毁封建社会的基础,宗法观念、封建礼教仍然是压在人民尤其是农民头上的精神枷锁。因为阅读准备是具有个性化特点的,这位同学“前结构”中的历史知识使他获得了和其他同学不一样的、更深刻的阅读体悟。

(二)阅读过程的自主探究性

我们知道,文章的主题是潜伏在语言文字背后的,读者接触的只是语言文字,感知的却是主题。从心理学的角度看,阅读这种从书面符号中获取意义的复杂的心理过程,要经历感知(看到文字,读出字音)——理解(把单词转化为意义)——反应(领会作者说的是什么)——综合(与实际联系的应用)四个阶段。而每一个学生由于受到心智水平、认知经验的限制,在发现、破解这些隐含在字面之下的潜在信息密码过程中还会遇到许多的疑难和困惑,尤其是当文本所表述的情感态度、价值观念与学生的“前结构”不一致或相矛盾时,其疑难和困惑就更为突出,成为阅读理解的障碍,这使得每一个学生的阅读理解程度往往不在同一个层面上。

对于小说《哦,香雪》中的人物形象,一开始,有同学认为作者想通过凤娇的虚荣与香雪的勤奋好学做对比，表达如果要改变家乡的面貌，要像香雪那样好好读书的主题。有这种理解的学生，多半在现实生活中被教育过，“不要一天到晚就知道要买这个买那个，要好好读书”。而有些同学则认为，凤娇们关注的“妇女头上的金圈圈”“比指甲盖还小的手表”“大刀片似的电扇”，和香雪关心的文具盒、书包，其实一样都是物质，香雪还因为同学的自动文具盒羡慕过、自卑过，那香雪是不是也有虚荣心呢。学生的这些阅读困惑和片面解读，是受到了他们认知经验的限制和一直以来的思想品德教育的影响。但也有一些同学却发现作者用了那么多美好的词来描绘凤娇们，她们“和和气气”地做买卖，她们看见香雪回来时“欢乐的呐喊”，她们对外面的世界充满好奇，她们也关心“烧水在哪儿”“开到没路的地方怎么办”，这些同学感受到作者对这群青春善良美丽女孩的喜爱。为什么对同一个作品，感受有这么大的差异？“我”的理解是合理的吗？作者是不是还有更深层次的思考？在个性化阅读过程中，学生要在自己的阅读起点上自主分析、推理和探究，不断地对自己的理解加以监控和调节，从而把握自己的理解程度，判断与目标的差距，反思自己与他人见解的矛盾之处、相异之处，并采取各种帮助思考和增进理解的策略，探究自己与他人看法、感受的合理性，实现对文本比较全面而又富有个性的理解。

（三）阅读结果的差异性

一般文艺理论认为读者对作品是被动接受的，但接受美学认为：“文学作品不是由作者独家生产出来的，而是由作者和读者共同创造的。”“文学本文是一个多层面的开放式的图式结构，它的存在意义和价值仅仅在于人们可以对它作出不同的解释，这些解释既可以因人而异，也可以因时代的变化而有所不同，但无论哪一种解释都是有意义的，也是合理的。”[①]也就是说，作品不是作者创作的一座永久性的纪念碑，而是好像一部乐谱、一首乐章，在不同的时间和地点，由不同层次的读者来演奏，会产生不同的音乐。阅读文学作品的过程，是发现和建构作品意义的过程，作品的文学价值，是由读者在阅读鉴赏过程中得以实现的。

导致阅读结果差异性有两方面的原因，首先作者是有个性的人，其次读者

---

① ［德］H. R. 姚斯、［美］R. C. 霍拉勃《接受美学与接受理论》，周宁、金元浦译，沈阳：辽宁人民出版社，1987 年版，第 5 页。

也是有个性的人。正如《普通高中语文课程标准(2017 版 2020 年修订)》中指出的:我们就是通过他人的言语作品来提高学生的语言能力,而言语作品中的词意是融入了作者主观经验和审美情趣的,是一种个性化表达。而语文课程是否能使学生形成内在的品质和能力,关键在于是否能引发学生将自己头脑中已有的内容激活,并通过思维加工生产属于自己的言语成品。这种“属于自己的言语成品”就是个性化阅读的结果,是作为阅读主体的个人对阅读材料的一种带有强烈主观色彩的理解、感悟和体验,必然会存在一定的差异性,所谓一千个读者就有一千个哈姆莱特。

同样是阅读鲁迅先生的《祝福》,韩雪屏在《语文教育的心理学原理》中也举了一个例子:有一位高中的女学生,在读《祝福》时常想起童年时在农村认识的一位老太太。这位老太太年轻时,丈夫被洪水冲走了,唯一的儿子也掉在家门前的水塘里淹死了。村里的人们都视她为不祥之物,叫她“水鬼”。人们都很嫌弃她,对她很冷漠,孩子们见了她都要骂她几句,这个女学生也曾对她很不恭敬,女学生的母亲还曾和她吵过架。读《祝福》时,她觉得村里的人们对这位老太太的态度,似乎与鲁镇的人们对祥林嫂的态度一样,太冷酷无情了。于是,她说服母亲与这位老太太言归于好,自己也鼓足勇气,恭敬地喊了她一声“阿婆”。读者原有的、个性的与作品相似的生活经历,使她具有了与其他同学完全不同的阅读结果,并促使形成了“属于自己的言语行为”。

这个女学生的阅读体悟,与前面所说那位有丰富历史知识的学生的阅读体悟,就是完全不一样的,也是不能互相取代的,因为阅读的准备和阅读探究的过程都是个性化的。

我们面对的是个性各异的学生,应努力建构适应学生身心发展规律的、满足学生个性需求的语文课堂,这样从语文课堂上走出去的才不会是千人一面的“流水线产品”,而是各具光彩的勃勃生命。

二、个性化阅读实践的原则

原则一:要重视丰富阅读的“前结构”

高中个性化阅读要特别重视丰富阅读的“前结构”,因为“前结构”将预设学生的阅读意向和对具体作品的各种要求(有意或无意的信息、需求或审美满足)。阅读一开始,学生的经验、积累和审美趣味会一下子蜂拥而至,美国应用心理语言学家古德曼(Kenneth S. Goodman)说过:“阅读的起点是读者头脑中已有的知识,而不是印在纸上的文章。”因此,不同的“前结构”水平会形成不同等级的个性化阅读水准。当学生的“前结构”与理解文本所需相差太远时,阅读将处于低水平状况,学生对文本全然不了解,阅读是读者的主观想象,推导出的文本意义是想当然的。当学生的“前结构”中既存在对文本的合理成见,又存在一些对文本的不合理成见时(个人的盲目猜想),那么学生会选择与自己观念相符合的观察点,有所得,但拒绝或疏漏了一些应该包括在内的东西。这种阅读,理解有限,难免片面。例如前文所举《哦,香雪》的阅读实例。当学生明白作者和我们所生存的空间、所处的时间是有差别的,从而通过大量的阅读实践来了解作者及其时代时,他将具备阅读理解文本所必需的“前结构”,这时文本视界与学生“前结构”和谐融合,学生对作品意义揭示将是合理完整的,这才具备了进一步开展个性化阅读的条件。

章学诚《文史通义·文德》中说:“不知古人之世,不可妄论古人文辞也;知其世矣,不知古人之身处,亦不可以遽论其文也。”例如在阅读《窦娥冤》时,有学生质疑窦娥许下的三桩誓愿,认为窦娥许愿“血染素练”“六月飞霜”来表达自己的冤屈之深,可以理解,但是“亢旱三年”,不是要牵连更多的百姓受苦吗?这和窦娥心地善良的形象不符。于是我提供了这个故事的来源《列女传》中的《东海孝妇》和田汉的戏剧《关汉卿》,引导学生去思考关汉卿的《窦娥冤》与《东海孝妇》的区别在哪里;结合《关汉卿》思考作者为什么要做这样的取舍、改动;然后,再提醒学生调动已经学过的知识,想一想《古诗为焦仲卿妻作》的结尾,“两家求合葬,合葬华山傍。东西植松柏,左右种梧桐。枝枝相覆盖,叶叶相交通。中有双飞鸟,自名为鸳鸯,仰头相向鸣,夜夜达五更”的表达效果。学生的阅读“前结构”得到不断丰富,慢慢能读出关汉卿是结合自己的经历,用这段故事,真实而深刻地反映蒙元统治下中国社会极端黑暗、极端残酷、极端混乱的悲剧时代。作品用丰富的想象和大胆的夸张,设计超现实的情节是为了寄托作者鲜明的爱憎,反映广大人民伸张正义、惩治邪恶的愿望,这也是中国古代文学作品中常用的现实主义与浪漫主义相融合的艺术手法。可见,学生对文本的理解不是简单的接受和客观的评价,而是以文本为媒介,把自己的“前结构”融入文本的世界里,与文本作者和文本所表达的意向、情绪、感悟等交织在一起,进而体会和领悟文本所流露的思想和情感。

《普通高中语文课程标准(实验)》曾明确要求教师“应引导学生在阅读文

学作品时努力做到知人论世，通过查阅有关资料，了解与作品相关的作家经历、时代背景、创作动机以及作品的社会影响等，加深对作家作品的理解”。所以，当学生阅读某文本出现偏差、困难时，教师可以尽量提供一些相关文章，如作者的传记、书信、回忆录、别人对其人、其文的评价等给学生阅读，学生在此基础上的理解会比天马行空缺乏任何根据的自由阐释要可靠得多。只有当学生不断丰富着自己的思想和情感，组建起自己新的信息库，才能建立起新的结构，而新的结构又是下一轮阅读的“前结构”。因此，个性化阅读实际上就是同化文本意义为自我意义，从而不断构建新的“自我”的创造性活动。

《庄子·秋水》中说：“井蛙不可以语于海者，拘于虚也；夏虫不可以语于冰者，笃于时也；曲士不可以语于道者，束于教也。”只有丰富了阅读的“前结构”，才有可能更正确地认识事物，理解文本。

原则二、要尊重学生独特的阅读体验

在这里，我们必须首先要清楚语言在实用的解释性文本（比如科学著作、说明文等）和在文学作品（比如诗歌、小说、戏剧等）中的使用是截然不同的。解释性文本无论何时何地都是力图说清楚一种观点或传播一种信息，这就要求在连续的实际的表达过程中不断减少和去除多义性，以达到预期的精确性。而在文学作品中，内容的关联性被空白打破，作品内涵往往具有多义性和模糊性，再加上学生的阅读起点很不一样，因此不同学生对于同一文本的理解就会有多种可能。

虽然作为教学所用的文本大多数是经过多次淘洗、反复揣摩的，往往会有一些公认的、确定的、相对统一的理解，但对于个人独特的感受和因此引发的理解、感悟来说文本意义是无限的。这正是个性化阅读所偏重的、和传统阅读不同的所在。如关于《荷塘月色》“这几天心里颇不宁静”“轻轻的推门进去，什么声息也没有，妻已熟睡好久了”这两句话的理解。王曙《从文章结构入手重读〈荷塘月色〉》（《语文学习》1993/8）认为“听凭这‘颇不宁静’的心绪陪伴自己度过这难眠之夜，坐等归里，以与这制造不宁静心绪的现实环境决裂——这就是《荷塘月色》一文的题旨。”封先勇《智者的孤独》（《名作欣赏》1998/2）则认为：“表达的是一种‘世人皆醉我独醒’似的智者的孤独情绪，是因自己高出于芸芸众生之人而不被理解产生的知音难觅的喟叹和哀愁，同时也表达了作者对青春活力的憧憬。”余光中在《论朱自清散文》中更是批评说：“作者是一个丈夫、父亲。这位丈夫赏月不带太太，提到太太的时候也不称她名字，只用一个家常便饭的‘妻’字。”专家、学者的理解都各异，何况是我们学生，囿于心智水平和生活经验较少，他们的理解更会是五花八门。但这就是他们的理解，哪怕是出现误解、误读，只要是在自主探究中提出来的，教师对其合理的成分以及自主解读的积极性，必须给予尊重和鼓励。当然这并不是说教师完全不干预，而是要根据学生的阅读体验和结果，提供支架、提供资源，在教师与学生之间、学生与学生之间组织互相的交流、启发、碰撞、交锋，以此推进学生主动积极地进一步去探究、去思考，因为高中的个性化阅读更看重的是解读文章的过程，探究过程本身比最后得出确定性结论更为重要。

《普通高中语文课程标准(2017版2020年修订)》在对“学习任务群1 整本书阅读与研讨”和“学习任务群5 文学阅读与写作”的学习目标与内容有如下表述：1. 联系个人经验，深入理解作品；2. 结合自己的生活经验和阅读写作经历，发挥想象，加深对作品的理解，力求有自己的发现；3. 享受读书的愉悦，从作品中汲取营养，丰富自己的精神世界，逐步形成正确的世界观、人生观、价值观。可见，在个性化阅读中，重视丰富学生阅读的“前结构”，尊重学生个性化阅读体验，保护学生阅读的积极性和创造力，使阅读过程充满探究和成功的愉悦，让学生始终保持强烈的求知愿望和浓厚的学习兴趣，这是落实语文学科核心素养的有效途径。

三、个性化阅读教学实践中的教师

（一）在个性化阅读教学中，语文教师的特点是有限制的个性自由

这表现在教师的读和教两方面：作为一名读者，语文教师的个性化阅读要符合课程标准对学生的培养目标要求；作为一名教师，在遵循课程标准、保证达到课程标准基本要求的前提下，在教学内容和教学方法的选择取舍等方面可有所侧重、有所创新，充分发挥自己的个性特长。

如果仅仅作为一名读者，语文教师完全可以根据自己的人生经历、生活经验和知识积累对文本作出个性化的好恶评价、价值判断，甚至可以进行批判性阅读，对文本横挑鼻子竖挑眼，去找出其隙漏或不足。但作为语文教师，不是一名普通阅读者，所以阅读更多地要追求文本意义的确定性、单一性，反对歧义、多义，要承认文本的大众所公认的、普遍的意义，即使有不同的见解，表达

也应该在学生理解掌握普遍意义之后。这是因为教学必须顾及课程标准，应尽量使文本的理解限定在一定范围之内，并按规定的教学目标，考虑落实具体的教学内容的要求。所以教师在阅读文本时一方面是有自己个性化特点的，另一方面又是不完全自由的，从内容阐释到意义理解都要将教学要求贯彻落实到课堂教学中去。

在教学内容方面，比如有的教师文学功底深厚，对作家作品如数家珍，深有自己的研读心得，那么他就可能推荐更多更好的书目，介绍背景轶事，创设学习的氛围，引起学生阅读的兴趣，以指导学生更好地进行个性化阅读。比如在阅读朱自清先生的经典作品《背影》时，学生基本能体会到那个穿铁道、爬月台的背影中深沉的父爱。但教师若能介绍“买橘子是扬州特有的习俗。扬州人把‘走运’说成‘走局’。‘局’与‘橘’同音，所以亲朋好友送礼，橘子必不可少。送橘子就是希望亲友走运”，这样是不是能更好地引导学生体验到父亲送儿子北上远行时，艰难地穿铁道、爬月台的良苦用心呢？而这样的阅读体验化为学生的生命经验之后，这些学生可能会在今后的阅读中，更好地理解送别“折柳”、重阳“登高”的文化内涵。再如我校倪文韬老师在教《过秦论》时，发现一般同学自主阅读《过秦论》，是可以比较顺利探寻出贾谊所总结的秦之过错的，也就是“仁义不施而攻守之势异也”。但是，这句话究竟作何解释？这句话体现出作者什么样的思想？作者想通过这句话给当时的统治者传达什么？这些问题一般学生是不会深思的。倪老师以自己深厚的文言功底，发现“仁义不施而攻守之势异也”这句话究竟作何解释，关窍在于中间的连词“而”字的理解：如若“而”表因果关系（教参以及很多教师授课时的默认），则表明秦国不施仁义，所以导致了攻守之势发生改变，进而被灭，展现的是贾谊以民为本的儒家思想。如若“而”表转折关系（倪老师个人的理解），则表明，秦国始终仁义不施，依靠不施仁义之手段取得天下后，由攻转守治理天下却仍然在用不施仁义的老办法，所以导致了灭国，展现的是贾谊审时度势的法家思想。这与前者就完全不同了，可谓失之毫厘、谬以千里。而“而”字在此处表并列、递进、承接等关系时，在字面上都是通顺的，也都能衍生出其各自的理解。于是倪老师把这个问题作为学习《过秦论》的主问题，引导学生进行分析、研讨，使学生在这篇文章的学习过程中获得了属于自己的个性化的学习体验，对文章主旨的理解也更加深刻。

在教学方法方面，每个教师都有自己的优势和特长。擅长朗诵的教师可以凭借自己出色的朗诵带给学生美的享受；擅长多媒体制作的教师，可制作形声并茂的课件来激发学生的学习兴趣。每个教师所面对的学生都是不一样的，如何根据学生的特点、需要、兴趣、能力，采取怎样的教学方法来影响学生的学习行为、学习方式和学习兴趣，每个教师都可以根据自己的情感态度、兴趣爱好来有个性地选择安排。

（二）在个性化阅读教学中，语文教师始终要有“对话”意识

首先，个性化阅读是“学生”与“文本”的对话。任何文本都是作者处于某种历史背景下，站在某个立足点，以他所见到的一切向读者讲述和诉说，表现他的思想观念、道德情操和审美趣味。而且文本的语言意象都具有模糊性、多义性，而修辞的运用又具有转指他意的特征，这都给文本造成了不确定性，它会使理解产生偏离，这种偏离无论在内容解读、形象重塑还是意义理解上，都会给学生留下丰富的想象。同时，学生总是带着已有的“前结构”进入作品，与作品发生交流，一方面在文本内容的指引下重构文本意义，另一方面又以自己的思想、情感和想象对文本进行创造性阐述。所以，当学生开始阅读文本时，文本也正以自己独有的内容和形式开始与学生的交流。这样，教师在进行个性化阅读教学时，就不能直接地告知学生自己对文本的解读，也不能轻易否定学生的解读，当然更不能让学生“随意”解读而不加指导、启发。教师要以“对话”的意识去引导学生进行一种内形式的自问自答。如，问该作品有些方面的陈述是否与自己了解的知识相一致？人物的形象与自己建立在以往阅读基础上的想象存在多大差距？语言表述与自己已有的欣赏水平的吻合程度如何？等一系列问题。例如学生在阅读《愚公移山》后，有的认为作品赞扬了愚公的精神；有的同学认为愚公太笨，没有想到搬家；有的同学说愚公不太民主“其妻献疑”，智叟问难，未必没有可取之处；还有的同学认为愚公别移山也别搬家，而应开发、发展旅游。可见，不同学生在阅读同一文本时，都在不断与文本对话交流，“愚公笨不笨?”“愚公民主吗?”“他为什么要移山呢?”……然后以他的“前结构”一次次扫视作品，从中探取、获得问题的答案，从而完成对作品的理解。同时，作品作为对话的另一方其实也在不断向读者发问，只是它的发问并不如读者向作品发问那么简单、直观，而暗藏于它的陈述当中，它不会要求读者直面回答，它要读者做的是从答案中（即作品陈述）发现隐在提问，其表现一般为“为什么是这个样子?”的形式。所以教师可以引导学生去思考,为什么作品要写这个场景?为什么作品中的人物是这样说话的?为什么作品中会用这样的语词去描述这个人物?……等等。这样的阅读教学中,学生才会从中有所发现,有所建构,有阅读带来的满足和愉悦。

其次,个性化阅读是“师生”与“生生”的对话。完成了学生与文本的对话交流还并未最终完成个性化阅读教学,因为阅读教学离不开师生、生生对话。只有通过教学主体(师生、生生)之间的对话、交往,才能完成学生对阅读文本具有个性化和创生性的占有。一般来说,教师作为课堂阅读活动的组织者、学生阅读的促进者、文本与学生的中介,他的思想深度、文化水平、人生经验、审美水平要高于学生,因此,在个性化阅读教学中,学生的阅读需要教师的指导。当然,这种指导不是意志的强加,“教学”一词 instruction 源于拉丁语 instruere,原意指“引导学习者自己积累和整理知识”。在古希腊语中,“教学”即“自己教育自己”的意思。实践证明,教师“教”给学生的任何知识,对学生的发展都只起微弱的影响,或根本不产生有效的影响;唯一能对行为产生意味深长的影响的学习,是由学生自己发现并内化的东西,而这种内化为个人所有并同化到经验中的自我发现的知识和真理,不能直接传授给他人。卢梭也曾说过,教师的责任不是“教给孩子们以行为准绳”,而是帮助他们去“发现这些准绳”。要让学生自己去“发现”,首先教师要知道学生自己“发现”了什么,这样教师就要鼓励学生把自己在阅读文本时发生的对话在课堂上表达出来。学生在阅读文本时进行的内省式的问答逻辑,在课堂上所呈现的直观形式就是我们通常所说的质疑。质疑是教学对话的重要组成部分,是教师引导学生向较高层次理解文本意义的路标。根据学生的质疑,教师要提供师生之间、生生之间对话的条件,创设对话的氛围,提供有效的学习支持等。如提出专题学习目标,做好问题设计,提供阅读策略指导;提供可供参考的阅读资料,解答学生的疑惑;在学习过程中相机进行指导点拨,引导学生深入思考;组织并平等参与问题讨论和交流;鼓励学生批判质疑,善于发现、保护和支持学生阅读中的独到见解;鼓励学生认真倾听、合作探究;引导学生进行自我反思性评价;适时组织经验分享和成果交流活动。如何把握好质疑既是开展个性化阅读教学课堂对话的关键,也是使教学对话取得成效的重要保证。

新课标、新教材都非常鲜明地体现出,要达成素养型课程目标,语文学习必须更注重学习者学习的过程,使学习者获得良好的学习体验和真实的学习经历。语文课程的最终目的是培养全面而有个性发展的人,所以必须赋予学习者自主学习的空间和自由,学生才能通过学习更好地认识自然、认识社会、认识自我、规划人生,真正实现课程在促进人的全面发展方面的价值追求。

横看成岭侧成峰，远近高低各不同

——高中语文个性化阅读教学实例

学生是课堂学习的主体，在阅读教学中，学生读懂了多少、有怎样的感受和思考，老师应该如何引导、给些什么支架，都是教师要充分考虑的。但普遍存在的情况是，在阅读教学中学生的主体地位没有得到真正的落实。表现在：第一，教师往往是从“教什么”出发来设计教学目标和内容的，忽视了学生自己在阅读中的疑难和思考，结果一节课下来，看似教了很多东西，其实学生很难建构到自身已有经验中去。第二，在阅读教学过程中，经常出现有部分学生在学习一篇课文之前，只是匆忙地、粗略地读一遍课文，更有甚者，上课前没有看过课文，但教师还是会按照教学进度完成教学任务，而不愿花时间和精力去帮助学生做好充分的阅读准备，教学效果可想而知。我们知道每个人的阅读起点是不一样的，因为每个人都是带着自己的阅读准备去进行阅读的，教师只有引导学生充分做好阅读准备，才能使班级授课制下的阅读教学引起大部分学生的思考和共鸣。第三，语言能力要得到发展一定离不开大量的言语实践，所以我们的语文课堂必须给予学生充足的活动、交流时间，要有值得深入讨论的问题——问题要有足够的思考空间——思考后要有能自由表达的氛围。但现在很多语文课堂是“教”堂而不是学堂。

作为一线语文老师，我时刻提醒自己教师不只是知识的传授者，更应该成为学生主动建构意义的帮助者、促进者；高中学生更不是被动接受者，人的成长规律告诉我们，到这个年龄阶段，他们更希望自己是信息加工的主体、是知识意义的主动建构者。所以，在我的语文教学过程中我更注意改变传统教学方式，特别是在高中语文个性化阅读教学中，教学设计注重学习环境的创设、学生学习动机的激发、学习活动的调控，以及恰当的鼓励、评价，从而使学生始终处于良好的语文学习状态。鼓励学生多表达，多交流自己语文学习中的收获、体会，因为这样不仅可以使学生有成功的学习体验，也有利于加深对所学内容的理解，促进知识的内化，强化学生的言语表达能力。

下面的教学实例在这些方面作了一些尝试。

教学实例一:我来为大家朗读

上海二期教改教材高二上第四单元是以“自然栖居之所——人类精神家园”为主题编写的一个单元,包括徐志摩的《再别康桥》、老舍的《想北平》、余秋雨的《废墟》、杨国民的《江南的古镇》、龚静的《城市野望》、罗祖德的《你知道“现代化、国际化大都市”吗?》等篇目。我先请学生们对整个单元进行整体预习,然后选出自己最喜欢的两篇文章,以调动学生学习的主动性,也符合他们的个性阅读需求。结果大部分同学选择了徐志摩的《再别康桥》和老舍的《想北平》,于是我决定将这两篇文章进行比较阅读。

在阅读准备的过程中,我明确要求:1. 自己朗读课文。2. 质疑提问(可以是本课或与本课有关的问题)。3. 自主批注(可以是针对文章各方面的,甚至是对一个词、一句话的点评)。在此过程中,我做了以下指导:首先我向学生推荐书目,印发材料,指导学生在图书馆或上网查询相关的资料,包括作者生平、作品背景、他人评价、作者的其他作品等,使学生获得较全面的背景知识。其次是引导学生调动已有的情感体验、生活积累来理解作品:请每位同学都想一想你对你的生长之地是一种怎样的感情,“生于斯,长于斯”的这片土地留给你最深刻印象的是什么?因为虽然作品中的事情是学生可能未遇或根本难遇的,但可根据同类联想、感情迁移来实现情感体验。这样就从知识结构、生活体验、情感唤起等方面引导学生做好了阅读的准备工作。

课堂上我设计了两个比较开放的问题来创设阅读情境:1. “这两篇文章各自表达了对曾经栖居地怎样的情感,请结合背景和文本语境仔细体会。”——指导学生准确把握文本的内容和情感。2. “同样表达了对栖居地的眷恋之情,两个文本分别用了诗歌和散文的形式,你更喜欢哪一种,说说为什么?”——考虑到学生的独特阅读体验。

在正式的教学过程中,首先我利用多媒体展示了一组康桥和北平的图片,同时放了配乐的课文范读,引导学生们进入学习情境。然后请同学们就第一个问题展开讨论交流。同学们找到的材料之丰富、情感把握之准确是我未曾料到的。

一叶说:“我觉得徐志摩对康桥和老舍对北平的情感都是依恋的。徐志摩曾在他的另一篇文章中写道:‘我的眼是康河叫我睁开的,我的求知欲是康桥给我拨动的,我的自我意识是康桥给我胚胎的。’可见作者对康桥的感情之深。

而老舍生在北京、长在北京，一生67年中在北京度过42年，最后在北京逝世。老舍曾说：‘我生在北平，那里的人、事、风景、味道和卖酸梅汤、杏仁茶的声音，我全熟悉。一闭眼，我的北平就完整地像一幅彩色鲜明的图画浮立在我的心中。’”

一叶同学能运用自己对作者生平、背景的了解来帮助自己对课文的理解，我对此表示了赞许。然后我进一步启发同学们：“对父母、对亲友、对同学、对老师，我们也都有依恋之情，但依恋之中是否会有不同呢？再仔细体会。”

于是，有学生说：“徐志摩对康桥的不舍之情，更多的是对思想启蒙之地的爱恋和痴迷。老舍表达得更多的则是一个平民知识分子对自己的出生地、家乡的深深的热爱及思念。”还有学生说：“徐志摩在《康桥再会吧》中写道：你是我难得的知己；老舍却告诉读者对北平的爱如同对母亲的爱一样，融入生命，‘像小儿安睡在摇篮里’。”

这位同学很恰当地运用了文本中的依据来支撑自己的观点，对于这点我特别给予了突出、肯定，并且我顺着他的回答引导学生：想准确理解作品，一定要重视文本本身：“能不能从文本中找出依恋之中情感又有不同的依据？”

受到了老师的肯定，学生们再次认真读课文，发言积极。

骁霖说：“徐志摩说‘甘心做一条水草’‘河畔的金柳’‘是夕阳中的新娘’，而老舍的北平却是‘与心灵相黏合的一段历史，每一件事中有一个我，每个思念中有一个北平’，所以，老舍对北平的依恋是孩子对母亲的依恋，徐志摩对康桥却是像对情人的依恋。”

斯禹说：“康桥是国外的风景名胜，所以作者流露出的是一种如对朋友一般的依恋，可以‘挥挥衣袖，不带走一片云彩’，而北平是作者出生的地方，如母亲一般亲切、慈祥，‘我的最初的知识与印象都是得自北平，它是在我的血里，我的性格与脾气里有许多地方是这古城所赐给的。’”

学生对文章的把握已经比较准确了。我一直认为朗读有助于学生更好地体会情感，于是，我想请几位同学来读一读自己喜欢的段落。高中学生一般是不会自己举手的。我正想点名，没想到杨扬同学主动站起来说：“老师，我很喜欢这首诗，在家预习的时候就读了好多遍，我来为大家朗读吧。”学生主动站起来要求为大家朗读课文，这在高中语文教学中是很少见的。杨扬同学读得声情并茂，赢得了满堂掌声。这也激发了其他一些学生的表现欲，于是又有几位学生举手，朗读了自己喜欢的段落。

原本我主观认为，徐志摩的诗歌优美、浪漫、琅琅上口，可能大部分学生会喜欢，而老舍的散文平淡细腻，高一的孩子不很容易领会其中的真情与妙处，没想到经过充分的阅读准备，大部分学生很能理解老舍散文“于平淡细微处倾诉沁入骨髓的思念”，能真切地感受到他对当时北平的爱。说喜欢《想北平》的同学比喜欢《再别康桥》的同学多。有同学说：“老舍太爱北平了，以至于说不明白，只是絮叨‘家家有院子’，‘最小的胡同里的房子也有院子与树’，‘草花儿很便宜’，‘在街上还可以看见北山与西山’，‘墙上的牵牛，墙根的靠山竹与草茉莉’，这正像如果有人问你是否爱自己的母亲，你肯定说爱的，但却不能条分缕析地说出来，最后这种母子亲情只能体现在日常的、平凡的小事中。”

喜欢诗歌的同学则说：“诗歌押韵，有节奏感，读起来很好听。回环往复的表达形式把依恋之情渲染得淋漓尽致。”还有同学说：“如果说徐志摩的诗歌是一杯醇香的咖啡，那么老舍的散文就似一杯清茶，入口清淡而回味悠长，各有特点。”

从学生们的交流中我发现，学生们在理解、鉴赏时很自然地就抓住了诗歌和散文这两种体裁在语言形式上的不同特点，这比老师直接告诉他们有关文体的知识感受要深得多。

事实证明也确实如此，课后的作业是（两题选作一题）：一、写一篇反映自己对生长地的情感的诗歌或散文；二、试着把《想北平》改写成诗歌，或将《再别康桥》改写成散文。大部分同学不仅做到了较好的符合文体要求，而且写得情真意切，其中有不少佳作。来自台湾的杨凯恩同学写了一篇《想台湾》的读书笔记：

本应写《苏东坡传》的，但其实也没浏览多少页，加上老舍的《想北平》令我很有感触，于是决定还是写一篇关于《想北平》的读书笔记。

《想北平》初读第一遍其实只是泛泛地就这样看过去，没有华丽的词藻，没有跌宕的情节，没有眼花缭乱的修辞手法。于是继而在课上应要求，想沉下心琢磨它。

读着读着，竟然也在我这个离乡多年在上海读书的学子的心中唤醒了什么，我才恍然过来，或许，对这样的一篇文章根本就不想更也不用从结构、写作手法上来剖析它，那不是它真正所蕴含最深的。那最深而令人共鸣的，是老舍对家乡，哦不，是“他的”家乡——北平的一种深切到真是不能言表的故乡情结。

这之中展现出了北平的细节，细到因为这是他的北平而只有他最清楚，别人甚至不会明白，种花草，带霜儿的李究竟多好，但在他心中，就是最好，没别的理由，就是因为这是“他的”北平。

那些个以种种“他的”北平才有的一切，也许我不懂那一种种“本身”的意义，但是我却在一遍遍的细细品味中，读懂了那种种于他——老舍的意义，那意义大概就像台湾不为人知的小吃，夜市的吵闹喧嚣，阿里山上原住民的热情，诚品书店最熟悉的书卷气息……等等的台湾，哦不，是“我的”台湾之于我的意义一样。我会霸道地、自豪地说出台湾人文气息秒杀上海，台湾玩处比这儿多、比这儿好，因为，那是我的故乡，“我的”台湾，那些只有自己能够读懂的细枝末节。

“言语是不够表现我的心情的，只有独自微笑或是落泪才足以把内心揭露在外面一些来，我之爱北平也近乎这个。”这句话，我想是所有在外游子最真切的心声了。耳边听着似曾相识的台语歌曲，脑中不断播放的片段是在台湾的场景，想玉山，想秀姑兰溪，想海的味道……真的，在“故乡”这个点上，我就真的无法用语言表达出最深处的情感，甚至可以想那些景、那些人、那些事而傻傻的独自微笑，恍过神来竟已过了好久，眼眶也会不自觉地湿润，但仍会掐住而活到现实的日子中，这时候脑中竟浮现了那句结尾：“好，不再说了吧！要落泪了，真想念北平呀！”也许如今的台湾并不像当时北平的状况，但是看着每况愈下的台湾，我能感受到的是，也许把“北平”换成“台湾”，“也没有多少了不得的吧”！

无论何时，心中总是挂念着家乡，对于在外的人而言，自己的家乡终是自己的家乡，是与心灵相连，永不改变的，但这种情却真的很难言表，我只能通过这样的方式，从《想北平》这样引起我共鸣的文章中找到一些“影子”，琐碎又努力地拼凑着，并在心中深切地永恒地明白，不管洋洋洒洒写了多少字，终是只能以那句话结尾——我不能爱上海或是别的什么城市，因为我心中有个“台湾”。

仅以此表达无比想念、阔别千里的家乡——台湾。

上完这一课，我觉得有两点值得总结：第一，在阅读教学过程中，重视了学生的阅读准备。通过课前指导，使大部分学生能得其门而入，较为准确地把握文本的内容和情感，达到了他们尽最大努力能够达到的目标。学生做好了充分的阅读准备，就激发起了阅读的积极性，体验到了阅读的乐趣。像学生能主动站起来要求根据自己的理解表演朗诵，这是在我的教学中从来未曾遇到过的，而且他们通过参考资料引发了对文本独特、个性的理解，有一些是我在阅读中也没有考虑到的，可见千万不能小看了学生的潜能。第二，学生作为活生生的个体人的存在，有自己的实际爱好、实际需要。如果没有学生自己的思考，没有调动学生的情感，学生和文本没有共鸣，实际上就不可能把新知识构建到自己的知识体系中去，也就是说并没有完成真正意义上的学习。而这堂课上，我设计的两个问题都是能引起学生认知冲突的、具有开放性答案的思考题，各位同学都可有自己不同的理解和鉴赏，都有话可说。上课时学生积极热烈的反映，就证明了这种基于学生阅读起点的问题设计是较为成功的。虽然对作品的理解和鉴赏学生借助了他人的研究成果，但学生对文本仍有自己的感受，当他们把自己思考、理解的结果，用自己的语言表达出来，与同学们进行碰撞、交流，这些学习的成果才真正内化为学生自己的知识，阅读能力才会逐步得到提高。

教学实例二：意料之外的障碍

今天的语文课是下午的第三节课。天气渐热，上一节是体育课，这节课学生的状态一般都会有些疲倦，所以每每这节课我都会有意识地准备一些“小花招”激起学生的兴奋、调动学生的情绪。

这节课是上《拿来主义》。

前些时候，有些地方的语文教材把很多鲁迅先生很经典的文章删掉了，引起了广泛的争议和讨论，主张删除鲁迅先生文章的人提出的观点之一，就是鲁迅先生的文章距离现在这个时代、距离现在的学生太远了，学生理解不了，没兴趣。在此，我不想讨论是否该删除鲁迅先生的文章，但如何缩小文章和学生之间的距离确实是应该考虑的。所以在准备这节课的时候，我把重点放在：

1. 鲁迅为什么会提出“拿来主义”？2. 鲁迅是如何论证自己的观点的？其中“鲁迅是如何论证自己的观点的”是难点，因为“如何论证”要考虑“论证思路”“论证方法”“论证语言”等。关于论证思路，我给学生准备了一个表格作为思考的支架，帮助学生将作者的写作思路显性化，如下：

论证思路			论证语言的风格
一、提出问题	论题：		
	论点：		
二、分析问题	具体表现	闭关主义	
	实质		
	影响（危害）		
三、解决问题	对外来文化：		
	对文化遗产：		

关于论证方法，本文主要是学习设喻论证，这种形象化的说理方法在以前学习中接触过，比如《种树郭橐驼传》《谏太宗十思疏》等课文中都出现过，所以，我觉得这里应该不会有太多障碍。本文的难点，我觉得是对文章语言的品味。这也是我准备出小花招的地方，其中有一个环节，是我打算让学生根据文章的描写，画出他们从文字中看到的“孱头”“昏蛋”“废物”的形象，以体会文章语言的形象性和漫画式勾勒带来的幽默讽刺效果。为此，我也准备了相应的三幅漫画，打算学生画完了再展示给他们作参考、作比较。

开始上课了。对于鲁迅先生为什么会提出“拿来主义”，我们先回顾了高中阶段曾学过的《为了忘却的记念》《白莽作〈孩儿塔〉序》，由此复习了鲁迅先生杂文的特点就是能直接而迅速地反映社会事件或社会现象，并针对此，旗帜鲜明地表明自己的态度和主张，因为那是先生的“匕首和投枪”。《拿来主义》同样是一篇杂文，请学生阅读文章，看这篇杂文是针对什么社会事件或社会现象而写的。学生通过阅读、小组交流，互相启发、补充，较顺利地勾画出了作品的写作背景：当时政府奉行“送去主义”，“先送了一批古董到巴黎去展览”，又有“几位大师们捧着几张古画和新画，在欧洲各国一路挂过去”“发扬国光”，“不远还要送梅兰芳博士到苏联去，以催进象征主义”。西方列强则送来了“英国的鸦片，德国的废枪炮，法国的香粉，美国的电影，日本印着完全国货的各种小东西”，进行经济、文化侵略。这些使“清醒的青年们，也对于洋货发生了恐怖”。水到渠成地解决了为什么要提出“拿来”的问题。这样我个人觉得有三点好处：第一学生了解到杂文确是针对社会事件或社会现象而写的；第二学生懂得了阅读杂文可以从文本中找到写作的背景或目的；第三这样介绍写作背景又和回顾以往所学以及后面要讲的“送去主义”“抛给”“送来”前后勾连，有助于学生新知识的建构。

因为提供了表格，论证思路的梳理也比较顺利。到学习“借助形象进行说理”的环节，我先提了一个问题，鲁迅主张的拿来主义，具体是要怎样做？我本以为这个问题学生能较快解决，可没想到凌仪同学站起来回答：“鲁迅的拿来主义就是主张占有，挑选……”稍微停顿了一下，这个高高的大男孩搔搔后脑勺说：“老师，我有个问题。”

这就是我喜欢这个班的地方，这个班有好些男孩子能有问题就问，虽然有时问题也提得很幼稚，有时会显得有点偏执、钻牛角尖，但他们就能在课堂上当众提出来，有好几次提出的问题都是我在以前的教学中从没有学生提过的，所以我一直都不认为学生在这些地方会有问题。

这时凌仪说有问题，我一如往常“你说吧，什么问题?”“我看不懂，我不知道作者后面说的鱼翅、鸦片、烟灯、烟枪什么的和占有、挑选有什么关系呢?”我心想这不就是设喻论证吗，有什么难理解的，可是，我看到有不少学生在点头，表明他们也有同样的问题。于是我引导大家思考：“文章中鱼翅、鸦片、烟灯和烟枪、姨太太是一种比喻的说法，其本义是什么?”有同学从我们先前了解的写作背景想到是讲文化遗产，很快他们理解了鱼翅比喻了文化中的精华，鸦片是文化遗产中精华与糟粕互见的部分，姨太太是文化遗产中的糟粕。可对烟灯、烟枪，同学们提出没见过、没听过，对文中所说“其形式和……其他烟具都不同，……也一定会有人看，但我想，除了送一点进博物馆之外，其余是大可以毁掉的了”难理解。我豁然，原来有些学生已有的知识积累中缺乏对这些事物的相关认知，所以在构建新的知识连接时产生了障碍。我如果事前考虑到这个情况，可以准备些影像图片资料，现在怎么办呢？这时，我忽然想到，在后面品味语言教学环节中我准备了描绘“孱头”“昏蛋”“废物”形象的三幅漫画，其中对“废物”的描绘就突出了其“欣欣然的蹩进卧室，大吸剩下的鸦片”，上面就细致地画出了烟灯、烟枪。于是，我找出这张画的幻灯片打在屏幕上，学生们一下子兴奋起来，指指点点地说“原来是这样的”。理解了烟灯、烟枪形式上虽有一定特色，但随着鸦片的消失已完全没有使用价值，正如文化遗产中那些完全没有价值但可适当保留以教育后代的部分。

解决了这些问题，再来看拿来主义者对待文化遗产的态度，要“占用、挑选”“或使用，或存放，或毁灭”，即要批判地吸收、取其精华弃其糟粕，就比较顺利了。至此，学生恍然。可这时，嘉诚同学感慨地摇摇头说：“这么好理解的问题，鲁迅先生为什么要用这些比喻弄得这么复杂？”这句话引发了我的思考：一直都说设喻论证的效果是深入浅出，将深奥抽象的道理说得形象易懂。可为什么这里的设喻论证却让学生觉得更难理解呢？曾经学习过的知识，曾经在学习的过程也并没有太大障碍的地方，为什么今天出现了意外的障碍呢？我一下子没有头绪，是装作没听见嘉诚的话，忽略这个问题，还是把问题提出来，告诉学生下节课再解答呢？我又想教学相长嘛，何不把问题提给同学们，让同学们和我一起来思考呢？于是我把嘉诚同学的问题和我的思考都说给同学们听，请大家一起来想一想、讨论讨论。顿时，教室里热闹了起来。有同学说是不是比喻会有一种含蓄的效果，作者不想直接表达自己的观点，就借助比喻来写。有同学马上表示赞同，还举出了我们曾经学过的鲁迅先生的《为了忘却的记念》，说作者在文中不能淋漓尽致地表达自己对进步作家的记念和对当时政府的批判，就用了向子期的《思旧赋》。我肯定了同学们对学过课文的掌握，但同时也指出学生混淆了比喻和用典。又有反应快的学生马上举出《白莽作〈孩儿塔〉序》中的一段比喻“这是东方的微光，是林中的响箭，是冬末的萌芽，是进军的第一步，是对于前驱者的爱的大纛，也是对于摧残者的憎的丰碑”，说：这些诗歌是鼓动人们坚定革命信念的，鲁迅不能公开赞美，所以含蓄地用了比喻。我于是进一步追问说“如果在本文中用比喻是为了含蓄，那怎么理解在文中，作者不止一次立场鲜明、语气坚定地提出自己‘拿来主义’的主张”？学生们沉默了，思考着……

在学生们的讨论和发言中，在对学生们的讨论和发言进行思考的过程中，这时，我的思路已经渐渐清晰，我已经知道问题产生的原因在哪里了。

我引导学生把课本翻到我们前不久学习过的《谏太宗十思疏》，请他们思考为什么这篇课文中运用设喻论证、类比论证后能让读者更好地理解作者的观点。学生很快就发现《谏太宗十思疏》中是用树木生长、河水流长来做比，这些自然现象太常见，我们太熟悉，所以能准确把握其中的寓意。再看《拿来主义》，因为所用喻体和现在的我们之间有时代的隔膜感，鸦片、烟灯和烟枪、姨太太这些在现在已经没有了,学生没有接触过,难理解其功用及实质。而鲁迅写这篇文章时,当时的人们肯定是一看即明白的。所以设喻论证的效果是深入浅出、化抽象为形象,这没错,但具体到这篇文章,因为所用比喻不是学生常见的、了解的身边事物,所以时代的距离造成了理解的难度。

这堂课没有按照我的预想完成教学内容,但我觉得学生能根据自己的学习主动提出质疑,然后再不断地运用以前学习过的内容、掌握了的知识尝试去解决疑问,这个过程才更有价值。因为这才是学生真正的自己的问题,不是老师根据自己的教学目标设计的问题。不是说老师根据教学目标设计问题不重要,但不可否认,因为生活经验、知识背景等的差异,老师觉得学生可能有疑问的地方,也许学生觉得很好理解;老师熟视无睹、司空见惯的地方,可能正是学生有疑问的地方。而且学生问了,我们认真倾听了,讨论了,解决了,可以极大地保护、鼓励学生提问和思考的积极性。高中生普遍不爱提问是常态,我一直在想,这个年龄的孩子心智、思想越来越成熟,看问题越来越深刻,为什么却反而不爱提问、不敢发表自己的见解。是不是老师、家长对于他们提问的忽视造成了他们怀疑自己提出问题的价值,久之,自信缺乏,然后,只学不问!再说,文似看山不喜平,如果每一堂课都在老师的计划、掌控当中,上得平铺直叙,于师、于生大概也没有回味吧!

学生个性化阅读能力培养策略

《普通高中语文课程标准(2017 年版 2020 年修订)》中明确“教师应善于发现学生阅读整本书的成功经验,及时组织交流与分享。应善于发现、保护和支持学生阅读中的独到见解”,这是对 2003 年教育部印发的普通高中课程方案和课程标准实验稿的继承和发展,因为在《语文课程标准(实验)》中就提出了个性化阅读的概念并提出了相应的要求。但就当前的阅读教学现状看,学生在阅读中要有独到的见解还需要教师、学生共同探索和努力。该如何培养学生个性化阅读的能力,提高个性化阅读教学的效率,我认为可以考虑以下三个培养策略。

一、树立个性化阅读的信心

要培养个性化阅读能力,首先就要帮助学生树立自己阅读的信心。长久以来,在阅读教学的课堂上,教师是阅读的权威,对于文本如何理解,如何鉴赏评价,学生没有或者有也不太敢说出自己的想法,只能一味“记住”教师提供的结论或推理过程。在没有引发认知冲突、点燃智慧火花、激发学习热情的情况下,学生的学习是被动的,正如巴班斯基所说:“如果没有学生的积极的、自觉的学习,任何教也不会产生预期的教养效果。”①因此,在个性化阅读教学中,我们首先要做的就是帮助学生树立自己进行阅读的信心。

(一)建立和谐的师生关系

在个性化阅读教学中,要有效提高学生的阅读能力,帮助学生树立自己阅读的信心,就要建立和谐的师生关系。因为阅读是带有鲜明个性色彩的,一个学生对内容的理解,对情感的感受,对文本的评价,很可能和其他人(包括老师)都不相同。所以,教师要改变自己的角色定位,主动把自己从师道尊严的位置上换位到朋友、帮助者、指导者的层面上。《普通高中语文课程标准(2017

① 巴班斯基《教学过程最优化——一般教学论》,北京:人民教育出版社,1984 年版,第 34 页。

年版 2020 年修订)》“整本书阅读与研讨”中就指出:“不以教师的讲解代替或限制学生的阅读与思考。教师的主要任务是提出专题学习目标,组织学习活动,引导学生深入思考、讨论与交流。教师应以自己的阅读经验,平等地参与交流讨论,解答学生的疑惑。”只有当教师和学生的交往不至于使学生感到紧张,而是出现平等和谐的关系时,教师对学生的影响才能真正有用。通过与学生的平等交往,教师就能了解学生的阅读需求和阅读心理,教师的阅读指导才会更具有针对性;只有建立起民主平等的师生关系,学生才能乐意主动参与教学,敢于在课堂上发表意见,才敢于质疑、敢于向权威挑战,课堂讨论才能真正起作用;只有在民主和谐的师生关系中,学生才会有安全感和愉悦感,才敢于表现自己,充分展示自己的个性,自由深入地思考问题,创造性发挥自己的潜能。总之,只有形成民主平等、积极合作的师生关系,学生才能树立起自己阅读的信心,个性化阅读才能顺利进行。

(二)具体阅读教学策略

这里我们可以参考《语文课程标准(实验)》中的教学建议:“教师要为学生的阅读实践创设良好环境,提供有利条件,充分关注学生阅读态度的主动性,阅读需求的多样性,阅读心理的独特性,尊重学生个人的见解,应鼓励学生批判质疑,发表不同意见。教师的点拨是必要的,但不能以自己的分析讲解代替学生的独立阅读。”结合本人以及其他老师的教学经验,提出以下具体的个性化教学策略,以促进学生的个性化阅读。

引导批注阅读。从众心理在高中学生中仍普遍存在,特别在阅读教学活动中人云亦云,不能或不敢提出自己的独特见解,这显然不利于个性化阅读。而批注阅读强调的是学生在独立阅读过程中,对课文的语言文字进行感知,对语文的内容层次、思想感情、表现手法、语言特点、精彩片段、重点语句,在思考、分析、比较、归纳的基础上,用线条符号或简洁文字加以标记。学生想到什么,就写什么;爱怎样批注,就怎样批注,具有很强的阅读自主权。学生通过有感而发,有疑而注,有得而写,满足了个体学习的需要,促进个性品质的发展。

注重延时评价。《语文课程标准(实验)》中指出:“逐步培养学生探究性阅读和创造性阅读的能力,提倡多角度、有创意的阅读。”这就要求教师多采用延时性评价。因为在正常情况下,由于受思维定势的影响,新颖、独特、有创意的见解常常会出现在思维过程的后半段。王冶秋先生曾记录下了自己十多遍阅读《阿Q正传》的不同感受："第一遍，我们会笑得肚子痛；第二遍，才咂出一点不是笑的成分；第三遍，鄙弃阿Q的为人；第四遍，鄙弃化为同情；第五遍，同情化为深思的眼泪；第六遍，阿Q还是阿Q；第七遍，阿Q向自己身上扑来；第八遍，合二为一；第九遍，又一次化为亲戚故旧；第十遍，扩大到你的左邻右舍；第十一遍，扩大到全国；第十二遍，甚至洋人的国土；第十三遍，你觉得他是一个境；第十四遍，也许是报警器；……"[①]这个例子很好的说明阅读理解和接受具有一种延时效应。所以，倘若过早地对一个可能有着多种答案问题的回答给予终结性的评价，势必扼杀了其他学生创新与发散思维的火花。运用延时评价，能让更多的同学有更广阔的思维空间，产生更多、更美好的创新灵感，使个性思维和个性品质得到充分发展。

设计开放问题。阅读既然是一种个性化的解读过程，那么，学生自然可以依据自己的"阅读期待"，对课文产生认同、共鸣，或进行质疑、批判。所以，在课文问题设计上，应摒弃强调"答案唯一性"的限定性问题，多设置一些能引起认知冲突、促进学生多向思维、个性思考的开放性问题，让学生可以根据自身的认识和体验，从不同层面、不同角度作出阐述，为学生驰骋思维、放飞思想、张扬个性提供广阔的时空，而不要设计一些问题去"诱导""算计"学生。在进行《守财奴》的教学时，我设计了两个问题：1. 根据课文中的有限线索，请你推断一下，欧也妮的结局会是怎样？2. 请同学们把你设想的葛朗台的结局作一下比较，探讨一下小说的结局是否合理？学生显示出极大的学习热情，根据自己对节选部分的研读，有理有据的提出了自己的设想，思维活跃。开放性问题的设计，一般来说可以考虑以下途径：基于"联想"的设问、基于"推断"的设问、基于"探究"的设问、基于"质疑"的设问。例如"圣地亚哥老人是如何面对悲剧命运、接受挑战、应对挫折的？想想他的人生经历和态度对自己有什么启示？""推断聂赫留朵夫和玛丝洛娃见面后的故事将如何发展。""《百年孤独》这部小说中人物的名字多代重复，探究何塞·阿尔卡蒂奥们的性格、命运，说说为什么作者说他们使这个家族得以延续？""你是否认同巴尔扎克在《守财奴》中对葛朗台太太的极高赞誉？"等等。对课文进行个性化的思考和解读，不仅让教和学的过程变成享受快乐的过程，同时开放性问题情境的设置将有力地催生个性的种子破土而出，茁壮成长。

① 《全日制普通高级中学教科书·语文》第五册，北京：人民教育出版社，2001年版。

关注成功体验。叶澜先生曾指出:“当前在国内外兴起的情绪教育思潮则把情感提到了与认知并列的地位,认为情感不只是可以为认知服务,它自身就是一个相对独立的发展序列,认知目标不是停留在知道客体是什么,更根本的是要将这种知识内化到主体自身的情感体系和个性之中,只有成为学习主体自身的价值、态度和信念的知识才能达到安顿自身情感的目的,也才是主体的真正的知识。”①现在越来越多的教师也认识到在个性化阅读教学过程中调动学生情绪的重要性,认识到学生的成功感将引起学生阅读的兴趣,使学生乐于主动阅读。关注学生的成功感,首先要尊重学生的劳动,要激发并尊重学生对文本的理解,对学生的理解要给予不同程度的评价和表扬,不能用一个尺度来限定学生对本文的理解。其次,教师要善于引导学生,通过巧妙点拨,引导学生自己归纳出对文本较为同一的理解,从而使学生感到阅读的成功。比如在学习《哦,香雪》时,有同学就说凤娇虚荣,因为她关注的是“妇女头上的金圈圈”“比指甲盖还小的手表”,也有同学说凤娇她们悄悄地打扮是表达自己对美丽的向往,她们对“金圈圈”“手表”感兴趣只是对外面的世界感到好奇。然后我提供了铁凝这篇小说的时代背景,让同学思考在那个新观念给小山村带来强烈冲击的时候,贫穷落后是不是光荣、追求富裕是不是虚荣?学生们都完善了自己对作品的认识。最后,教师在个性化阅读教学中要善于激发、引导学生的创造能力,使学生感受到创造的快乐。在学习《故都的秋》后,我让学生做了一个片段的描写“校园的……”,有一位同学模仿了“落蕊扫痕”“秋雨闲人”画面,将自己的生活体验融入文章阅读中:

> 要说这校园的特色,还得要说说这秋雨哩。在多云的天底下,忽然吹过一阵凉风,便淅淅沥沥地下起秋雨来了。一阵雨过,云渐渐地变薄了一些,雨便也停了。从乌云中一丝一丝漏下来的日光,斜照在钟塔上,棱角分明的钟塔也显得柔和了不少。穿着厚重校服的刚下课的我们,手里捧着书,咬着笔管,在雨后的走道里,靠着扶栏去一立,遇见熟人,便微叹着互答着地说:
>
> “哎,天怎么又下雨了呢?”(这呢字念得很高,拖得很长)
>
> “可不是嘛,体锻课又不上了呢!”

① 叶澜《试论体现素质教育要求的教材处理思路》,《素质教育研究》,2000年第5期。

同学们念这些语气词，总老有些玩笑诙谐的意味，平平仄仄起来，倒也来得正好。

同学们感觉既有校园特色，又觉得自己也能写出名家似的语段，很有成就感，创作热情高涨。

二、丰富个性化阅读的准备

阅读准备的丰富对于个性化阅读来说至关重要，它将直接影响阅读过程，导致不同的阅读结果。建议丰富阅读准备可以从以下两方面着手：

（一）从阅读客体来说

个性化阅读是一个阅读主体和阅读客体相结合的辩证统一的发展过程，要丰富个性化阅读的准备，从阅读客体来说就是要做好读物准备和时间准备。

1. 读物准备。虽然提了多年的素质教育，但应试教育的观念在很多家长、老师心中根深蒂固，在这种观念的影响下，还是有不少家长和老师把学生束缚在教材教辅中，认为做题比阅读重要，学生课外阅读就是读闲书浪费时间，殊不知，这就切断了学生了解生活和社会的一条重要通道。博尔赫斯曾说“天堂应该是图书馆的模样”。要鼓励学生课外阅读就要有一定量的读物，在目前情况下，大城市的高中生拥有大量可读书籍并不是一件很难的事情，但一些偏远地区，能拥有大量可读书籍的学生还是不多的，这就要求我们语文教师多方开拓读物渠道，做好读物准备。可充分利用市县乡各级各类的文化馆（站）、图书馆和学校的图书馆、阅览室，使学生能找到自己想要阅读的图书；也可以组办班级“图书室”“期刊角”，发动学生每人拿出一两本书，在班级和同学中间交流阅读；还可以利用网络募捐一些合适的书刊；或者用好对口扶贫的政策资源。最好还要规定学生的阅读量。山东省高中语文教学整体改革实验与研究中就有个量化指标体系，要求：“温饱型”学生能背诵优秀古诗文 160 篇，精读现代优秀诗文 30 篇；“小康型”学生能背诵优秀古诗文 240 篇，精读现代优秀诗文 60 篇，经典名著 1 部；“富足型”学生能背诵优秀古诗文 300 篇，精读现代优秀诗文 80 篇，经典名著 2 部①。江苏省锡山高级中学提出了“每个学生高中

① 王宁、巢宗祺主编《普通高中语文课程标准（2017 年版 2020 年修订）解读》，北京：高等教育出版社，2020 年版，第 17 页。

三年阅读总量达600百万字的目标”①。大量阅读,掌握丰富的语言素材,积累丰富的语言经验,才能为学生阅读能力的培养打下坚实的基础。

2. 时间准备。丰富个性化阅读的准备需要大量的阅读,根据当前中学生实际情况,可供组织学生课外阅读的时间一般有以三种:其一,保证课堂上一定量的开放阅读,一个星期给一节课用作阅读课外读物,以造成一种气氛,调节和激发学生阅读兴趣,增强阅读动机。其二,鼓励学生利用碎片化时间进行阅读。乘地铁上下学的时候、放学后晚饭前、睡觉前等等时段都可以加以利用。其三,利用寒暑假的时间,这是保证中学阶段多看课外读物的关键。每次放寒暑假之前,教师应当给学生开列书单,列出一些学生必须阅读的书目,布置阅读学习任务单,特别是有些课堂阅读教学需要学生花时间做好阅读准备,例如要了解写作背景、作家经历、整部作品内容等,但正常教学时间段内可能又没有时间进行充分准备的,就要好好利用寒暑假。千万不要在寒暑假期间,作业就是做一套模拟卷,再次把学生推入“题海”。

(二)从阅读主体来说

从阅读主体来说要做好选择读物的准备,文化知识的准备,生活经验的准备,阅读方法的准备。

1. 选择读物的准备:学生自己感兴趣的读物,他自己自然会去阅读,但有些是根据高中学生的年龄和心理特征、认识水平,配合课内阅读教学的内容,就需要教师有计划、有针对性地指导学生选择读物。例如新教材选择性必修上册第三单元四篇课文都是外国经典小说的节选,那么教学前的暑假时间就要好好利用,如果能布置学生进行《大卫·科波菲尔》《复活》《老人与海》《百年孤独》的整本书阅读,再提供一些背景资料的阅读,比如彼得·阿克罗伊德的《狄更斯传》、罗曼·罗兰《托尔斯泰传》、弗娜·卡莱《八分之七的冰山:海明威传》、加西亚·马尔克斯《番石榴飘香》等,学生才能有兴趣、更深入、有个性地理解课文。另外,教师还要深入研究每个学生的阅读兴趣。有的学生对科幻类文章感兴趣,想象力比较丰富,凡事总喜欢问个“为什么”,对新技术、黑科技比较着迷,就可以向他介绍一些经典的科幻类作品,《三体》《地心游记》《海底两万里》之类。一些学生特别喜爱情节跌宕起伏、扣人心弦就可以向他

---

① 王宁、巢宗祺主编《普通高中语文课程标准(2017年版2020年修订)解读》,北京:高等教育出版社,2020年版,第26页。

介绍一些可读性强的名著。一些学生写作水平较佳,可以鼓励他参加一些读书竞赛、作文比赛、创新写作大赛等,使他有个比较、学习的机会。这样尊重个性、选择性的阅读,有利于学生在学习中自我体验和创造,形成独到见解,提高阅读水平。

2. 文化知识的准备:文化准备是与阅读直接相关的准备,是进行阅读的必要前提,包括语文基础知识,即掌握一定数量的汉字、基本词汇、语法、修辞、篇章知识以及一般的读写知识;与读物相关的背景知识,即了解作者的生平、思想发展、创作道路、主要作品及其影响等,认识作品产生的时代背景、社会现实及写作动机;文化常识,即多方面的文化素养。如倪文韬老师在进行《过秦论》的教学时,为了帮助学生更好理解文章,选了《史记·秦始皇本纪》、《秦本纪》、《商君列传》等传记中相关的片段和《过秦论》的中下篇(教材所选乃是上篇),供学生阅读,避免只读节选而断章取义。为了帮助学生深入探究文章主旨,倪老师提供了《古文辞类纂》中真德秀、方苞之评语和王兴国《贾谊评传》中关于贾谊的儒家思想、法家思想的资料供学生参考。有了一定的关于作者思想、完整文献、名家评论以及史料等方面的知识储备,学生对于文章主旨以及作者的写作目的很自然会形成自己的认识。

3. 生活经验的准备:阅读的目的是为了从读物中接收意义、提取信息,但读者要付出自己原有的生活经验、知识、情感、态度等,才能从读物中获取。著名作家、记者和翻译家萧乾认为"阅读就是经验的汇兑",自己的生活体验就是阅读理解的仓库。生活经验指一个人的阅历经历、所涉世事的体会认识感想、人生的酸甜苦辣、经受的荣辱毁誉等凝聚成的对世界观、人生观、价值观的思考。生活经验越丰富,理解就越丰富深刻。鲁迅在《为了忘却的记念》中谈到自己读向子期的《思旧赋》的感受,年轻时很奇怪他为什么刚开头就煞了尾,而面对当时的白色恐怖,看到革命青年被杀害的惨状,他懂得了。他的生活体验使他理解了向子期《思旧赋》的良苦用心。

4. 阅读方法的准备:要高效阅读还必须掌握一定的读书方法。曾祥芹教授主编的《阅读学新论》中列举了常用的读书方法。精读方法系列:朗读涵咏法,疑问思辨法,比较阅读法,表达阅读法;略读方法系列:浏览默读法,提纲挈领法,搜寻猎读法,不求甚解法,扩散参读法;速读方法系列:无声视读法,一目十行法,循章归旨法,意会神摄法。几种主要的读书方法及其细节,都应有计划、有步骤地让学生了解要领、练习纯熟。朗读的主要技能有重音、停顿、语调和语速。默读要求集中注意力、不动唇、不指读，高中生更应注意提高默读速度和理解率。精读的目的在于充分理解读物，要咬文嚼字，要弄懂读物写了什么，怎样写的，为什么这样写，带有研读成分，一般要经过整体感知——局部研读——整体把握三个阶段。略读要善于“提纲挈领”，要读一遍就能理解大意。另外，还应指导学生学会做笔记。例如，抄录式和索引式摘记，提纲与纲要，各种批注、圈点，以及心得笔记、读后感等，都应引导学生尝试学习，直至能纯熟运用，成为习惯。

三、重视个性化阅读的过程

阅读过程是一个以书面信息符号为阅读对象的特殊的认知活动过程，是一个不断接收信息、处理信息、储存信息、提取信息的复杂行为过程和心理过程。要高效培养学生个性化阅读能力，应注重在阅读过程中培养学生的质疑能力，引导学生进行个性化解读，强化阅读反思。

（一）培养质疑能力

质疑使学生对文本整体感知后对文本的一种深度把握。由于受到知识结构、学识水平、生活经历、情感形式等因素制约，每个学生对文本个性阅读的疑点、难点的把握和认识水平是有差异的。也就是说对文本的质疑实际上反映了学生在感知文本过程中知识、思维和情感的差异。而这是学生进一步对文本进行解读的基础，不同的质疑将导致文本解读的侧重点不同，最终获得不同的阅读感悟。但现今通用语文教材具有很强的规范性和示范性，“完美”的文章使学生的思维张力受到限制，思维方式同化，学生对文章基本题不出问题，质疑能力弱。古人云“尽信书不如无书”“学者贵质疑，小疑则小进，大疑则大进”，所以培养学生的质疑能力是提高个性化阅读能力的关键。

我认为可以从以下三个层面来培养学生的质疑能力：

第一层是引导理解性质疑：一篇文章为什么作者要这样开笔，这样过渡，这样展开，这样收束，每段文字为什么要先这样说，再那么说，用词用语为什么选此而不选彼，均要从无疑到有疑。例如学习《社戏》这篇课文，有同学提出作者写“我”等小叫天出场时“从九点到十点，从十点到十一点，从十一点到十一点半，从十一点半到十二点……”为什么不直接写“从九点一直等到十二点”呢，这不是更简练吗？经过进一步解读、讨论，这位同学明白了繁笔与简笔的不同表达效果，在此为了突出“我”焦急的心情，用繁笔比用简笔更好。而《过秦论》中“于是废先王之道”中“先王”，既可解释为秦国历代君王，也可解释为古代圣王，即尧舜禹汤文武，这两者从意义上都解释得通，但此处质疑“先王”究竟作何解释却显得极其重要，因为这两种解释各自所推导出的关于文章主旨的结论是完全不同的。这直接关系到贾谊所认为的秦之过错是侧重于“不施仁义”还是侧重于“不易其道，不改其政”，进而关系到贾谊的写作目的是劝君王施行仁政还是劝君王审时度势。因此，注意培养学生在字面意义没有理解障碍的地方，多问一个“是这样吗”“有没有其他理解”，对于正确把握作品是很有必要的。

第二层是引导求实性质疑：文章是客观事物的反映，一个词一句话都有它表示的客观内容，这种客观内容就是所谓“实”。“求实”则是把文本中的词汇、语言、行动、情状，与客观实际加以对照，看其是否符合。这就需要将作品与其反映的客观实际联系起来，设身处地地揣摩、体味和推敲，从而提出问题。我在教《为了忘却的记念》时，有个同学提出，用“迂”来说明柔石的性格特点与课文内容自相矛盾，理由是：鲁迅写此文的目的是纪念柔石等五位青年作家，文中高度赞扬了柔石的高尚品质，而“迂”是一个贬义词，它与文章内容、作者意图都不相符。这些问题虽然不一定正确，但只要我们抓住肯綮，善于引导，就会使学生深入理解文本内容，体会作者遣词造句的匠心。一个“迂”字，不就把鲁迅先生当时赞其纯洁高尚，惜其尚未成熟，报效国家未酬就年轻被害的复杂心情很好地表达出来了吗？同学们的求实性质疑是难能可贵的。

第三层是引导批判性质疑：即鼓励学生发表与教师不一样的想法以及与作者不一样的看法。当然并不是每个文本都能让学生有机会进行批判性质疑的，但学生的思维被充分激活后，其批判锋芒是相当尖锐的。如讲授吕叔湘《语文的演变》时，文本中有如下内容“语文的变化短时间内不易觉察，日子长了就显出来了。比如宋朝曾经给《论语》作过注解的朱熹，假如在孔子跟颜回、子路谈话的时候闯了进去，保证他一句也听不懂”。有同学提出疑问：“语文的变化诚然很大，但朱熹一句也听不懂吗？《论语》虽不是当时的口语，但也相差不远。翻开《论语》，即使没有注解，有些话我们还是懂得，如有朋自远方来、三人行必有我师等等，更不用说大学问家朱熹了。”再比如《孟子·公孙丑上》第六章《人皆有不忍人之心》中，孟子认为当孺子将要掉进井中时，看到的人会产生惊骇、怜悯之情，这是人的本性，以此证明“人皆有不忍人之心”。课后的学习提示中就提出“学习时注意结合自身经验和现实生活，探究孟子这些论断是否有充分的合理性”。

“有疑”才“有得”，大凡能够在学习中发现问题、提出问题的学生，才是真正会学的学生。质疑能力的培养对提高阅读效率，增强学生的发现能力和探究能力，培养学生的创造精神意义非凡。

（二）引导个性化解读

解读是指学生对提出的质疑结合文本作出分析和阐释，并且对提出的问题给予力所能及的解答。在引导个性化解读时，教师要做的是把握解读的广度与准确度，既要让尽可能多的学生参与，让各种意见充分表达，同时也要注意对解答的集合、导向，对解读过程中产生的分歧和缺陷作调整和弥补。要引导学生有效进行个性化解读，我认为：

一要让学生充分发表意见。学生在对文本提出质疑后，可引导学生重新进入文本，仔细推敲文本的语言，认识文本的体式风貌，使自己尽量准确全面地理解文本内容，发表对文本的解读意见。钱梦龙老师在教《变色龙》的过程中，有一位同学对奥楚蔑洛夫一会儿说天热、把大衣脱下来，一会儿说天冷要穿大衣，提出质疑：“是不是真因为天气原因呢？”同学们通过仔细研读文本，对此问题有不同解读，多位同学认为是因为“他心里紧张，因此产生忽冷忽热的感觉”。但有两位同学却认为“他并不紧张，只是他的态度是一个一百八十度的大转变，一下子转不过来，就谈天气、脱大衣穿大衣，使人们不注意他的态度变化”。这两种解说各有道理，但自有高下，这是学生知识和思维水平的差异造成的，作为教师，应尊重学生的不同解读意见，但可通过讨论，辨清是非，以保护学生解读的积极性。

二要让学生自主探究。苏霍姆林斯基说过：在儿童心灵深处，都有一种根深蒂固的需要，那就是希望自己是一个发现者、研究者、探索者。但在课堂教学中，学生的质疑往往会在教师不经意的包办代替中，使有效提问变成无效提问，剥夺了学生自主探究的权利，所以，在阅读过程中，教师要注意鼓励和培养学生自主解读的能力。在《廉颇蔺相如列传》这篇文章的阅读过程中，有同学分析廉颇的形象时，说他忌妒蔺相如、是有勇无谋的一介武夫，严逍同学就表示质疑，他认为：“廉颇不仅神勇，也很有谋略。秦王要和氏璧，赵王与大将军廉颇诸大臣谋；渑池会赵王想不去，又是廉颇与蔺相如共商对策；送赵王到边境，廉颇又说如果到期王不还、要立太子为王。”徐嘉诚同学质疑说：“蔺相如是不是妄度了秦王的心思，他一边要求秦王斋戒，一边让人带着和氏璧逃回赵国的做法是不是合理？”我说明朝王世贞也有这样的想法写了《完璧归赵论》，学生议论纷纷，有很多人表示不同意王世贞的观点，我说是的，也有人又写了《驳完璧归赵论》……通过对问题的自主解读，学生得到这么多思考、比较、分析的锻炼机会，这将促进其思维不断提高和发展，使其阅读能力得到提高，阅读过程会更有意义。

（三）强化阅读反思

阅读反思指的是读者在阅读过程中和阅读暂告一段落后，经常自觉地进行的一种思考活动。阅读反思或直指对文本的理解和判断，或以读物为依据观照现实社会、反观自己的内心世界，或审视自己的阅读过程、方法和经验。阅读过程的自我把握、反思和调控，是学生形成阅读能力、养成良好的阅读习惯的有效方法。学生能在自我反思、调控中，不断修正自己的错误，改进学习行为。一般地说，实现阅读的反思和调控有三个途径：

学生自我的思考问答：一个文本的意义被感知需要一个很长的接受过程。阅读尤其是阅读经典文本，往往不是一次性完成的，读者的理解和接受有一个不断调整、补充和深化的过程。所以，在这个过程中，要指导学生的自我思考问答：我的理解最正确吗？哪些是恰当的创造性的理解？那些可能是无意义的误读或是纯粹个人主观反应？还有没有不同的见解或更有说服力的答案？能不能换个角度或方法想想做做？等等。这样，才能使人们得以更深刻地理解作品。例如，有的同学在读了莫泊桑的《项链》后，反思既然爱美是人的天性，那么作者是否只是一般性地批判女主人公具有小资产阶级的虚荣心？马蒂尔德有没有她的可取之处？学生经过自己的思考问答后，对文本有了不一味服从教师（或教参）的理解，我想，这才是阅读教学的真正目的，学生个性化阅读的能力也才能得到真正的提高。

同学间的对话交流：当学生第一次阅读作品时，会因为自己“期待视野”的不同，出现对作品的不同理解。学生毕竟年龄、经验、经历等较为相似，他们比较容易相互影响，提出的见解较为容易被同龄人吸纳。例如，在学习《雷雨》时，对于“为什么周朴园保留着侍萍喜欢的家具，柜上放着她的相片，连她生周萍时关窗户的习惯都不改变？”这个问题的认识，学生产生分歧，有的认为“这反映了周朴园的一片真情”，有的认为“这完全是假象”，有的认为“不能说周朴园对侍萍完全没感情，他只是担心侍萍的出现会危及他的根本利益，他考虑的主要是利害关系”。在交流过程中，同学们结合文本谈了自己的理由和理解，终于形成了对文本较为一致的看法。所以，通过生生之间的互动、合作、交流，可以发现他人理解、思维、方法的独特之处，寻找自身的不足及原因，并获得调整思路、修正认识、改进方法的启示，达到集思广益、相互启发、取长补短加深对文本内容的理解的目的。对话交流的过程是一个相互教育的过程。学生扩大了视野范围，丰富了情感体验，学习了阅读策略、方法，潜移默化中阅读能力得到了提高。

教师的点拨和调节：教师应在学生凭借自己的感知，对文本形成了初步的整体印象之后，启发学生对自己的阅读过程进行梳理和反思。在这个过程中，教师要给予学生充分的联系生活体验去感受、品味和吸纳的时间，要给予从容展开讨论的时间。当学生一时不能理解文本情境或讨论出现分歧时，教师应在时空和心理上调节现实与背景的言语环境，提供必要的辅助材料，营造适当的氛围，让学生在对话时有种接近“现场情景”的感觉，以帮助学生自己找出分歧的原因，而不是简单的由教师裁定，或给出“正确”的结论了事。在教《鲁提辖拳打镇关西》时，学生对于课文情节结构有疑问：“鲁提辖拳打镇关西是故事的高潮，当鲁达说等洒家去打了那厮便来，似乎接下来就应是高潮了，当鲁达径到状元桥，又似乎接着便是高潮了，两次似紧而松在情节发展上有何好处?”这时教师若给予适当点拨“读到这两处，你起初是什么心情?”“如果接下去就打郑屠，给人的感觉有何不同?”有了这些铺垫，学生就能懂得一张一弛的好处了。可以看出，教师启于愤悱之时，问于矛盾之际，方能使学生的阅读能力在自我把握、反思和调控中逐步提高。

《普通高中语文课程标准(2017 年版 2020 年修订)》中明确指出“我国普通高中教育是在义务教育基础上进一步提高国民素质、面向大众的基础教育，任务是促进学生全面而有个性的发展”，作为高中阶段一门重要的课程——语文，作为语文教学一个非常重要的内容——阅读，语文教师该如何通过个性化阅读教学来“促进学生全面而有个性的发展”，还有待于在理论和实践中不断研究探索。

学生的个性化阅读实践

语文课程是一门学习祖国语言文字运用的综合性、实践性课程。工具性与人文性的统一，是语文课程的基本特点。《普通高中语文课程标准(2017年版2020年修订)》中强调指出，语文课程应引导学生在真实的语言运用情境中，通过自主的语言实践活动，积累言语经验，把握祖国语言文字的特点和运用规律，加深对祖国语言文字的理解与热爱，培养运用祖国语言文字的能力；同时，发展思辨能力，提升思维品质，培育社会主义核心价值观，培养高尚的审美情趣，积累丰厚的文化底蕴，理解文化多样性。由此，我们可以看到，学生是语文学习的主体，让学生自始至终都在积极地读书、思考、写作、交流，学生的内在能力和品质就会发生变化。

但是，学生的阅读，特别是个性化阅读决不能仅仅局限于课堂上读教材，因为教材多数是单篇或者节选，加上课时限制，学生的个性化阅读能力、思维能力的发展实际被局限在一个很小的空间内，读书习惯也很难真正养成，而整本书的阅读在这些方面有着单篇阅读不可替代的作用。我这里的整本书阅读包括必修课程内的整本书阅读和课外学生自主的整本书阅读，我特别鼓励学生运用课内学习的整本书阅读策略去践行自己课外的整本书阅读，这样的阅读才是接近真实意义上的个性化阅读。因为首先，学生读什么是自主选择的，是个性化的，哪怕同样是读文学作品，学生个性气质不同，选择的作品风格差异都很大。其次，什么时候读、每次读多少，完全是自己随性安排的，不会因为课堂时间的限制而被打断阅读进程，影响阅读体验。还有，不会因为要达成教学目标而限制学生自由选择阅读方法、阅读内容，学生可以在自己喜欢的人物、有感悟的情节处精读、停留，也可以在自己不感兴趣的地方略读、速读、跳读，从而获得个性化的阅读体验，享受读书的愉悦。

下面是几个学生的个性化阅读实践与分享，我们可以看到学生的阅读选择各具特性，从作品中汲取了不同的营养，丰富着自己的精神世界，也尝试着表达了自己对作品、对世界的不同认识和思考。

认清生活的局外人

童　彤

书名：《异乡人》(《局外人》)

作者：[法]阿尔贝·加缪

出版社：北京大学出版社 2015 年版

内容简介：

全书分为两部分。第一部分由主角默尔索母亲的葬礼开始，至他开枪杀死阿拉伯人这一重大转折点为止，并以第一视角记述了身边发生的事。第二部分的地点仅为牢房和法庭，与第一部分相比，有较强的割裂感但又环环相扣，把第一部分的全部细节和伏笔悉数剖出，以“法律”的角度和“正义”的名义去审判默尔索的行为乃至他本人。此部分是从对默尔索的审讯开始，结尾则是默尔索独自在宁静中等待死刑，他已然“欣然接受这世界温柔的冷漠”，并觉得已经准备好重新再活一次。

书评：

“今天，妈妈走了。又或者是昨天，我也不清楚。”这个开头至今令我印象深刻，默尔索对至亲的过世展现出的只是出人意料的冷静甚至带有一丝冷漠。但在通读完文章后难以自拔之时，我恍悟这其实并不是一种冷漠，而是一种超脱。默尔索将自己置身于一切之外，印证了文章的题目，用一种“局外人”的视角去看待事物，而态度便是他挂在嘴边的“毫无意义”。

正是他的这种特质，才会让他没有在母亲的葬礼上落下一滴眼泪并在母亲下葬后的第二天与女友去电影院看费尔南德尔的片子。从第一部分平淡的叙述口吻中，可以得知他本人对此无所谓，也很少有人会因为此事去谴责他；而转眼到了法庭上，这样的举止却成了他蓄意谋杀阿拉伯人的铁证，理由是他的冷酷和没有人性，其荒谬程度让默尔索的律师在法庭上高呼：“请问，被告犯的罪究竟是杀人，还是埋葬了自己的母亲？”更令人感到悲哀的是，在律师的话语后，庭内响起一阵笑声，大家对这样的审判感到正确并习以为常，对提出质疑的人感到可笑。在此次开庭过后的再度开庭，由于默尔索依旧沉默冷淡、少言寡语的模样(其实他的内心也思索了许多)，他被简单粗暴地“一概而论”，非黑即白的审判方式使他的罪名甚至抵过了一名弑父的男子。默尔索的沉默不仅导致了对他生理上的束缚，更多是检察官的所谓的、群众眼中的正义掠夺了他作为自己的自由权利，也决定了他最终被宣判死刑的命运。

事实上，默尔索只是抛弃了大部分人，例如在结尾默尔索幻想出的以充满憎恨和厌恶的叫嚣来送他最后一程的聚集的群众，所拥有的虚伪和为了苟活下去并引以为豪的“世故”“圆润”，他们是随波逐流、贪生怕死的。而在第一部分的第5节中，老板询问默尔索是否要换到巴黎的办事处，改变一下生活方式。在老板的眼中，大部分年轻人包括默尔索，该是充满雄心壮志的。但默尔索却只表示无所谓，他认为“生活方式是改变不了的，况且每种生活都有它好的一面，我对现状并无任何不满”。这自然引起了希望手下员工都充满干劲的老板的不悦。除了默尔索性格上的心直口快，也能看出他拥有着绝大部分年轻人甚至中年人没有的品质：他透过浮华的世界外壳，看到了其空虚、荒谬、没有意义的本质。尽管如此，默尔索并不是一个消极的人。作者加缪评价他是一名“远非麻木不仁，他怀有一种执着而深沉的激情，对于绝对和真实的激情”的人。

罗曼·罗兰有一句脍炙人口的名言：“世界上只有一种真正的英雄主义，那就是认清生活真相依旧热爱生活。”毫无疑问，默尔索是极其透彻地“认清生活”的人，但大抵与“热爱生活”相隔甚远。他更类似于遵循自己的本能，在母亲的葬礼上，他最深的感触是很热；在杀人的那片沙滩上，当时他也是觉得“自大海涌来厚重炽热的灼风，整片天空从中绽开，降下火雨。”他免去了世俗的繁文缛节，不屑于为减轻罪行虚情假意地表示忏悔，他抛弃了无谓的形式主义，让我们看见了褪去虚伪后的人类所展现的“惊世骇俗”“大逆不道”。从这个意义上讲，默尔索表面的无情源自众人对他的不理解，他倒的的确确是全书过活得最鲜活自在的人。

在即将面临死刑时，监狱中的牧师来看望过默尔索（这是默尔索难得同意的一次），并依旧试图说服他信奉基督教，默尔索只是最终被激怒，告诉他不想把时间浪费在上帝身上——这也证实了他是一名看透世界的人，他不相信宗教也是理所应当。而这激烈矛盾给默尔索带来了平和的心境，引出他结尾的这段对母亲的思念和接受世界的冷漠，似乎是局外人默尔索离局内最接近的一次。我再次感慨于他对世界的清醒认知、与世界的微妙联系和他超脱的心境。正如加缪所言，默尔索是一个深藏激情于内心的人，在将死之际他也终于展露出来，并逐渐抚平了由一开始被驳回上诉展现出的本能的对于死亡的害怕，他体会到的仅剩从一而终的快乐。

《局外人》一书为加缪的成名作，创作于动荡的二战时期。在草菅人命的战争时期，追求自我显然是比金银财宝更珍贵、更奢侈的，在这样的大时代背景下，《局外人》的出版引起轰动是毫不意外的，它也占据了存在主义小说的一席之地。（顺带一提，加缪本人也积极投入了反法西斯运动。）

书中虽然不是以战争为背景，作者却巧妙地为主人公默尔索设置了一个杀人案，再用两部分不同视角的对比，体现出了社会对于自我价值可怜的认同感和大部分人的偏见与误解。支持默尔索的除了他的爱人玛莉，只有认识他的老萨拉曼诺和他的朋友，此次事端的导火索辛戴斯。默尔索却没有丝毫动摇，他坚持自己认为是对的东西——即使被剥夺了话语权。这像极了当时的社会，多数人对于少数人的压迫、拥有权力的人对于没有权利的人的压迫，时至今日，我们仍能看到这些缩影并应以批判的眼光审视、思考。但在同时，作者也体现了对于这种坚持自我的精神的认同，所以即使最后默尔索注定走向死亡，他也是在迎接新的生命的降临，这样的坦然接受同样是美好的。

存在主义，即在原有存在但无意义的基础上自我塑造、自我成就，从而让一切有意义。

冬　泳

费　畅

书名：《冬泳》

作者：班宇

出版社：上海三联书店 2018 年版

内容简介：

《冬泳》收录了班宇的七篇小说。在铁轨、工事与大雪的边缘，游走着一些昔日的身影：印厂工人、吊车司机、生疏的赌徒与失业者……他们生活被动，面临威胁、窘迫，惯于沉默，像一道峰或风，遥远而孤绝地存在。

北方极寒，在他们体内却隐蕴有光热。有人“腾空跃起，从裂开的风里出世”，有人“跪在地上，发出雷鸣般的号啕”。这些个体的光热终将划破冰面，点亮黑暗，为今日之北方刻写一份有温度的备忘。（引自百度百科）

书评：

“人们从水中仰起面庞，承接命运的无声飘落。”

我对东北文学的最早接触是郑执，而后阴差阳错地购入了班宇，粗略看下去，二者差别并不大，只是郑比班更多了些细腻柔软的味道，而班简直像是在冷漠地解剖。他陈列在我们眼前的是不同的时代底色下不同的残忍故事——即使不残忍：仅仅是某种普遍的现状的话，他也会将其细心拣出，规矩切片，按部就班地摆盘——总能让人在阅读时被东北的刺骨寒风打一个耳刮子。《冬泳》是班宇的短篇小说集，开篇就以丢失了双引号的冗长段落，铺陈出了一条蜿蜒而长的河流。

我还记得那篇文章的标题叫作《盘锦豹子》。第四十四页班如此描写："湿气与积寒从中彻夜散去，在逆光里，那些火罐印子恰如花豹的斑纹，生动、鲜亮并且精纯……他看见自己的父亲手拎着一把生锈的菜刀，极为矫健地腾空跃起，从裂开的风里再次出世。（有删改）"

我极快地抹煞了先前的想法——这哪里冷漠，哪里是在解剖……正如它的名字，阅读它像是在冻河的冰层下潜泳。"他们"比水更冷，于是冷水就成了某种无形的、庇佑着他们的温暖的膈膜，在这一隅狭小的角落里，没有氧气与沉甸甸的日光，命运是东北无声的暴雪，任谁在底下都抬不起头来。

班宇聚焦于小人物，又赋予他们超脱于这个维度的潜意识。或者说，他聚起了小人物，又让时代的烙铁戕害他们、压印出苍茫的痕迹。我看到最多的是每篇故事中主角的平和，或者说，把暴虐像打包快递一样层层裹起来的泡沫纸似的平和，它引领着他们走过很长的一段路途，走过大厂、旧铁轨、电车，与挤满了烟味和交谈声的录像厅。他们麻木不仁，他们聪明绝顶；他们敢爱敢恨，他们孤独一生。落在这本书的白纸上，永恒的影响就是，没有人再能靠近他们的心。而与其说是他们不允，不如说是那些人找不到，且，或许他们自己也找不到。人总是受制于错觉，因而世界上最笨手笨脚的人也可以亲自为自己编织出一只结实的笼子。当我们不去谈论眼前的苦难时，我们还能谈论什么；当我们相对而坐，沉默而静止时，我们在谈论什么。

我讨厌人，有时也喜欢。大与小向来是相对的概念，站在山巅上下看，会因为外形有点不讨某些人喜欢的蚂蚁而恶心，又因为自己同为蚂蚁而自卑，悲怆。有人的一生是自愈的过程，有人的一生是伤害的过程，而我以为只有将苦楚付诸对方，自己才有推力将皮肉缝合，脚步虚浮地逃离几秒钟、几分钟前自己的影子。人是这样的。就像有时候我阅读《冬泳》，觉得每个字都是匕首，每行每列都在沥血，有时又觉得不是了，只感觉破碎的思想被捕梦网捞着，被双手捏紧。自戕的河流淹没每个人的头顶，在恒定的思维下方，每分每秒都有人“死去”，也有人“复生”，他们难以捕捉，他们身手矫健，他们目不能视，他们用生命的链条拴住罪恶的狗。

而于第一百六十六页中，班宇如此写：

“……我在看河，从塔吉克斯坦流过来的那条河，水势平顺，藏着隐秘的韵律，梯形夕阳洒在上面，释放出白日里的最后一丝善意与温柔，夜晚就要来了，乌云和龙就要来了。我想的是，沿着河溯流而上直至尽头，在帕米尔高原被冰山回望凝视过的，会是什么样的人；一步一步迈入河中，让刺骨的水依次没过脚踝、大腿、双臂、脖颈乃至发梢的，会是什么样的人；被溢出的洪水卷到半空之中，枕着浮冰、滚木，或者干脆骑在铁板上，从此告别一切过往的，会是什么样的人。”

不久前我敲下：“如果说世界是一片湖，时间是长度，那么每个人的一生都能呈现出相似的缩影，这是结冰的过程。”——也就是说，当那些虚幻的、不明的、摇曳的，忽隐忽现的东西，跌跌撞撞腾升至半空中时，一切都显得不重要了。一切的谎言，悲剧，寒冷，所有人的生活，所有人的苦厄，所有人的烂事，终于得益于我们的渺小，慢慢地在解冻的河中淡去。

心牵广宇通大途

张城玮

书名：《三体》《三体Ⅱ·黑暗森林》《三体Ⅲ·死神永生》

作者：刘慈欣

出版社：重庆出版社 2011 年版

内容简介：

一切的开头要追溯到 20 世纪 60 年代。在“文革”如火如荼进行的同时，军方探寻外星文明的绝密计划“红岸工程”取得了突破性进展。但按下发射键的那一刻，经历劫难的叶文洁没有意识到，她彻底改变了人类的命运。

地球文明向宇宙发出的第一声啼鸣，以太阳为中心，以光速向宇宙深处飞驰……而四光年外，“三体文明”正苦苦挣扎——三颗无规则运行的太阳主导下的百余次毁灭与重生逼迫他们逃离母星。而恰在此时，他们接收到了地球发来的信息。在运用超技术锁死地球人的基础科学之后，三体人庞大的宇宙

舰队杀气腾腾地直扑太阳系,意欲清除地球文明……人类的末日悄然来临。(以上为《三体》的概要)

面对前所未有的危局,经历无数磨难的地球人组建起同样庞大的太空舰队,同时,利用三体人思维透明的致命缺陷,制定了神秘莫测的“面壁计划”,精选出四位“面壁者”,秘密展开对三体人的反击。三体人自身虽然无法识破人类的诡谲计谋,却依靠由地球人中的背叛者挑选出的“破壁人”,与“面壁者”展开了一场思维博弈……而在地球人在这场文明生存竞争中煎熬的同时,“黑暗森林”神秘面纱背后的真正含义也悄然地被拨挑开,宇宙的真实写照浮现在了人们面前。(以上为《三体Ⅱ·黑暗森林》的概要)

在这场与三体文明的战争中,人类第一次看到了宇宙黑暗的真相。地球文明像一个恐惧的孩子,熄灭了寻友的篝火,在暗夜中发抖。自以为经历桑田,其实刚刚蹒跚学步;自以为悟出了生存竞争的秘密,其实还远没有竞争的资格。使两个文明命悬一线的黑暗森林打击,不过是宇宙战场上一个微不足道的插曲。真正的星际战争没人见过,也不可能见到,因为战争的方式和武器已经远远超出人类的想象,目睹战场之日,即是灭亡之时。

宇宙的田园时代已经远去,昙花一现的终极之美最终变成任何智慧体都无法作出的梦,变成游吟诗人缥缈的残歌;宇宙的物竞天择已经到了最惨烈的时刻,在亿万光年暗无天日的战场上,深渊最底层的毁灭力量被唤醒,太空变成了死神广阔的披风。太阳系中的人们永远不会知道这一切,最后直面真相的,只有两双眼睛。(以上为《三体Ⅲ·死神永生》的概要)

书评:

我还依稀记得那一个个仲夏的夜,每夜当我合上那本《三体》,望着天花板的时候,璀璨的繁星就房间漆黑的背景下逐渐放大,不断牵引着我,直至自己完全贴入那幽邃的宇宙。沉思、默念、惊觉……在一遍遍对书中所描写的宇宙框架的重塑和拆解后,我恍若真切窥探到了刘慈欣笔下那片无边黑暗的轮廓,但正当自己想深入黑暗,触碰那依稀的轮廓时,我才恍然惊醒:自己刚刚原来只是沉浸在一场科幻梦中。

这场梦带给了我除课本之外的大量跨学科知识,也令我深切感受到科学与哲学背后带来的真理与意义,于是我就在这本书的引导下,在寂静的夜中,展开了一次次对知识与思想的学习。大刘执着地用坚实的物理法则和潮水一般的细节为我们读者打造全新的世界,这些世界卓然成型,栩栩如生地向我们猛扑过来。

《三体》是一部多重旋律的作品：此岸、彼岸与红岸，过去、现在与未来，交织成中国文学中罕见的复调。故事的核心竟然是我们既熟悉又陌生的文革。当主流文学渐渐远离了这个沉重的话题，大刘竟然以太空史诗的方式重返历史的现场，用光年的尺度来重新衡量那永远的伤痕，在超越性的视野上审视苦难、救赎与背叛。这一既幻想又现实还科学的中国版《天路历程》，疯狂而冷静，沉重而壮阔，绝望而超脱。

我个人认为，本书中最精彩的部分是以虚拟游戏方式展示的三体世界历史。三体星系由于拥有三颗太阳，其不规则运动使得三体文明的生存条件极为严酷。为了应对变幻莫测的自然环境，他们随时可以将自己体内的水分完全排出，变成干燥的纤维状物体，以躲过完全不适合生存的恶劣气候。对于这个极为奇幻的想象世界，大刘充分发挥了他在硬科学上的特长，赋予这个世界完全真实可信的物理特性和演化发展规律。作为一个电脑工程师，大刘甚至设计了一个三体程序，来模拟宇宙文明间的相互关系。

这是一个游戏，游戏背后是一个遥远星际文明二百次毁灭与重生的传奇，游戏中的人物却是孔子、墨子、秦始皇、伽利略、葛里高利教皇、牛顿、爱因斯坦……古今中外各路人马走马灯似的上场。

这是一场跨越时空的狂欢，历史、“文革”、三体又构成了另一个意义上的三体关系，他们之间遥相辉映而又扑朔迷离，在最不可思议的生存景象中蕴含着触手可及的现实针对性，把三体系统的复杂性发挥的淋漓尽致。

要是换了别人，《三体》写到这个程度，大可满意收场了，但是对于大刘来说，好戏才刚刚开始。在《三体Ⅱ·黑暗森林》中，地球、三体和宇宙更高级文明构成了一个更大规模的三体结构。面对三体人令人难以置信的科技和前来毁灭地球的庞大舰队，人类举全球之力，制定了“面壁计划”，由四位“面壁人”独立设计四套反击方案。说真的，其中每一套对策都构思独特、气势磅礴，令人拍案叫绝。放到其他人的作品中，每个都可以作为构筑大结局的终极解决方案。但对大刘来说，这些都只不过是铺垫和浮云。

假如在太空中存在着无数的文明，它们之间应该是什么样的关系？大刘别出心裁地设想了一门“宇宙社会学”，专门研究这个问题。宇宙社会学设定两条公理：“第一，生存是文明的第一需要；第二，文明不断增长与扩张，但宇宙中的物质总量保持不变。”乍一看这“公理”很俗很平淡很没意思，但等到最后底牌翻出来绝对震撼你。在《三体Ⅱ·黑暗森林》的结尾,我首次体验到了一种由内而外颤动心灵的完美高潮,一种启示性的震撼,一种极致的满足。而这种满足,正来自“宇宙社会学公理”那出人意料的合理展开和推衍,经过了漫长的准备和铺垫,与作品开头形成绝妙呼应。我想,这也就是马克思推崇的“逻辑与历史的统一”吧,在我们的中国文学中,又有多少这样的“逻辑与历史统一”呢?

在完成《三体Ⅱ·黑暗森林》的这般史诗级宏伟创作后,大刘据说在工作上遇到了一点问题,曾经考虑过放弃《三体Ⅲ》的写作。不过谢天谢地,他终于坚持了下来。最终,身处僻壤的他,又写出一本放眼宇宙的大作,这本身就是一件颇有科幻色彩的事。

不得不说,《三体Ⅲ》的确有超越前作之趋。前面对于黑暗森林只是迂回虚写,第三部就是正面强攻了。其结局具有高度的开放性与精密性,大刘更是展现出了他毫不取巧的勇气,以及更多他对于宇宙风景得心应手的描写,那真可以说是“精骛八极,心游万仞”。

《三体Ⅲ》很硬科幻,它始于一个近乎琼瑶式的爱情故事,一个人为自己暗恋的对象买一颗遥远的星星,这故事是如此的寂寞无助、浪漫彻骨。最终,这颗星星将为无尽的黑暗森林带来一丝光亮,卑微绝望的单恋也将成为播撒宇宙的大爱。

在整个三部曲中,个人认为第一部最具有历史感和现实性;第二步的完成度最高,结构最完整,线索最清晰,也最华丽好看;而《三体Ⅲ》则是把宇宙视野和本性的思考推向了极致。《三体》对历史的反思,《三体Ⅱ·黑暗森林》对道德的超越,到《三体Ⅲ》发展成为对全面的宇宙社会学、宇宙心理学、宇宙生态学的建构。这些也许只是科幻、是幻想,但是鉴于斯蒂芬·霍金先生曾经的警告,也许我们会对“杞人忧天”这个成语作出全新的理解。

《三体》对我的影响可谓非凡。它像是一位提着明灯的老师,在教学中渐渐为我点明了一条今后的路,同时全面扩展着我去探索事物那原本风貌的认知面,开垦着我大脑中尚存的荒地。

“俄罗斯套娃”结构的故事

杨叶璠

书名:《佛兰德镜子》

作者:dome,本名胡葳

出版社:四川文艺出版社 2019 年版

内容简介:

故事从一列开往奥斯坦德的火车上,两位偶然相遇的乘客的谈话开始,围绕着一幅中世纪的画作,牵扯出一串被岁月尘封的古老故事:名为“红”的修道院和忧郁的佛兰德画家、一颗无处安放的心和一颗破碎的心、一位在梦中和自己的后人命运交织的女公爵……故事传递着遥远却扣人心弦的爱的乐章。

书评:

读完《佛兰德镜子》,即使在合上书的那一刻,我眼前仍是无数闪烁的光影和片段,像无数镜子的碎片反射出一幕幕流着泪、滴着血的壮烈史诗。我的心仿佛和他们的心连在一起,以相同的频率悸动着,以一样的声音呐喊者……书中采用同心圆的写作手法,故事像面对的镜子,层层叠叠相互倒影。一个故事套着一个故事,故事里的人物讲着故事,故事里又藏着一个故事……作者精通圣徒文学,全书从行文风格到故事情节,无不透露着一股浓厚的欧洲宗教气息。作者称书中不会出现无法用西班牙语翻译的句子,因而导致全文透露出一股浓重的翻译腔,使原本就极具欧式色彩的故事更添一丝名著的气质。

有关这本书的宣传,大多是围绕它“俄罗斯套娃”般的写作方式。然而在我看来,这一切皆是在它深刻的思想内涵和对故事与人的情感的透彻的理解下,一些精巧的点缀而已。书中人物的心,跨越了数个世纪,数个国家,只因故事的力量而连接在一起。试想一下,一个老者将他一生的传奇故事讲给他的后人,而他的后人又讲给后人的后人,终于在跨越了上千的岁月后,流传到了你这里,这个被无数人讲过的故事是否会让你的内心有所震撼,而自己也将成为这个故事的一部分,是否会让你萌生出一种传承的使命感?那么,假如这个故事在经历了数百年、上千年的口口相传后,已经变得残破不堪,你是否会对那段模糊了的历史怀有一种好奇、却又因永远无法得知而产生的悲凉的情感?那么,再进一步:有一天,当你将这个残缺的故事讲给某个人听的时候,忽然发现那人竟也在漫长的历史中,传下了这个故事的另一半——这个曾经完整的故事,在历史的长河中丢失了它灵魂的部分,却在千年之后的今天,被你、被他,又一次变得完整。

是的,故事每讲一次,都变得更长;每一个听故事的人,都成为讲故事的人;每一个讲故事的人,都成了故事的一部分。故事变得越来越重,它所承载的情感越来越激烈,那些翻腾的、汹涌的、轮回的、舞动的、哭泣的、欢笑的、故事的、讲故事的人的、听故事的人的、谁又能说得清有多少。即使有一千零一个夜晚,不,一万零一个夜晚,也无法把它讲完吧。

这本书无数次的让我热泪盈眶,书中的人因为宗教、政治、信仰不断地受到迫害,不断地迷茫,却始终没有放弃这个故事。最初,一个男孩想将老师的心脏带回科隆。他从名为“红”的修道院出发,历经艰难来到科隆,却发现由于教皇和皇帝的政治斗争,科隆的教士已经被全部赶跑,再也没有人能够为老师的心脏祝福。这颗无处安放的心最终被偷走,当作垃圾抛入河中,男孩就这样心碎而死。百年后,男孩的故事被“红”修道院的院长讲给一个得了忧郁症的画家,画家即将前往科隆为教堂作画,于是这个故事以画的形式得以保存。画家收到一份圣物,正是一颗“无处安放的心”。不过这并非老师的心,而是男孩死后,他的心被贝安居女留下,在黑死病时期广受崇拜。画家把心带回了“红”,最终病死在修道院。七十年后,低地国家爆发圣像破坏运动,前来镇压叛乱的战士在根特见到“圣扬”修道院的修士。修士给他看了来自姐妹修道院——“红”被破坏时留下的东西——一幅教堂画和一颗心。修士开始向他讲述一个久远过去的故事……

书中的故事太多,我难以在此全部叙述。书中有一段话令我影响深刻:“他的每一声叹息都引来了无数回声。这是千梦圣母的叹息,是贝居安女孩的叹息,是一万一千零一个少女的叹息,是忧郁画家的叹息,是失去心的人的叹息,是心碎的人的叹息。我们抱紧这个讲故事的人,就像同样拥抱千梦圣母,拥抱贝居安女孩,拥抱一万一千零一个少女,拥抱忧郁画家,拥抱失去心的人,拥抱心碎的人。如果我们知道,拥抱他就是拥抱所有这些人,消灭他就相当于消灭所有这些人,是否就会在下杀手之前慎重考虑了?如果我们能洞悉,人们曾在哪个时刻达到过怎样的契合,如果他们自己知晓曾在什么时候达到过这样的契合,如果能攫住孕育、飘忽、深藏的所有念头跟思绪,加以描绘,加以传达,或许故事就不会满是失落和遗憾。”千千万万的人汇成一个故事,或许只有听故事的人,才能理解这其中的沉重吧。

仰望星空，还是拾起脚下散落的六便士？

汤　楠

书名：《月亮与六便士》

作者：［英］威廉·萨默塞特·毛姆

出版社：译林出版社 2018 年版

内容简介：

毛姆的长篇小说以“我的一个朋友”之视角，叙述了主角查尔斯·斯特里克兰——死后被世人以及社会各界过度渲染的艺术家——不凡的半生。斯特里克兰原本是一个平凡的伦敦证券经纪人，拥有着大部分人都望尘莫及的美满家庭，体面贤惠、热情好客的妻子；面容姣好，活泼健康的孩子们。就是这样一个普通、庸碌、恪尽职守的人物，在某一天抛妻弃子，孑然一身来到了巴黎——以追随艺术的名义，开始了以巴黎为始，塔西提岛上的小木屋为终的命运跋涉。在旁人看来，这位忘恩负义、泯灭人性、性格乖戾、不通人情世故和不食人间烟火的粗人简直是彻头彻尾的疯子。在流浪期间，这个毫无绘画基础的流浪者数次创作，作品却无人问津。直至生命的火光将熄，他完成了一生之巨作——满屋壁画，令人痛心的是，在他的死后，他的土著妻子遵从他的遗嘱，将其付之一炬。

书评：

“他的缺点在人们的眼中也变得理所应当。”

小说开篇直接地传达出斯特里克兰在去世后，世人对其的高度赞颂和推崇。这个时候，再也没有了对这个狂人的讥讽与厌恶，他曾经那些不为人知的生活片段，被当下的艺术家，作家大肆渲染，加之跌宕的经历，让人们更加地信服比起一个执着的狂人，斯特里克兰更是一位生不逢时的天才。而他的儿子，打着“消除误解”的大旗，写出枯燥乏味、虚假的传记，竟把那位艺术狂人硬生生地塑造成为了模范丈夫和好父亲。他的一生被神化，被人们所信奉，演化为不朽的传奇，他的作品被捧上了艺术的高地，被人们狂热地追随。作者以第一视角“我”，调侃了当下人们对于艺术的盲目追随，用名声与金钱去衡量艺术的价值，对于事物理想化的夸大，使之名不符其实。似乎所有的剧情都在人们的口中“按套路发展”。

那么，艺术的价值到底何以体现？——“在我看来，对于艺术最有趣的东西就是艺术家的个性,如果个性非凡,即使这个艺术家有再多的缺点,我也愿意原谅”这便是作者以第一视角,表达出对于艺术的包容,对那种新鲜的、独一无二的强烈的个性的欣赏。同时也暗示了斯特里克兰的人物特性。

“仰望星空,还是拾起脚下散落的六便士?”这句话是整部小说思想碰撞的最高点,是乐曲的主旋律。

他,斯特里克兰,是伦敦证券经纪人,是好丈夫与好父亲,是没有奇行怪癖的庸碌之辈:他,斯特里克兰,是视性命如鸿毛的铁人,是被人们直呼忘恩负义的恶棍,是被名为艺术的恶魔附身的天才艺术家。

在我看来,他不是多重的,而是分次站立在两种极端上,匍匐于地面是人的理性,是约束,是墨守成规,是礼节,是聚会,是工作,是妻儿;仰望着夜空的是兽性的呼唤,是对梦的追逐,是挣破了桎梏,是响应了灵魂。当我看到他抛妻弃子却毫不愧疚,面对恩情却不屑一顾,面对生命的逝去却置若罔闻,看到他一切人性淡漠的行为不禁义愤填膺,但是细细品来,这些行为都无法用善恶来定义,它已不属于人性的范畴,所有的情感都被舍弃。斯特里克兰,在我眼中,仿佛是一位较真的物理学家,他力求把自己通往梦想的道路擦得绝对光滑,想把周围的空气抽成绝对真空,把弯道拼成直道,他愿摒弃七情六欲,作为追随心之向往的筹码。

显然,就像世界上没有绝对光滑,大气层内无法做到绝对真空一样,斯特里克兰也无法做到完全抛开社会,即使他跳出了千篇一律的生活,在交谈时极力隐藏情绪,纵使他逃到了无人问津的孤岛,但终归,他出于某种情绪——也许是厌倦,也许是内心的空旷——回归了家庭,回归了生活,在小岛上作画,看着海浪拍打岩石,长风卷过野草坪,让思绪飞扬。在生命的最后完成了人生的巨作,并付之一炬。他的艺术只为自己而创作,无关乎外人的评价,他为其牺牲,与其消亡。他所谓的艺术绝非单纯是其作品,而是作品所体现的强烈的个性,以及他追逐艺术的痴迷态度,简而言之,他追逐梦想的后半生便是遥不可及的艺术。

人生的摆钟无法停滞于左右两端,而斯特里克兰在庸碌和梦想之间找到了支点。

我无法忘却小说的结尾:“牧师们认为俗人要是在他们的自留地上窃取果实,是有那么一点亵渎上帝的。我的叔叔亨利在威特斯太堡教区做了 27 年牧师,在这些场合下会习惯性的说恶魔要干坏事,总要引用圣经上的话。他一直念念不忘一个先令能买13只大牡蛎的时候。”此话也印证了月亮与六便士的密切联系——既要追逐月光,也必须拾起脚下的便士。

做自己

钱亦凡

书名:《小妇人》

作者:[美]露易莎·梅·奥尔科特

出版社:江西人民出版社2017年版

内容简介:

《小妇人》是一本以女性角色为主,强调女权意识的半自传体长篇小说。首次出版于1868年。该作是一部以美国南北战争为背景,以19世纪美国新英格兰地区的一个普通家庭四个姐妹之间的生活琐事为蓝本的带有自传色彩的家庭伦理小说。小说受到当时的大思想家爱默生的影响,强调了个人尊严与自立自律的观念;注重表现女性意识,宣扬美好品质。内容平实却细腻,结构单纯而寓意深远,富有强烈的感染力。

书评:

初次翻开这本书,觉得有些索然无味。平淡且没什么大风大浪的传统西方家庭的日常故事,读了几章就想放下手中的书。

然而,继续看下去,发现,实则不然。

前几章的平铺直叙,却反而在不经意间细致地描摹刻画了四个性情各异且个性分明的姑娘,聚焦了每个人的闪光点。大女儿向往浪漫,细致安稳;二女儿特立独行,潇洒果敢,天马行空;三女儿温和柔软,居家体贴;四女儿思想成熟,优雅。不同的个性导致了截然不同的人生选择,也帮助她们以不同的方式走过成长的道路。

与通常非黑即白,局限于女权形式鼓吹的作品不同,文章用四个姑娘的故事,呈现了更多元化,更耀眼的女性意识。没有绝对的对与错,做你自己,也可以活出属于你的人生。

这个温暖的家庭尊重每个成员的自主选择,以毫不吝啬地赞美与发自内心的认同,铸就了四位有责任心、同理心、学会尊重的女性,以及在成长道路上受过金钱的诱惑与失败的冲击,也仍长存于心的善良与真实。哪怕现实推来一次又一次的挫折磨难，也依然敢道出我的野心与梦想。

文章中最夺目，也是描写最浓墨重彩的两位一定是 Jo 和 Amy 了。

在当时的背景下，人们认为扮演好“贤妻良母”的角色才是所有女性应该去追求的一切。Jo 认为自己有思想、有雄心、有抱负，受够了“人们说爱情是女人所需的一切”，因此她将婚姻作为自身价值追求的对立面，排斥婚姻所带来的束缚，倔强地进行写作、谋生。作为电影版的“大女主”，同时是给文章主题添砖加瓦的主力。她所怀揣的独立自强的追逐精神尤为出彩。在当时，古典女性的传统示人形象便是优雅、娇憨、温柔而持家。野心勃勃也才华横溢、不愿依附而独自离家追求写作梦想的 Jo，毋庸置疑是离经叛道的。她说：“女人也有思想，有灵魂，有正义的心，有野心，有天赋，也有美貌。我讨厌说爱是女人最适合的，我受够了！”她带着一腔热血，想扯下贴在女性身上的标签，自信也始终如一地书写自己的命运。“真正的独立，不是不依靠任何人，而是先成为一个人，再成为一个女人。”

Amy 反而更像经历过生活的磨炼之后，对生活的感悟会更加深入、全面，随之变得更加柔软变通的样子，与姐姐也像是“idealism never die”的理想主义情怀与“realism always be there”的现实主义的碰撞。烧毁姐姐书稿、嫉妒 Jo 和 Laurie 的关系，让我觉得她就是一个任性的讨厌鬼。但在逐渐成年之后，发现 Amy 虽然最为年幼却最冷静成熟，清醒而不盲目，也并非完全没有爱意。敢于面对，敢于追求，有自己的精神世界，不甘于平庸也不卑不亢的鲜活形象，接受自己的不完美，她虽不能做到讨所有人欢喜，却也蕴藏了一种别样的力量。

19 世纪女性想要冲破自身的命运所面临的挑战和现实阻隔远比现在更加艰难，但这群小妇人们身上所具有的“女性精神”在 21 世纪依旧保持着鲜活的力量，鼓舞着我们真正热爱生活、拥抱生活并为之奋斗。

如书中所言：“时间会腐蚀所有表面的繁华，但无法消灭的是你心灵美好的运作。”

【辑二】

写作教学

创设情境，让学生在实践中提升写作能力

阅读与表达是实现语文课程目标的两种学习途径，表达包括书面写作和口头表达。囿于目前语文高考还是纸笔考试形式，且写作部分分数占比很大，现实的语文教学中对书面写作不可谓不重视。但是，不论是语文教师还是学生，却都觉得写作能力很难提升，特别是到了高中阶段，以论说文的写作为主，但经过三年的高中学习，不少学生仍然达不到“书面表达观点明确，内容充实，感情真实健康；思路清晰连贯，能围绕中心选取材料，合理安排结构”的语文学习要求。为了提升学生的写作能力，有的老师尝试从写作主题、内容上进行归纳，让学生对不同主题的内容都有积累，不至于考场上没话说；有的老师试图从文章结构上进行有序训练，教会学生如何起承转合、布局构思；有的老师梳理了论证方法若干种——让学生积累事例，用事实说话；背诵名言警句，找到权威支撑；设喻作类比，使说理生动形象……应该说这都是基于语文教学现状的很好的尝试，但是这样的知识学习、能力训练和学生的个体经验是割裂的，学生记忆中的是关于写作知识的概念和碎片化的内容积累，在面对一个新的情境（考场作文题）时，他还是不知道如何用以往的经验去应对这个新情境、解决问题，因为以往的经验并不是自己在情境中建构形成的，而是老师传授的。

语文是一门综合性、实践性课程，所有语文学科核心素养都不是在碎片化的知识传授和技能训练中形成的，而是以整体化的课程与教学组织形式，让学生在相对完整的情境和任务中自主建构、不断反思和调适中养成的。《普通高中语文课程标准（2017 年版 2020 年修订）》中将语文学科素养概括为“语言建构与运用”“思维发展与提升”“审美鉴赏与创造”“文化传承与理解”，但是在语文实践过程中这四个方面往往是同时发生的，无法单独或逐一地进行培养，落实在“写作”上亦是如此，因为“写作”中所体现出来的学生的正确价值观、必备品格和关键能力都不可能通过直接传递形成，必须在真实的语言运用情境中，通过学生自己的言语行为才能养成。所以我们要重视写作教学中的情境创设，让学生在真实情境中去实践，才能提升其写作能力。

那么，如何创设写作情境呢？我想我们可以把目的当作起点来进行思考。

我们的教学目标是学生表达(写作)能力的提升,那么过程中至少要经历三个阶段:想写——能写——写得好。

一、创设让学生"想写"的情境

"想写"说到底是学习动机、学习兴趣。现实情况是很多学生从小看到作文就头疼、难产,觉得无话可说,不知道要写什么。就我自己的教学实践来看,学生"想写"往往是心中有话,不吐不快;情感共鸣,需要倾诉;思绪激荡,期待交锋。这种"想写"的一般不是老师布置的作文,而更多是在一个真实的阅读情境之下的顺理成章,带有很强烈的个性色彩,而且因为有强烈的"想写"的冲动,表达的是真情实感,往往不会刻意去考虑写作方法、结构布局,而是会很自然地运用曾经学过的写作知识来帮助自己的表达。

《普通高中语文课程标准(2017 年版,2020 年修订)》中"学习任务群 5 文学阅读与写作"的教学提示中,也明确提出"创设阅读情境,激发学生阅读兴趣,引导学生阅读、鉴赏、探究与写作"。我们可以借助阅读文本,通过开放性问题的设计,去创设写作情境。这些问题应该具备以下特点:1. 是和阅读文本相关,学生有个思考的支点或起点;2. 必须是学生的所思所想、能思能想和应思应想,学生才会有兴趣"想写";3. 评价不唯一,只要言之成理、言之有据,我手写我心,学生才有自主写作的空间。

比如在学生完成整本书阅读或者某个专题阅读后,我会设置这样一个写作情境:如果你能和书中的一个人物面对面对话,你最想问他哪些问题?你觉得他会如何回答?可以从阅读作品中找答案。学生不是凭空写作,也不是机械积累人物事例,而是要将自己带入阅读情境,提出自己感兴趣的问题,然后在作品中寻找答案,阅读文本变成了学生自己思考问题、认识世界的材料,终会有机建构到自己的认知体系中来。下面以学生读完《史记》《罗马人的故事》《三国演义》之后的写作实践为例:

与李陵对话

胡佳雯

公元前 99 年,李陵率五千兵卒出击匈奴。那是个与他过不去的寒冬,大漠上肆虐的寒潮,卷起团团惊恐的枯草,"北风卷地百草折"中李陵遭遇了单于三万骑兵。厮杀,短兵相接。李陵,你的智勇令我钦慕,那三万骑兵竟抵不住你五千兵卒,面对单于调来的八万骑兵,你说,我要突围,我要突围。然而,优秀的猎手依然不是群狼的对手。不知在何时,箭袋空了,你喊,箭快给我箭!几乎同时将士的箭袋全空了,北风依旧在大漠苍茫迷离的天空呼啸,你说你永远摆脱不了那赤手张弓的绝望,摆脱不了那霎时身体被掏空的无助,骏马向南方天际嘶吼,你下马,投降。

将军百战声名裂,向河梁,回头万里,古人长绝。

你的祖父李广如此忠孝,而你,李陵,为何会选择做了夷邦的驸马,是否流芳百世与遗臭万年就在于那瞬间的远望?我惘然,李陵,是什么力量让你放下了万世美名,决然走向一条你本已知道结局的路,

"彼黍离离,彼稷之苗,行迈靡靡,中心摇摇,知我者谓我心忧,不知我者谓我何求,悠悠苍天,此何人哉。"你说幼时的你曾听祖父说过这个故事,一个人离家很久了,回来时发现原来的家已成了他人的田埂。黍稷已长得茂盛,你说祖父的神情深邃,声音悠然响亮,你不完全懂,但你明白了,一个人不能离家太久,更不能永远不回家。

经万里兮度沙漠,为君将兮奋匈奴。多少年后,大漠那苍茫的天穹下,你看清了单于的面容,碰触到他灼热的目光,英雄控马长叹,你那南望的眼神,是令人心碎的抉择,你投降,你远去,背后的南方天际是一片残阳如血的悲凄。

人们唾弃你背叛了祖国,可是,你只是想回家,回家,那又有什么错呢?我问。而你只是低头不语。

衣裳路踟蹰,彷徨不能归,浮云日千里,安知我心悲。

文弱的司马迁面对愤怒的汉武帝为你辩解:"李陵事亲极孝,与人交恪守诚信,为国家奋不顾身……他不死,或是图谋将来有机会报答大汉。"可体制只造就符合它的英雄。后来,司马迁受了宫刑。那个金戈铁马,征战戎旅的时代,容不下你的柔情,李陵,再后来,你全家遭灭族。

路穷绝兮矢刃摧,士才众兮名以聩,老母已死,虽欲报恩将安归?

我叹喟着,愤慨着时代的不公,感叹着机制的无情与残酷。铮铮铁骨与脉脉柔情难道就无法相融?

你又是微笑,而目光是忧郁的。

鲁迅说,中国一向少有失败的英雄。失败的英雄,是你啊,李陵,五千兵卒大破敌人三万大军,杀敌无数,才勇横溢,战功赫赫。李陵,你是英雄,寂寞的

英雄,柔情的英雄。只可惜时代将你用作一枚牺牲的棋子——浴血奋战而终又被弃的棋子。

你想回家,可终究还是没能回家。匈奴的二十年,你受到了夷邦人民的尊敬,却始终逃脱不了内心深处的自责。是啊,心在远方,身躯又怎会安于异地。

历史页页翻过,当后人说起你,总不禁有些神伤。你总能触到我们内心颤动着的最敏感的那根神经,让我们不自觉地将手放在胸前,感受血液流动的温暖。

英雄李陵,我想对你说,柔情没有过错。我慨叹你生不逢时,却更叹惜几千年来多少兴亡旧事。青史页页,即便到了今天,我仍依稀看到那些逝去的旧影,如幽灵般在眼前晃动。现今世间幕幕,虽已换了新颜色,可偶一沉吟,却让我心中砰然,总觉得如此似曾相识。

与恺撒对话

王远哲

"无论率领何种军队,他都将是胜利者;无论生于何种国度,他都将是领导者。"

他曾在小亚细亚的军团内流离,在罗马公民大会之中演讲,在元老院明争暗斗,在社会上呼风唤雨,长剑直指高卢全境,铁蹄踏过帝国国土。

孟德斯鸠的赞美毫不夸张。

24 岁的青春年华,在有着浓厚文化底蕴、气候温怡的罗得岛安心求学、悠闲生活。这样的生活本是千万人所向往的,为什么当年你抛下这份悠然,即使不被政府承认也要自组军队,去小亚细亚平定叛乱呢?

你微笑着说:"无论我热爱什么,都不会沉迷其中。"

是啊,你不是凡人,你将是第二个亚历山大!人生短短数十载,你来罗得岛是为了实现自己的抱负!

西塞罗和小加图,先留学于雅典,再留学于罗得岛。可他们忘了汉尼拔带给他们的耻辱,不知道北方防线的薄弱,他们看不透"寡头政治"的弊端,更想不到改变体制的必要。为了个人的利益和名望,在法庭上唇枪舌剑,在元老院中大放厥词,却看不得真枪实剑,听不得阵阵蹄声。你深知和平的遥远,了解战争的必要,18 岁闯兵营,25 岁走沙场。不断地历练中,你借助时间巨浪把你推向巅峰,带领罗马称霸西方世界!

你身上流着领导者的血!

高卢战役第一年,你带领约5万人对阵日耳曼12万大军。当第十军团军心动摇时,你是那么镇定,演讲是那么振奋人心。在第十军团成为你的近卫军团,因胜利自满为了加薪甚至要求罢战回家,你用“准了”两个字就让全军痛哭流涕。

“即使深谙人性弱点的莎士比亚,也无法探知恺撒的伟大。”我说,萧伯纳发出如此感叹不无道理。

你大笑起来,说道:“我知道他们只是想加薪,我允许他们回家,是因为我知道……”突然,你似乎严肃起来:“罗马人最看重尊严,心中的荣誉感和义务感必能胜于恐惧疑虑和骄躁自满。”

回国后,你利用西塞罗的高傲,庞培的虚荣,克拉苏的贪财,小加图的激进,通过了一个又一个法案,修改了罗马共和国几世纪不变的体制。

恺撒,你是如此幸运,似乎无时无刻幸运女神都在你身后。

“幸运?”你抬头望向没有尽头的远方,淡淡地说道:“只是因为我了解,人不管是谁都无法看清现实中的一切,大多数人只希望看到自己想看到的和想要的现实而已。”

可是恺撒,你修法案,除内患,征高卢,伐庞培,却为何最后死于匕首之下?

“因为我的路走完了。”

不,你本没有。你如此高明,对一切洞若观火,为何要解散日耳曼近卫军?为何3月15日仍执意前往元老院?你怎么会不知道有一群人正手持匕首等着你?

“我来,我见,我征服。我为罗马所要做的已经完成了。”你的笑容中带着一丝自豪,“接下来的,屋大维会做得更好。”

也许正如意大利的历史教科书上写的:“一位领导者必须具备五种特质:智慧,说服力,忍耐力,自控力和坚强的意志。从古至今,唯有恺撒拥有全部的特质。”

恺撒,你的事迹被世代流传,即使这样,又有谁能真正懂你呢?

与曹操对话

谌麒羽

“对酒当歌，人生几何！譬如朝露，去日苦多。慨当以慷，忧思难忘。何以解忧？唯有杜康。”一首《短歌行》洋洋洒洒地勾勒出了一个把酒临江的身影：闪亮的铠甲，金灿的头盔，迎风飘起几缕白发，岁月的痕迹悄悄爬上脸庞，却英气不减当年，帐外一片厉兵秣马之声，一场血战又要上演，低头，手中的酒杯兀自地冒着热气……

这酒杯是否就是当年为云长温上的那一盏？你可以在袁绍面前狠狠地丢下一句：“竖子，不足与谋！”拂袖而去，却为什么会对一个当时一文不名的小兵如此敬重？

我本爱才之人，云长乃大将之才，且为人忠义，若为我所用，则帐下又添一员猛将，只是云长太过忠义，我留他不住……

爱才之人？那杨修奇才，却只因一碗鸡肋而被斩于帐下，但你最终还是如其所说地退兵了。一个是留他不住，一个是决然处斩。阿瞒啊阿瞒，你究竟是礼贤下士，还是刚愎自用？

杨修死得其所！三军列阵，气力可以衰弱，装备可以简陋，但士气不能不振！杨修虽凭“鸡肋”揣测到了我的心意，可是却不能因此而大加宣扬，使全军都产生退意。当时诸葛亮与我相持不下，想要的就是这个结果！杨修的恃才傲物，已经不止一次地冒犯了上将的威严，让我在全军面前丢尽了颜面，留着更添隐患……其实他们的失去，无不使我痛心，可是越是位高权重，就越是要捍卫这一位置应有的尊严；越是宝贵的地位，就越怕失去。都说我疑心病重，心狠手辣，其实这也是身不由己。

果是“高处不胜寒”呐。“治世之英雄，乱世之奸雄”，童年时加在你身上的预言就注定你要成为风云人物。从一文不名到权倾朝野，一路上你经历了多少勾心斗角与阿谀奉承，你的手上沾染了多少你所谓的“身不由己”的鲜血？“一将功成万骨枯”，权势，是一壶毒酒，古往今来却有那么多人为它笑饮。可你是否知道，苦心经营的江山，都终转赠他人；当年的金戈铁马，也将灰飞烟灭；“古今多少事，都付笑谈中”？

你惨淡地笑笑，放下酒杯，整理行装，抖擞了精神迈出帐外，金戈铁马，巍然就在眼前。

我终于明白，你的角色早被设定，乱世奸雄的“美名”，无可更改。人生如戏，都说旁观者清，可身临其中的滋味，旁人又怎么明了？岁月轮转中，每一个人都恪尽职分地扮演着各自的角色，才有了风云变幻的历史篇章。

“对酒当歌，人生几何！”帐外兵戈相向，帐内酒已渐冷，只有那慷慨苍凉的建安风骨茕茕独立，与那远去的时代形影相吊。

再比如，在阅读文本后，可以引导学生想一想“你有过类似的情感/经历吗”“你所知道的周围的人有过类似的情感/经历吗”，创设这样的写作情境可以将学生头脑中已有的内容激活，引发情感共鸣，丰富自己的人生体验和对社会的思考。因为每个人已有的人生内容和生活环境有很大不同，每个人从文本中感受到的东西差异很大，但都不会“不知道写什么”，想表达的愿望比较强烈。例如学习了老舍先生的《想北平》，来自台湾的学生特别有情感共鸣地写了一篇《想台湾》（在本书阅读教学实例中有引用），而有一位深受数学困扰的学生却觉得《想北平》中的语言形式特别适合表达自己对数学的强烈情感，写了一篇《恨数学》，节选一段：

“论说物理的数据已比化学变态得多了，可是比数学还差点事儿。数学在人为中显出别扭，几乎是什么数据都既不太好看，又不太难看；最短的式子里也有判别式和 k；最长的式子也离点差法和韦达定理不远。这种解题法可以算——在我的经验中——天下倒数第一了。数学的难处不在条件处处不完全，而在它处处有未知数，可以使人自由地设 x_1、x_2、t；不在有好些难看的图像，而在图像上总有不知道的坐标，使卷子成为惨状。每一个椭圆、每一对双曲线，都可以到下课铃响了都求不出来。况且在极坐标轴上还可以看见 sin、cos 呢！”

我们还可以提供一些和阅读文本相关的评论，特别是同班学生在阅读时存在的异质想法，可以都罗列出来给学生，让他们任选不赞同的观点进行反驳。年轻人好胜心本来就强，发现人家和自己观点不一致，而自己又确实觉得自己有文本依据，这时候是会有“想写”的冲动的。例如阅读《与妻书》时，有同学觉得革命者就义前都应该是大义凛然、慷慨赴死的，而林觉民却在给妻子写遗书，而且还表现出那样的缠绵、不舍，不能很果断地做到“为大家舍小家”；

还有的同学觉得,这篇文章作为经典进入课本,可是结构并不清晰而且絮絮叨叨地显得拖沓。然后我们就有同学恍若进入了“结辩陈词”的阶段,洋洋洒洒地表达了自己的看法,以费畅同学为例:

1911 年 4 月 27 日,黄花岗起义爆发,而以失败告终。烈士之一林觉民于 4 月 24 日夜不能寐,起身写下了这封绝笔信——《与妻书》。

我们常常以大小去区分爱,以对象区分深浅。有言:“生命诚可贵,爱情价更高,若为自由故,两者皆可抛。”1911 年的中国就是无自由的中国,是林先生笔下的“遍地腥云”“满街狼犬”,也由此,他发出了“吾幸而得汝,有何不幸而生今日之中国”的悲叹。林先生大爱——爱国,小爱——爱其妻孩,当社会混沌的阻力拦挡在个人明亮祈愿的面前,他选择献出生命,牺牲爱情,纵身追寻自由的革命事业。

但,这并不像我们平日里看到的那样,烈士们英勇献身,除了信仰与国家心中再无他物。《与妻书》是林觉民写予妻子的“遗书”,它展现的,正是我们所少见的,革命者,作为一个有家室的普通人,面对腐朽的时代时,所展现出的个人的“小”的挣扎与哀恸。他回忆与妻子在过往日子里的点点滴滴:“何事不语?何情不诉?”他悲壮而直率地说:“吾至爱汝,即此爱汝一念,使吾勇于就死也。”

他在信中说,曾与妻子讨论,定要死在妻子后头,他担心他的妻子受不了失去亲夫的伤痛,因此早早决定了,要由自己来承担。可是同样在信中,他“变卦”道:“吾充吾爱汝之心,助天下人爱其所爱,所以敢先汝而死,不顾汝也。”换言之,他便是要将对妻子的爱惠及全人类,也正如上段末尾所引用的,正是因为他深爱他的妻子,才有勇气慷慨就义,为天下人争取彼此相爱的机会。

他说:“吾自遇汝以来,常愿天下有情人都成眷属;然遍地腥云,满街狼犬,称心快意,几家能彀?司马青衫,吾不能学太上之忘情也。”

为大家舍弃小家,为大爱舍弃小爱,这是常态。而在林先生身上我们能看见另一种意味,林先生的小爱与大爱是相依而生的,小爱补全大爱,大爱成就小爱;小家折射出大家,大家包容着小家。换个角度说,对国家对自由的爱,不比对爱人对孩子的爱,深上多少。在更广之义上,一个更加健全更加明智的人,他身边的小爱一定是足够深入骨髓的,这样才能使他无所畏惧,为了小爱的对象,为了全天下的人民,这种爱才能被扩充,被放大,成为他义无反顾地,为自由所献身的内驱力。这点我们在林先生身上看得很明显。

而这同时也能引出这封信存在的深远意义。它告诉我们,每个人都是有血有肉的,那些为革命而死的烈士们并不仅仅是教科书上黑白的身影、赞颂故事集中热血的模样,他们同样有身为人类难以舍弃的东西,他们有亲人、有爱人、有友人、有个人的生活,但他们仍然选择了承受切肤之痛,割离他们所亲近的一切。他们选择抛头颅洒热血,正是在这种大爱无疆中,他们的精神才得到近至高的填充。

有人说这篇文章的抒情言志过于冗长,我不这么认为。相反,只有这种切得极其细密极其彻骨的字眼,才能快、准、狠地击出在未知的黎明前,恐慌、镇静、悲痛、平和所交织在一起的情感。1911 年他写这封信。2021 年我们在读,我们在已知的未来回望那时的他与他们,他们在冗长的黑夜中怀抱着不确定却坚强的信仰同腐朽搏杀。某种程度上,我不认为黎明是既定的,我认为黎明是在搏杀中被撕扯而出的。在小爱大爱的前仆后继之中,个人与个人肝肠寸断的离别,生与死的回转之中,黎明何其稀有而宝贵,被捏得皱皱巴巴,却最终展开了一幅光明的蓝图。

《普通高中语文课程标准(2017 年版 2020 年修订)》中和表达相关的任务群有:“学习任务群 5 文学阅读与写作”“学习任务群 6 思辨性阅读与表达”“学习任务群 7 实用性阅读与交流”,可见“读”“写”不分家的,我们可以结合阅读教学的文本,创设情境,提供写作支持,激发学生写作兴趣,让学生“想写”并有内容可写。

二、创设让学生“能写”的情境

语文老师和学生在提到“写作”的时候总是无意中自我设限,认为语文老师布置的作文、随笔等才是“写作”,才能训练“写作能力”,其实学生日常的学习、生活中,到处都有需要表达(写作/口头)的机会,而且都是真实的情境,有具体的任务要求,如果语文教师能把这些都当成语文教学的场域,指导学生把这些写作实践机会都利用起来,那学生不仅能获得完成任务的成功感,也能切切实实地提高写作水平、提升语文学科素养。

从另一个方面说，结合目前的语文写作教学实际，也要求语文老师有这个意识。首先，必修课程学习要求第一条中就有“课外练笔不少于 2 万字”的要求，学生时间、精力有限，我们不能只做加法，而要考虑任务整合，提升学习效能。其次，学生经过义务教育阶段的学习，记叙、说明、描写、议论、抒情等表达方式基本掌握，在高中阶段要求“进一步提高运用记叙、说明、描写、议论、抒情等表达方式的能力，并努力学习综合运用多种表达方式”。但在高中阶段，因为强调逻辑思维能力、批判性思维能力的发展与提升，写作教学的重点是比较倾向议论文学习的，学生在语文学科课堂上“综合运用多种表达方式”的写作实践机会不太多。最后，语文学科的特点就是“工具性和人文性的统一”，作为“工具”，所有学科和活动都可以用到，在运用语言文字解决具体学科问题、完成活动任务的同时，学生在情感态度价值观方面也会取得相应的发展，语文学科核心素养得到提升。

要创设让学生“能写”的情境，需要语文教师做生活的有心人。

（一）可以积极借助学校德育活动平台去创设学生写作情境

现在学校的德育活动非常丰富，主题教育、专题教育、意识教育、社会实践活动……特别是有些非全员参与的活动，往往都有语言文字运用的要求，口头发言的也基本要求有发言稿，这些是学生的德育活动任务，但也都是真实的写作情境，语文老师可以进行学科指导，既是帮助学生完成任务也是学语文，一举两得。比如在学“四史”活动中，学生承担了诗歌创作任务，我结合必修上第一单元的单元活动，进行了现代诗歌写作的指导（学生作品见下面）；在普法学习中，我们将法律法规知识编写成法制小故事，训练学生复杂叙事能力（学生作品见下面）；结合禁毒教育，学生要写一篇关于毒品的说明文，我结合《南州六月荔枝丹》的学习，对学生进行指导，学生写了一篇《对毒品说“不”》，介绍了各类毒品的特点、对人的危害以及如何辨别、防范，在年级大会上进行了交流。每周的升旗仪式，都有“国旗下的讲话”，有一次我们班级学生承担了这个任务，我结合《在马克思墓前的讲话》《我有一个梦想》等文章，提醒学生演讲词的写作要素和特点，演讲时要注意语速语调以及和听众的交流。聊举几例，这样的真实写作情境真的很多，语文学习无处不在，人生处处是课堂。展示几个学生的写作实践：

你 是

童 彤

你是 七月铿锵有力的号响
石库门间的弄堂幽深
恰把你送入赤忱而炽热的怀抱

你是 一面不屈的旌旗
刺破皑皑雪山 奔赴漫漫草地
熠熠的红流 如长江黄河蜿蜒在华夏疆土上

你是 天安门前庄严的宣告
走出屈辱的暗夜 挺起民族的脊梁
镰刀斧头和五星 闪耀东方

你是 新时代蓬勃的浪潮啊
从南海边涌起 奔向一带一路四面八方
为了生活更美好的 畅想

你是 驶向未来的盛装花车
五十六束花朵簇拥着
将我们载去 梦的远方

百年恰是风华正茂

钱亦凡

观红色篇章
波澜壮阔,彪炳史册凯歌扬
忆往昔风云
峥嵘岁月,百年风雨斩荆棘

五四春雷后
一声呐喊破空而至，始启荣光
南湖烟雨中
一叶红船承载千钧，劈波斩浪
红星引领下
一支火炬光耀神州，屹立东方
山花烂漫时，
一个梦想扎根生长，继往开来

千秋伟业，百年恰是风华正茂
不朽征程，昂首又是新的起点

法治于疫情之下

熊怡敏

2020年新冠肺炎疫情突然暴发，感染人数急剧攀升，我国多省份陆续启动重大突发公共卫生事件一级响应机制。

小丽一家是武汉人，在上海打工，有幸赶在封城之前离开武汉，驾车赶往了上海。由于担心上报旅行史会影响工作与生活，原想对此隐瞒。但在住所处街道与居委会多次登门登记核对旅游史和接触史，并普及《传染病防治法》《突发公共卫生事件应急条例》等有关法律和行政法规后，小丽一家坦白了居旅史，安全完成了居家隔离观察。

由于此次新冠疫情是前所未有的大型传染病事件，为了人民的生命安全，国家规定所有公民外出必须戴口罩。小丽的爸爸是某淘宝店的经营者，他看到了口罩日后的巨大市场，因此，以人民币5元每支的价格大批收购囤积了N95口罩，并将正常售价从50元每盒的口罩抬高至100元至200元每盒不等的价格。在市场需求量极大的情况下，小丽的爸爸一共对外销售累积出售700余盒，从买卖中赚得了一大笔钱财。而小丽也自豪地向爸爸炫耀。因为其中一部分顾客是她将爸爸的链接发在自己的同学群中，为爸爸推销而来的。为了吸引更多人购买，小丽夸大了爸爸口罩的质量与功效，也编造了市场的虚假信息如“现在的口罩便宜没好货，只有N95才能真正预防新冠。”“口罩日后需求量很大的，早点低价囤货才是明智之举！”15岁的小丽并没有足够的法律意识，而小丽的爸爸一是为了盈利，二是对未成年人保护法的无知导致误以为童言无忌，并没有阻止小丽的行为。由于人们对新冠这样的大型传染病没有丰富的经验，刚开始也没有针对性的药物，提心吊胆的民众难免会不理性。宁可信其有，不可信其无。这使小丽家的生意得以盈利。

2020年3月23日，全国法院展开了疫情期间非法经营案的审判。不久，小丽爸爸淘宝店铺也被公安民警发现。民警调查了小丽爸爸的淘宝店铺，发现小丽的爸爸在疫情防控期间，违反了国家有关市场经营、价格管理等规定，哄抬疫情防控急需的口罩价格，牟取暴利，违法所得高达1万余元，扰乱了市场经济秩序。为博眼球，还造谣传谣，涉嫌欺诈、编造、故意传播虚假信息罪。

根据《刑法》第一百五十一条和第一百五十二条的规定，诈骗公私财物数额较大的，构成诈骗罪。个人诈骗公私财物3000元以上的，属于“数额较大”；个人诈骗公私财物3万元以上的，属于“数额巨大”。

人民法院经审理后认为，小丽爸爸以非法盈利为目的，采用抬高物价、虚构事实的方法，参与骗取他人的钱款共计1万余元，数额较大，其行为已构成诈骗罪。依据《价格法》《价格违法行为行政处罚规定》责令小丽爸爸改正，没收违法所得，并处罚款2万元，责令停业整顿。

考虑到小丽涉嫌欺诈已满十四周岁不满十八周岁，属于法定从轻对象，只需负民事责任。到案后供述态度良好，虽不构成自首，但可以从轻处罚，单处罚金1000元。

小丽接受了法庭耐心地教育，深刻认识到自己已经到了承担法律责任的年龄，一切的自由都应在法律的范畴之下，任何细节都不能被疏漏。

在敬畏法律的同时，我们还要为时时刻刻为了我们老百姓的美好生活奋斗拼搏的警察同志们致敬。他们为维护社会秩序，保护人民安全流了太多的汗水。

明理守法，共克时艰，这应该成为我们每一个人心目中的一份不可磨灭的坚守！

（二）可以结合其他学科的教学内容去创设学生写作情境

语言文字作为工具，在实现其他学科的教学目标时也是必不可少的，但凡涉及语言文字在实践中的运用,就和学生的语文学科素养的养成有关,语文老师可以为我所用的创设学生写作的真实情境。

以体育和艺术为例。学校每年都有校园健美操比赛,每个班都要参加,参加人数达到班级人数三分之一,要求自主设计动作、配乐。因为有些动作是大家一齐做的,有些是某个人或某几个人做的,还有队形的变化,造型的设计等,而且都是学生们边自主设计边修改,所以,所有的这些内容必须用文字描述、保留,大家才好理解、修改。这里就需要综合运用描写、说明、叙述等多种表达方式。再比如艺术,说到底也是人文性学科,学校内常见的艺术门类也不少,现在提倡跨学科学习,我们可以考虑在一些相关内容、主题上进行比较学习,创设学生写作的情境。美术课上欣赏了画作《江山如此多娇》,结合毛泽东的《沁园春·长沙》,可以谈谈自己看画、读诗的不同感受。语文课上学习了王羲之的《兰亭集序》,再结合美术欣赏课上的书法作品《兰亭集序》,从字形到错字修正到历朝历代的印章,文物会说话,再结合原文和写作背景,学生在写作中对“每览昔人兴感之由,若合一契,未尝不临文嗟悼,不能喻之于怀。固知一死生为虚诞,齐彭殇为妄作。后之视今,亦犹今之视昔,悲夫!”就有了比较深刻的感受。语文学科的核心素养很重要的一个方面就是“审美鉴赏与创造”,如果能将语文学科的内容和学生的艺术学科学习相结合,创设写作情境,学生在提升审美鉴赏素养的同时,语言文字表达能力也切实得到提升。

体育、艺术还是距离语文关系比较远的学科,更不用说历史、政治了,俗话说文史哲不分家,在这些学科的学习过程中,更是有很多机会创设写作情境。例如,我们课文有曹操所写的诗歌《短歌行》,有戏剧《杨修之死》里塑造的曹操形象,历史教学时也会讲到三国的历史人物曹操,那么,我们就可以设计一个情境,我们到底该如何认识、评价一个人?学生的这个写作实践不仅关乎语言文字表达,还关乎到学生对自我与他人的认识,关乎人际交往能力的培养。

所以,语文学科的特点就是这样,是实践性、综合性的,素养的提升是整体性的。老师千万不要将学生的语文学科素养的养成局限于语文课,结合其他学科,创设真实情境,学生“能写”的内容非常多。

(三)可以深入社区等真实生活去创设学生写作情境

有一句话语文老师都知道“语文的外延和生活相等”。非正式学习理论的倡导者用20/80法则来形象地描述非正式学习的价值——在我们的实际工作中用到的知识，只有10%—20%是来源于课堂、工作坊和正式的在线活动，而80%以上的有用知识来源于日常生活中的观察、询问、合作等非正式学习活动。与正式教育体系中学习内容的非选择性、序列性、教师主导性、非自愿性等特征相对应，非正式学习具有学习者自我激发的、兴趣引导的、自愿的、个体化的、情境化的、合作的、非线性的和开放的等诸多特征。而语文是一门实践性课程，它具有很多非正式学习的特征，所以，在真实的生活情境中展开语文学习，能获得更大的学习成效，这是由语文的课程性质决定的。

上海率先在全市开展了轰轰烈烈的垃圾分类活动，和每一位市民息息相关。在垃圾分类推广初期，如何让社区居民自觉遵守垃圾分类的要求是一个难点。我们语文老师和学校德育条线老师互相配合，设置了真实情境"如何更好地向社区居民宣传垃圾分类"，学生的写作兴趣得到激发，灵感频现。有同学说可以做一些好看的宣传标语，于是大家拟了不少朗朗上口的宣传语。有的同学说有些人是不知道分类标准，于是大家用尽量简洁的语言概括了分类标准，做成"易拉宝"，放在小区门口。有同学说可以写一份倡议书，通过朋友圈、微信公众号做广泛的倡导，于是指导同学按照倡议书的写作要求拟写了"垃圾分类倡议书"。戏剧社的同学觉得排一个小品，可以更直观地展示垃圾分类中的"众生相"，可以起到鼓励、警醒的作用，于是学生们自己编剧本、做道具、挤时间排练。后来学校出面联系了街道，学生们在社区进行了演出，反响很好。在这样一个真实生活情境中，学生给出了自己解决问题的不同路径，并根据自己的特长和兴趣去努力达成了自己的目标，学生综合素养的提升不言而喻。在这个情境中，并没有具体的写作任务，但学生都灵活用到了写作这个手段。教会学生写作并不是我们的目的，学生会用写作去解决实际问题、达成现实目标才是语文教育的成功。

日常生活中有很多这样的情境，老师们要"放出眼光，运用脑髓"自己去拿过来，创设成为我们语文教学的写作情境，让学生的写作能力在实践中得到真正意义的提高。

三、创设让学生"写得好"的情境

在生活中我们有过这样的经验，爱上了一项体育运动，比如打羽毛球，很想打，有机会就会去打，经过一段时间，体能加强了，技术也有提高，但是不如有专业指导的人成效显著，甚至可能因为没有专业指导而造成受伤。学生写作有相似之处，“想写”也有很多机会去写，写作能力肯定有提升，但如何在有限时间内，把作文写好，还是需要专业指导的。如何教学生“写好”作文，这也是大多数语文老师认为必须且下大力气去做的事情，但结果常常并不如人意。因为在教学时，我们给学生的写作知识往往是专家型知识，这些知识体系是人们数百年来认知的结果，我们教给学生时抽离了知识形成的过程，学生知道的甚至只是概念，而不知道在面对一个新的写作情境（作文题）时，哪些知识可用、怎么用。所以在教学时，我们要将学科知识结构转化为学生认知结构，多考虑创设情境，让学生自己去用这些写作知识处理问题，如果处理不好，再反思、学习人家怎么做的，然后调整自己的行为，学会怎么做。这里一个很常用的情境创设，就是文本情境，因为选入课本的文章大多经过挑选，很多甚至是经过千百年时间的淘洗，都是很好的写作范例，让学生进入文本情境，但解决问题的是学生本人，在这样的虚拟现实中，学会解决问题的方法，提升处理问题的能力。《普通高中语文课程标准（2017 年版 2020 年修订）》“思辨性阅读与表达”任务群的学习目标与内容中明确指出“阅读古今中外论说名篇，把握作者的观点、态度和语言特点，理解作者阐述观点的方法和逻辑”。

例如，教学目标是让学生学会有逻辑的表达、说话要有对象意识。我选择了《烛之武退秦师》来创设情境，首先让学生了解了事件的背景“鲁僖公三十年（前 630），晋国和楚国大战于城濮，结果楚国大败，晋国的霸业完成。在城濮之战中，郑国曾协助楚国一起攻打晋国，而且晋文公年轻时流亡到郑国，受到冷遇，所以文公把新仇旧怨加到一块，于两年后联合秦国讨伐郑国。郑伯闻讯后，派烛之武面见秦穆公，劝他退兵”，然后给出的任务是“如果你是烛之武，你准备怎么劝退秦穆公”？再提示“劝退”可能会有哪些理由？“理由”可以是事实也可以是基于事实的推断结果（未来的影响）。是“劝”退，而不是“吓”退、“逼”退，那么用语要关注对方的身份和心理。学生完成写作任务后，我请学生互相扮演烛之武和秦穆公，将自己的劝说内容讲一遍，看看能不能说服人家退兵。如果被说服了，是因为哪几点原因，如果没被说服，原因又是什么？再来学习文章中烛之武是如何仅用一百多个字就说服了秦穆公退兵的，从外在的语言结构形式到内在的逻辑关系，从说话者的语气到听话者的心理，来对照、反思、调整自己先前的言语行为。这里仅用一个教学片段展示了如何利用文本创设写作情境，在单元教学设计中也是可以用这些方法的，后面附录里有一个马遥老师的教学案例，可以参考。

在这样的情境中，学生受其自身文化背景、个体经验和具体的、特定的活动情境影响，哪怕老师给了解决问题的支架，但学生的写作实践结果肯定是有很大差异的。但至少避免了知识的符号化和概念化，学生都是从已有的经验出发，然后在活动中不断学习、调适、重构和丰富着自己的经验，这些经验可以化为程序性知识，用来解决新情境中的问题。2017 版新的高中语文课程标准非常重视语文课程实施过程中的实践性活动和情境创设，正是因为在真实情境中学生参与，体验和经历，学生的个性化学习和深度学习才可能成为现实。

【附】

议论要有针对性

——以统编教材必修上册第六单元教学为例

马　遥

“思辨性阅读与表达”任务群的学习贯穿必修、选择性必修和选修三个阶段。《普通高中语文课程标准（2017 版 2020 年修订）》在该任务群的“学习目标与内容”中指出：阅读古今中外论说名篇，把握作者的观点、态度和语言特点，理解作者阐述观点的方法和逻辑。学习多角度思考问题。必修上册第六单元属于本任务群，“单元学习任务”也指出“议论要有针对性”。

在具体的教学实践过程中，为了落实课程标准“学习目标与内容”和教材“单元学习任务”的要求，本节课的设定的教学目标是针对现实生活中的某个问题发表议论，多角度思考问题，从对具体问题的讨论中得出具有普遍意义的结论。

本单元以“学习之道”为核心，通过阅读、学习古今名篇佳作，形成正确的学习观，改进学习方法，提高学习能力。本单元的主题对于学生来说本身就是一个大情境，但是为了更好落实本节课的教学目标，结合本单元的主题，本节课又另外设计了一个目前整个社会都很关注的一个热点情境作业：昨天，年级的一位班主任微信上收到一位家长发来的一条信息。信息上说，他的孩子在写作业的时候总是把手机放在旁边，即使不使用也要放在身边，家长觉得他这样做会影响学习，但是如果把学生的手机收起来学生觉得他就无法完成作业。请大家针对这个现象，说说你的看法。

这个课前情境作业，关注的是目前学生在学习中普遍存在的一个现象，希望学生能围绕熟悉的身边事发表议论,能理性、有条理,多角度分析现象,表达观点。希望学生将本单元学习中的知识与自己的真实学习生活经历连接起来,打通每一个学生的知识世界和各自的生活情况,便于学生感受到知识学习对于他自身生活的意义和价值。

学生首先完成课前作业并上交,教师对学生的作业内容进行分析,并进行归类,找出学生作业中的得与失,再通过课堂活动,落实本节课的教学目标。

学习活动一:分析作业中的得

利用课件,展示学生作业并讨论,总结作业中呈现出来的亮点。通过学生讨论,作业中值得肯定的方面可以概括为两点:

(一)能够针对材料中存在的现象,列举出多种具体表现

现在的孩子,写作业总会把手机放在一旁,还自称没有手机写不了作业,令家长无可奈何,有些孩子由于控制不住自己想玩游戏、聊天;有些孩子因为做不出题目,而借助手机上的软件搜答案;也有些孩子则称自己要用手机接收老师发来的要求。

(二)能够一分为二的看待问题

我认为将手机放在旁边有利有弊,没有手机就不做作业这个现象时,我认为弊。通过找亮点,激发起学生的课堂兴趣,促进学生思考问题的积极性和主动性,同时可以给一些学生提供思考的起点。

学习活动二:解决作业中的失

(一)从《反对党八股》中学习怎样多角度分析现象

从对学生作业的梳理归纳来看,每个学生对于这个熟悉的现象都有自己的想法和认知,可以看到学生真实的想法。但大部分学生在分析这个常见的学习现象时,普遍存在的一个问题是"不能多角度分析现象"。为了解决学生学习存在的这个问题,本节课节选了毛泽东《反对党八股》中的三段文字,并且请学生任选其中一段文字,探究四处带序号的画线句是从哪个角度进行分析的。

选段一:

党八股的第一条罪状是:空话连篇,言之无物。①(　　　　　　)我们有

些同志欢喜写长文章，但是没有什么内容，真是“懒婆娘的裹脚，又长又臭”。②(　　　　)为什么一定要写得那么长，又那么空空洞洞的呢？只有一种解释，就是下决心不要群众看。③(　　　　)因为长而且空，群众见了就摇头，哪里还肯看下去呢？只好去欺负幼稚的人，在他们中间散布坏影响，造成坏习惯。去年六月二十二日，苏联进行那么大的反侵略战争，斯大林在七月三日发表了一篇演说，还只有我们《解放日报》一篇社论那样长。要是我们的老爷写起来，那就不得了，起码得有几万字。④(　　　　)现在是在战争的时期，我们应该研究一下文章怎样写得短些，写得精粹些。延安虽然还没有战争，但军队天天在前方打仗，后方也唤工作忙，文章太长了，有谁来看呢？有些同志在前方也喜欢写长报告。他们辛辛苦苦地写了，送来了，其目的是要我们看的。可是怎么敢看呢？长而空不好，短而空就好吗？也不好。我们应当禁绝一切空话。但是主要的和首先的任务，是把那些又长又臭的懒婆娘的裹脚，赶快扔到垃圾桶里去。或者有人要说：《资本论》不是很长的吗？那又怎么办？这是好办的，看下去就是了。俗话说：“到什么山上唱什么歌。”又说：“看菜吃饭，量体裁衣。”我们无论做什么事都要看情形办理，文章和演说也是这样。我们反对的是空话连篇言之无物的八股调，不是说任何东西都以短为好。战争时期固然需要短文章，但尤其需要有内容的文章。最不应该、最要反对的是言之无物的文章。演说也是一样，空话连篇言之无物的演说，是必须停止的。

请学生填写选文中分析问题的角度：

①的角度______②的角度______③的角度______④的角度______（①具体表现②产生原因③解决办法④造成后果）

选段二：

党八股的第三条罪状是：无的放矢，不看对象。①(　　　　)早几年，在延安城墙上，曾经看见过这样一个标语：“工人农民联合起来争取抗日胜利。”这个标语的意思并不坏，可是那工人的工字第二笔不是写的一直，而是转了两个弯子，写成了“”字。人字呢？在右边一笔加了三撇，写成了“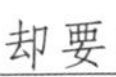”字。②(　　　　)这位同志是古代文人学士的学生是无疑的了，可是他却要写在抗日时期延安这地方的墙壁上，就有些莫名其妙了。大概他的意思也是发誓不要老百姓看，否则就很难得到解释。③(　　　　)共产党员如果真想做宣传，就要看对象，就要想一想自己的文章、演说、谈话、写字是给什么人看、给什么人听的，否则就等于下决心不要人看，不要人听。④（　　　）许多人常常以为自己写的讲的人家都看得很懂，听得很懂，其实完全不是那么一回事，因为他写的和讲的是党八股，人家哪里会懂呢？“对牛弹琴”这句话，含有讥笑对象的意思。如果我们除去这个意思，放进尊重对象的意思去，那就只剩下讥笑弹琴者这个意思了。为什么不看对象乱弹一顿呢？何况这是党八股，简直是老鸦声调，却偏要向人民群众哇哇地叫。射箭要看靶子，弹琴要看听众，写文章做演说倒可以不看读者不看听众吗？我们和无论什么人做朋友，如果不懂得彼此的心，不知道彼此心里面想些什么东西，能够做成知心朋友吗？做宣传工作的人，对于自己的宣传对象没有调查，没有研究，没有分析，乱讲一顿，是万万不行的。

①的角度______②的角度______③的角度______④的角度______（①具体表现②产生原因③解决办法④造成后果）

选段三：

党八股的第四条罪状是：语言无味，像个瘪三。①（　　　）上海人叫小瘪三的那批角色，也很像我们的党八股，干瘪得很，样子十分难看。如果一篇文章，一个演说，颠来倒去，总是那几个名词，一套“学生腔”，没有一点生动活泼的语言，这岂不是语言无味，面目可憎，像个瘪三吗？一个人七岁入小学，十几岁入中学，二十多岁在大学毕业，没有和人民群众接触过，语言不丰富，单纯得很，那是难怪的。②（　　　）但我们是革命党，是为群众办事的，如果也不学群众的语言，那就办不好。现在我们有许多做宣传工作的同志，也不学语言。③（　　　）他们的宣传，乏味得很；他们的文章，就没有多少人欢喜看；他们的演说，也没有多少人欢喜听。④（　　　）为什么语言要学，并且要用很大的气力去学呢？因为语言这东西，不是随便可以学好的，非下苦功不可。第一，要向人民群众学习语言。人民的语汇是很丰富的，生动活泼的，表现实际生活的。我们很多人没有学好语言，所以我们在写文章做演说时没有几句生动活泼切实有力的话，只有死板板的几条筋，像瘪三一样，瘦得难看，不像一个健康的人。④第二，要从外国语言中吸收我们所需要的成分。我们不是硬搬或滥用外国语言，是要吸收外国语言中的好东西，于我们适用的东西。因为中国原有语汇不够用，现在我们的语汇中就有很多是从外国吸收来的。例如今天开的干部大会，这“干部”两个字，就是从外国学来的。我们还要多多吸收外国的新鲜东西，不但要吸收他们的进步道理，而且要吸收他们的新鲜用语。④第三，我们还要学习古人语言中有生命的东西。由于我们没有努力学习语言,古人语言中的许多还有生气的东西我们就没有充分地合理地利用。当然我们坚决反对去用已经死了的语汇和典故,这是确定了的,但是好的仍然有用的东西还是应该继承。现在中党八股毒太深的人,对于民间的、外国的、古人的语言中有用的东西,不肯下苦功去学,因此,群众就不欢迎他们枯燥无味的宣传,我们也不需要这样蹩脚的不中用的宣传家。什么是宣传家?不但教员是宣传家,新闻记者是宣传家,文艺作者是宣传家,我们的一切工作干部也都是宣传家。比如军事指挥员,他们并不对外发宣言,但是他们要和士兵讲话,要和人民接洽,这不是宣传是什么?一个人只要他对别人讲话,他就是在做宣传工作。只要他不是哑巴,他就总有几句话要讲的。所以我们的同志都非学习语言不可。

①的角度______②的角度______③的角度______④的角度______

(①具体表现②产生原因③解决办法④造成后果)

之所以选择了这三段文字,并且给选文中一些句子画上横线,标出序号,同时在选文后面列出四个角度,让学生按照序号填写探究所得,目的有两个。一是让学生有选择的空间,可以找到适合自己的、能够有所得的选段。二是在有限的课堂时间里,面对篇幅较长的文本,学生在面对大量的文字阅读时可以有的放矢,集中精力思考文中标注序号的内容作者是从哪个角度分析问题的,减少学习的阻力。事实证明,这样做让学生在学习的过程中有了兴趣和信心,目标更清晰,方向也更集中。“中青年语文教师课堂学艺术研究的领军人物”余映潮老师认为:统编教材编辑思想的一个重大变化就是变“精读”为“教读”,变“略读”为“自读”。“教读”是课文阅读教学的一种课型,是统编教材“三位一体”教学结构中的关键一环。遵循统编教材的编辑思想的变化,本节课在课堂上探索和实践这种形式,变“精读”为“教读”,节约学生课堂上阅读的时间,提升课堂效率。

在课堂上学生能够快速的针对画线句进行分析,判断画线句的角度。并且因为有三段文字可以任选,学生不会担心无话可说的尴尬,因此学生自觉地参与到课堂活动中来,积极思考,主动质疑,课堂氛围比较活跃,思维碰撞很激烈。同时这三段文字作者分析问题的角度采用的顺序并不完全相同,选段一和选段二是一致的,选段三分析问题顺序有所调整。有些学生在阅读过程中容易产生惯性思维,易犯错误,抓住课堂上出现的错误,既可以达到细读文本的目的,又可以拓宽学生思考问题的视野,发现分析问题过程可以根据逻辑需要作出不同的调整，达到“教读”与“自读”兼顾。

在总结分析问题角度的时候，将结论结构化，在黑板上的板书呈现出下图（图1）的样式：

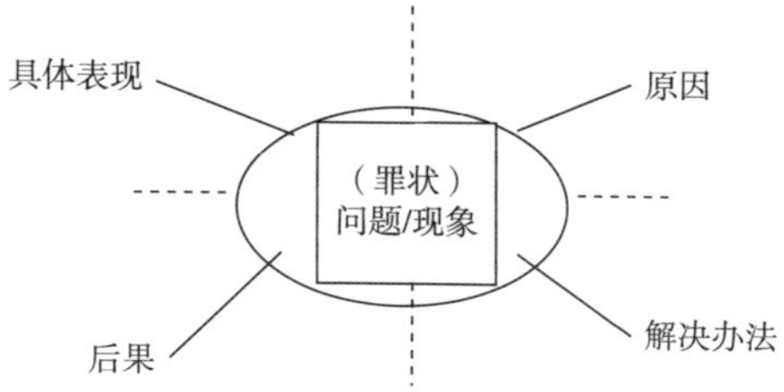

图1　分析问题的角度

通过这个图形，把多角度分析问题（现象）的结论结构化，学生可以直观的了解选文分析问题的角度有四个，分别是“具体表现”“产生原因”“造成后果”“解决方法”。同时学生还可以利用图形进一步思考不同文章可以根据逻辑需要灵活调换这4个角度的顺序，甚至不同的文章分析问题的角度还可以更多。如学生可以思考鲁迅先生的《拿来主义》，在分析问题时是从哪些角度入手的，是否与本节课所讲角度完全相同，如有不同填写到图形中虚线部分。通过这一环节的活动，进一步激发学生的学习兴趣，而且学生还可以在以后学习“思辨性阅读与表达”的文本时补充更多的角度，学会多角度分析问题。

（二）从《师说》《拿来主义》学习如何把个别之事与一般之理结合起来

学生情境作业中存在的第二个问题是“议论只是就事论事，不能够从对具体现象的分析中得出具有普遍意义的结论”。为了解决这个问题，本节课设计了一个表格（表1）。

表格要求学生针对作业中存在的第二个问题，结合背景资料，速读课文《师说》《拿来主义》，归纳这两篇文章是如何做到从对具体问题的讨论中得出具有普遍意义的结论的。

表1：课文填空

课文	具体人或事	普遍意义	提出观点
《师说》	李氏子蟠从师学习		学必有师
《拿来主义》		对待外来文化应采取什么样的态度，进而启发人们联想到对待不同文化的态度。	运用脑髓，放出眼光，自己来拿！

学生作业中存在的第二个问题是本节课的一个难点,而且由于群文阅读的原因,文字的阅读量很大,学生要在短时间里完成如此大的阅读量有很大难度。采用表格形式,通过表格的内容提示,学生可以快速地到文章中确定问题的大体位置,再通过彼此地交流讨论,完成表格填写。

表 2:课文填空示例

课文	具体人或事	普遍意义	提出观点
《师说》	李氏子蟠从师学习	士大夫阶层不从师学习的社会风气,倡导从师问道的良好学风。	学必有师
《拿来主义》	送古董、古画、新画这种“发扬国光”的“送去主义”	对待外来文化应采取什么样的态度,进而启发人们联想到对待不同文化的态度。	运用脑髓,放出眼光,自己来拿!

学生完成表 1 填写后形成表 2 的内容,在师生互动交流过程中,通过板书的形式在黑板上把学生在表格中填写的重点内容直观地展现出来。学生在对板书内容的分析中进而得出结论(图 2):要把一个具体现象从“个别”上升到“一般”,就能从对具体问题的讨论中得出具有普遍意义的结论,这样对问题才能有一个深刻的认识。

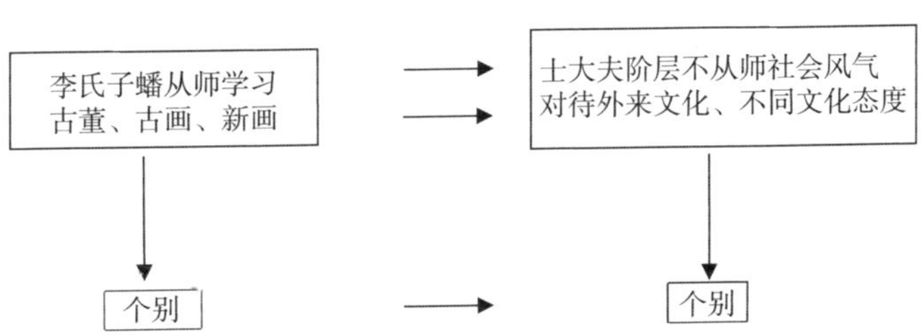

图 2　结论

本节课通过表格和图形,结构化分析问题,寻找解决学生在学习过程中碰到的问题。在“双新”教学的课堂实践中探索充分利用有限的课堂时间,掌握尽可能多的解决问题的方法的路径。

利用预习作业中生成的问题,通过课堂学习,学生找到了解决情境作业中存在的两个典型问题的方法。学生再利用课堂上学到的知识修改情境作业中存在的问题,思考如何对待手机和学习的问题。将知识学习与真实生活连接起来,打通知识世界与生活世界,明白本单元主题“学习之道”的意义与价值。

面对新课标背景下的统编教材，教师和学生的教和学都在改变。教师根据学习任务群的特点整体设计单元教学活动，关注群文阅读中存在的问题，为学生的学习提供相应的支架，提供学习样例，引导学生在语文学习实践活动中全面发展核心素养，最终实现语文课程标准的基本理念。学生积极主动参与学习活动，在情境中学习，整合各种资源，获得综合素养的提升。

写作中创意思维的培养

《普通高中语文课程标准(2017 版 2020 年修订)》中课程目标第 4 条“增强形象思维能力。获得对语言和文学形象的直觉体验;在阅读与鉴赏、表达与交流、梳理与探究活动中运用联想和想象,丰富自己对现实生活和文学形象的感受与理解,丰富自己的经验与语言表达。”第 5 条“发展逻辑思维。能够辨识、分析、比较、归纳和概括基本的语言现象和文学现象,并能有理有据地表达自己的观点和阐述自己的发现;运用基本的语言规律和逻辑规则,判别语言运用的正误,准确、生动、有逻辑地表达自己的认识;运用批判性思维审视语言文字作品,探究和发现语言现象和文学现象,形成自己对语言和文学的认识。”可见,不论形象思维还是逻辑思维,都强调学生自己的创造性。

创造能力、创新能力是人类社会发展的重要动力,一直以来有一种看法,认为创新能力、创意思维是不能培养、不能通过学习获得的,更多是一种天赋或灵感。但斯坦福大学教授蒂娜·齐莉格(Tina Seelig)在《斯坦福大学最受欢迎的创意课》一书中却指出,创新是思维习惯和外界环境共同作用的产物,影响创意思维的因素也很多,所以利用一套合理的训练方法,是可以提升人们的创意思维水平的。这给了我一些启发:语言是思维的载体,语文学习从某种意义上说是一种思维训练。识记理解、分析综合、鉴赏评价这些过程中都少不了思维活动,思维品质的高低将决定学生阅读和写作水平的高低。若能在语文作文教学中,针对影响创意思维培养的几个因素进行训练,将使学生思维水平和语文能力得到提升。

一、创意思维及创意思维的培养

思维是人脑对客观事物本质属性和内在联系的概括和间接反映,那什么是创意思维呢?创意思维学的创立者伍天友是这样界定的:以新颖独特的思维活动揭示客观事物本质及内在联系并指引人去获得对问题的新的解释,从而产生前所未有的思维成果称为创意思维,也称创造性思维。例如层出不穷的各种音乐形式,金属乐、室内乐、流行乐、摇滚乐等等,当我们眼花缭乱于音乐人的精彩创意时,其实所有这些创意都是在一个边界内发生的,即其本质都是在旧世纪封闭状态下形成的各民族传统以及新世界的新物质所激发的各种新的形式。

既然创意思维本质也是对客观事物的反映,那么它就不可能是从天而降、无中生有的。《斯坦福大学最受欢迎的创意课》中就认为影响创意思维的内因有知识、想象力和态度。没有丰富的知识储备,想象力就会软弱无力,对特定领域了解的越多,发挥想象时就越有据可依,越有可能产生非凡创意。张大千在晚年视力下降以致不能再精细作画的时候,却创造性地发明了泼墨山水画的新画法。这样的创意来源于张大千扎实、深厚的绘画功底和对各种绘画理论以及画法的精通。他年轻时临摹了很多中国古代著名画家的绘画,特别是石涛,张大千可以画到以假乱真的地步。他在敦煌莫高窟临摹了几年壁画,对中国绘画的流变有深入的了解。他还走出国门,和毕加索有过深入的交流,对世界绘画的新趋势、新流派有自己的见解。正因为在绘画领域有着丰富的知识储备和几十年如一日的勤奋挥毫,所以在生理条件受到限制时,富有想象力地创造出有创意的新画法才成为可能。

二、作文教学中创意思维培养的路径

语言的发展与思维的发展相互依存,相辅相成,因此,思维发展与提升也是学生语文核心素养的重要组成部分,是学生语文素养形成和发展的重要表征之一。作文是语言的书面表达形式,是一个人思维活动的外显,每一篇作文(除了抄袭之外)都多多少少有作者原创的成分,而原创成分的多少也正是能反映一个学生对问题有多少自己的认识,然后进一步可以考查学生对问题认识的深度。要在作文教学中培养学生的创意思维,可以考虑以下途径:

(一)培养学生的观察力。

因为要"以新颖独特的思维活动揭示客观事物本质及内在联系并指引人去获得对问题的新的解释"离不开对客观事物细致地准确地观察。有一个非常经典的小魔术是这样的:先给你看六张扑克牌,然后要求你记住你心中选定的一张牌,接下来奇迹出现了,再给你看六张扑克牌时,你选定的那张牌消失了。其实谜底很简单,第二次给你看的六张牌和第一次的六张牌没有一张是相同的,但是我们总是只关注那些我们期望关注的或被要求关注的事,忽视了那些可能同样重要但我们不感兴趣的事，而创意思维产生的一个前提条件就是我们对客观事物有全面而细致的观察。在作文教学中就可以进行一些针对性训练，来让学生学会全面而细致的观察，进而培养其创意思维。比如，老师们常会要求学生写一些观察校园环境、社会生活的小片段，但往往因为没有具体的指导，学生总是觉得“熟悉的地方没有风景”，没什么可写的，更不要说写出新意。我觉得可以教学生一些观察的方法来提升其观察力。

首先可以训练学生充分调动听觉、视觉、触觉、味觉、嗅觉等各种感官来感受、观察环境。比如同样写“花”，杜甫写“迟日江山丽，春风花草香”；范成大写“梅子金黄杏子肥，麦花雪白菜花稀”；秦观写“有情芍药含春泪，无力蔷薇卧晓枝”；孟浩然写“荷风送香气，竹露滴清响”；僧志南写“沾衣欲湿杏花雨，吹面不寒杨柳风”。诗人们充分调动自己的各种感官，从色彩、声响、味道、体感等不同方面富有创意地写出了自己观察到的“花”。而郁达夫在《故都的秋》中写槐树落蕊“脚踏上去，声音也没有，气味也没有，只能感出一点点极微细及柔软的触觉”，明确写出了听觉、嗅觉、触觉。如果对于客观对象，学生能这样多方位去观察、感受，他的观察肯定细致得多，作文也能更具体、更生动，更有自己的特色和创意。

一个苹果我们以常规的方法竖切它，看到的果心近似一只“蝴蝶”，但如果横切的话，就会发现一个“五角星”。因此，还要重视训练学生从不同角度看风景、看事物、看人。四百多年前意大利传教士利玛窦带着第一张世界地图来到中国，直到现在，我们在教科书上看到的都是横版的世界地图，这像是一颗人造卫星从太平洋上空永恒不变的观察点上看到的图像。但是，中科院武汉测量与地球物理研究所的郝晓光教授却换了个视角，如果是站在南极和北极的上空，向下俯瞰世界会是什么样。于是，竖版的世界地图诞生了，原来位于横版地图边缘的北冰洋，在竖版北半球地图上成了被各国环绕的“地中海”。所以老师们能不能引导学生换不同的角度看问题：教室在一楼的是不是可以到四楼去看看校园；一直走这条路上学的是不是可以绕远一些走另外一条路；一篇课文如果换一个叙述的角度呈现出来是怎样的；对一个新闻事件，如果我是当事人而不是旁观者，我会看到什么、怎么做。当学生能站在不同角度去观察，他就能看到事物和人不同的侧面，对客观对象的把握能更全面，实际上也就具备了跳出了自己的思维习惯的前提，创意思维将由此而展开。

每一个人都有自己的观察习惯、关注重点，学校教学有一个优势就是合作互补。在作文教学中，老师们还可以组织学生对同一个客观对象进行观察，然后交流，再反思自己容易忽略什么，有意识地进行针对性训练。比如看完同一部影片之后可以交流自己看到的一些细节，说说为什么这些细节触动了你；看完同一本书，可以交流各自的读后感，看看别人关注的和自己感兴趣的有何不同；观察同一位老师或同学，不同的人在描述的时候，是否有区别。然后，逐渐消除自己在观察客观事物时的视觉盲点。

真正的艺术家和科学家都有格外敏锐的观察力，通过发现一般人不能发现的美或一般人无视的生活中真正重要的东西而创造出不一样的、伟大的作品，所谓“生活中不缺少美，而是缺少发现美的眼睛”，所以教会学生如何去拥有一双这样的眼睛吧，打开创意之门，让生活从此与众不同。

（二）培养学生善思的习惯

笛卡尔有句名言“人是一根会思考的芦苇”，以此来凸显人作为万物之灵的特征在于“思考”。新的高考改革也对学生的思维能力提出了很高的要求，《普通高中语文学科核心素养》中就明确指出：要能运用批判性思维审视言语作品，探究和发现语言现象和文学现象，形成自己对语言和文学的认识；能自觉分析和反思自己的言语活动经验，提高语言运用的能力和思维的深刻性、灵活性、敏捷性、批判性、独创性。

可是现在高中学段语文学习的现实是不少学生的思想比较幼稚、肤浅，不愿意读一些有思想深度的作品，对一些阅读难度较低的作品只满足于了解内容，不太能深入思考其美学价值或社会内涵。如果要求学生做一些素材积累，大部分学生还是停留在小学、初中阶段的好词好句的认识。缺乏对语言现象和文学现象的审视和思考，所以写作往往人云亦云甚至不知所云。最近几年的上海高考作文题基本是给出一段材料，然后问“你对这个问题有怎样的认识”，比如2019年的高考作文题：“倾听了不同国家的音乐，接触了不同风格的异域音调，我由此对音乐的‘中国味’有了更深刻的感受，从而更有意识地去寻找‘中国味’。这段话可以启发人们如何去认识事物。请写一篇文章，谈谈你对上述材料的思考和感悟。”如何在作文中有自己的认识和创意呢？可以从培养在阅读中善思入手，从形成自己对语言和文学的认识，到提高语言运用的能力和思维的深刻性、批判性、独创性。

1. 在“见怪不怪”时多思

在上海语文教材高一第一册有一篇蒲松龄的《促织》。学生们大多小时候就看过由作品改编的动画片，对作品内容比较熟悉，如果让学生挑一段自己认为精彩的语言，多半会挑选“蟋蟀斗公鸡”那一段，当然这一段确实写得非常精彩。但是如果你指出文章开头的两句话写得大有深意，估计学生们会想不通，他们觉得这就是一般文章开头的背景介绍：“此物固非西产”“有华阴令欲媚上官”，太普通的两句话！但是，毕飞宇在《小说课》中就指出：好的小说的语言有时候和修辞无关，它往往就是大白话，虽然你不一定觉得这话写得多美妙，但没有它，作品甚至可能不成立。就如“此物固非西产”，不出产蛐蛐的地方却因为蛐蛐闹出了人命、出现了奇迹，这使作品一下子就有了悲剧的色彩、荒诞的色彩。而“有华阴令欲媚上官”中“欲媚”两字是整个悲剧发生的内在根源，正因为有了“欲媚”这股诡异的文化心理力量的推动，《促织》中所有悲剧和闹剧的发生只能是逃不过的、必然地发生。

在阅读中养成在“见怪不怪”时多思考的习惯，自然会迁移到对社会的阅读中，从而引发与人不同的富有创意的思考。例如“在阳光里生活，需要有步入阳光的能力”，学生初看到这句话会觉得这是理所当然的，当然要有步入阳光的能力才能在阳光里生活啊。可是，如果再发散开去思考，就会认识到这里的“在阳光里生活”可以有个人完全不同的理解，可以是良好的生活态度，可以是积极进取的健康心态，可以是蓬勃向上的生命力，可以是符合普适价值的生活方式，或是公平正义的社会环境等等。不同的思考必然呈现多姿多彩的各具特性的作文。

2. 在“理所当然”时反思

我们在成长的过程中很容易接触到一些“理应如此”的事情，于是常常被剥夺了去反思是否“理应如此”的权力，于是逐渐懒于思考，于是现实中大量的盲从。就如在学习《项链》时，一个女人为了虚荣、出风头，付出了十年的艰辛，这思路非常符合中国人传统的“因果报应”思维，于是“理所当然”地得出结论虚荣会受到命运的惩罚。但小说家毕飞宇却对此进行了有意义的反思，他将这篇小说的情境换到中国，然后将里面所以人物的名字替换为很典型的中国名字，然后情节不改，却发现作品显得漏洞百出。于是再来思考我们从作品中到底能读出什么。

这样的在“理所当然”时反思的训练，有助于我们在写作时打开思路，找到与众不同的立意点。比如作文题“人一旦喜爱某种东西达到狂热痴迷的程度，其关注点就会集中在那东西上，不知不觉中把其他方面的信息都给忽略了，从而失去了正常的判断力。然而，一些了不起的成就也源于此。对此，你有怎样的认识？请写一篇文章，谈谈你的看法。”命题客观地描述了一个普遍的社会现象，但学生多半只是“理所当然”地认为了不起的成就就是源于对某种东西的狂热痴迷，于是在作文时出现偏误。我们应该引导学生去反思什么叫“正常的判断力”？以哪些人的标准来看是正常的判断力。我们要反思的是评价的标准怎么样？而不只是反思评价的结果。还要进一步反思“一些了不起的成就也源于此”是否意味着“所有了不起的成就都源于此”？“一些”不仅不等同于“所有”，恐怕还是“所有”中的极小一部分，因此这种痴迷并不必然能带来了不起的成就，甚至这一小部分的成就，却成了大多数偏执者的借口。经过了这样不断反思的过程，行文才不会“穿鞋戴帽”“信马由缰”，才能写出富有创意的有个性的好文章。

3. 在“眼见为实”时遐思

香菱学诗，做的第一首是“月挂中天夜色寒，清光皎皎影团团。诗人助兴常思玩，野客添愁不忍观。翡翠楼边悬玉镜，珍珠帘外挂冰盘。良宵何用烧银烛，晴彩辉煌映画栏。”虽然用了不少修辞，却因为只是“实写”月，缺少情思，被黛玉评说“措词不雅”“被他缚住了”。第三首“精华欲掩料应难，影自娟娟魄自寒。一片砧敲千里白，半轮鸡唱五更残。绿蓑江上秋闻笛，红袖楼头夜倚栏。博得嫦娥应自问，何缘不使永团圆！”被众人好评“新巧有意趣”。这首诗歌，香菱由实而虚，虚写了李白诗歌“长安一片月，万户捣衣声”“谁家玉笛暗飞声”中的情景，联想到黎明时的远行、夜倚栏时的相思，想象了嫦娥对团圆的盼望，情感浓烈、悠远。作文亦如此，要写出新意，不要被“实”给缚住了，而要由“实”入“虚”，使思绪在时空中得到拓展。

如何从眼前的“实”遐想开去呢？台湾作家龙应台曾说如果现实是岸上的白杨树，那么文本世界就如“白杨树在湖中的倒影”，所以我们可以由“实”联想到与之相关的诗歌、小说、电影、传说等；如果“实”是眼前的人、事、物，我们可以联想到梦境中的、历史上的、未来的、想象的。面对同样的客观存在的“实”，每个人联想到的“虚”一定是不一样的，那是浸润着个人的生活体验、阅读经历并能在生命中留痕的，所以才会在此时此地想起。正如朱自清看着眼前的荷塘月色会想起《采莲赋》《西洲曲》，会想起了故乡江南。这样带有个人独特情思的作品往往也是有新意、有创意的作品。

《普通高中语文课程标准(2017 版 2020 年修订)解读》中指出:“思维发展与提升是指学生在语文学习过程中,通过语言运用,获得直觉思维、形象思维、逻辑思维、辩证思维和创造思维的发展,促进深刻性、敏捷性、灵活性、批判性和独创性等思维品质的提升。”这段话可理解为各种思维类型要均衡发展,而各种思维都需要增强创造性。思维的创造性是可以通过训练培养、激发的,主动培养观察能力,在“见怪不怪”时多思、在“理所当然”时反思、在“眼见为实”时遐思,引导学生在自己的学习生活实践中,积累自己独特的生活经验,表达出自己的精彩。

【学生习作】

作文题:

杜牧借写阿房宫的兴毁,阐述了天下兴亡之道;归有光写《项脊轩志》,尽抒其可喜可悲之情。是否也有这么一个地方,那些人、那些事令你难忘?是否也有这么一个地方,曾让你思接千载、视通万里,引发对宇宙、自然、历史、人生的感悟?

请写一篇不少于 800 字的文章(不要写成诗歌),要求能综合运用多种表达方式,写出自己独特的感受。题目自拟。

后 巷

再没有后巷这样的地方。就算走过大江南北,赏过万千风景,再回首时,却只有后巷这样清晰。它是有生命的个体,存活在我童年的记忆里面。

后巷本不是巷,它没有名字,它就在小学后操场破败的围墙边,它只是一段似长廊又似后院的空地,一段葡萄花架支撑的美景。它偏安一隅。

孩子们笑闹着从操场上跑过,不期间回头,却见高楼林立间唯一不是水泥构筑的“奇迹”。这群孩子里有一个小小的我,我见到的是阳光铺洒下,许久未曾修剪、杂草丛生、野花绽放于其间的自然痕迹。那一刻,我所能联想到的,唯一能与之相媲美的图景便是——骑脚踏车的孩子在林立的老式公寓间、那宽不过两米的狭长的巷子里缓缓驶过,歪歪曲曲地在地上画出不规则的弧线。

不经意间抬起头,看见空空远远的天被温暖的光衬出一片湛蓝,轻软而洁白的絮云飘泊而去,抹过被晾衣杆与带着太阳味道的棉被所隔出的天空。

后来,我便叫它后巷。

阳光下的它最神奇。你可以坐在铺设着浅蓝色瓷砖的石制隔栏边,这是十二米的后巷里唯一人工的痕迹。仰头看天,却被垂下来的紫藤晃了眼。翅膀上长着漆黑眼睛的蝴蝶倒挂下来与你干瞪着眼,一惊,它便一个倒栽葱倒在绵软的草叶垫子里。西瓜虫是能滚能爬的小生命,你捉着它,一松手,它便滚开去,撞散了排着队的蚂蚁,十足的闯祸精。带刺的花就开在你的身旁,可它飘落的花瓣却是软软的。温暖的太阳确实如一张笑脸。

而我被后巷震慑是在那个阴雨天。

天地是灰暗的白和莫辨深浅的蓝。那个年纪的孩子总是想去明白许多模棱两可的道理,模模糊糊地,也只能悟个似懂非懂。沿着长廊漫步,脚步那么轻,生怕打扰了爬山虎里隐了身的小精灵。眨眨眼,太阳花和野海棠便会心有灵犀地苏醒。你仍旧不懂,只好坐在大概是后巷入口的青石地面上静静地想开去。突然天空中一声雷鸣,要下雨了,整群的白鸽回旋着,划出的轨迹推远又拉近。空空的,只有一个声音在响,没有回音。错觉里,云好像塌掉一样一片接一片压下来。一道光凌厉地射过,城市的阴影开始展开它巨大的手臂。大片雨点砸下来,声音穿破一切黑暗直达云霄又轰然坠地,恸哭般炸响开来。

鼓号队的姑娘们护着鼓面冲进后巷来,为葡萄藤架起的避风港也能挡住这暴雨感到不可思议,尽管那碧色的藤从未结出过葡萄。一个小姑娘说她见过它的果,是小小的、青色的。我护着我自己的鼓,在女孩的笑闹声里,努力分辨着后巷的枝叶与坑洼收到每一滴的细微的声音。水滴奏出的清脆乐音,好像一颗晨光映照的露珠,滑过纤草搭成的滑梯,悄然坠地。后巷断垣上逢雨就格外有劲的蜗牛,缓缓地前进,写出只属于它的笔迹。

雨停,我走出后巷,再回首时已斜阳初晴,光照处纤细柔软的灰尘在周围旋绕飞舞,后巷静静伫立在火烧云的暮色里,一转身便从视线里面悄然隐去。可曾经青春跳跃的记忆,却魔力般地扎根在我的记忆里,淡彩般陈列着,宁静而安好,是有色泽的透明,是不可磨灭的印记。

【点评】 小学操场围墙边的一段空地,是那么的平常甚至不起眼,可是在本文作者的眼中却是扎根在记忆深处的印记。作者充分调动听觉、视觉、触觉、味觉、嗅觉等各种感官来感受、观察环境，于是后巷生动、有趣、独特了起来。“翅膀上长着漆黑眼睛的蝴蝶倒挂下来与你干瞪着眼，一惊，它便一个倒栽葱倒在绵软的草叶垫子里”“西瓜虫是能滚能爬的小生命……滚开去，撞散了排着队的蚂蚁，十足的闯祸精”“带刺的花……飘落的花瓣却是软软的”“城市的阴影开始展开它巨大的手臂”“水滴奏出的清脆乐音，好像一颗晨光映照的露珠，滑过纤草搭成的滑梯，悄然坠地”。作者以孩子灵动、好奇的目光打量这个平常得不能再平常的世界，于是“后巷”从此在生命中变得与众不同。

万安寺——尘世中偶遇佛缘

《倚天屠龙记》中关押六大门派顶尖高手的那座塔，张无忌在其中力压群雄、大显身手的万安寺，在来之前，我曾无数次想象过它们的模样。

理想与现实的差异总是很大的。我探头探脑地想寻找如同电视剧中那样传统的六边形木质结构的塔，甚至为此仔细查看了门前的地图，好像理应存在这样一座塔，只是被藏在了某个角落一样。你可以想见当我确认眼前这座石砌的、显而易见不能容纳人的白塔，这个小小的、有些冷清的寺庙就是曾让自己魂牵梦萦的东西时，心里该有多失望。

在闹市区还存有这样一个宁静的地方，已经是很难得了。我叹了口气，虽然并不信佛，但既然来了就进去看看吧，于是掏出钱包准备买票。售票室里坐着一位几乎可以称她为奶奶的老人，我抽出钱刚要递过去，她却笑了笑，说：“是学生吧？学生免费，进去吧。”我想我一辈子都会记得这个笑容，从她苍老的脸上绽放开来，有一种宁静的力量，在经历了那么多世事之后依旧能够如清泉一般澄明。

万安寺就在这样一个温暖的微笑中向我敞开了它的大门。不远处架着一口大钟，下面立了块牌子，写有“敲一下家庭幸福，敲两下事业成功”之类。我出于好奇走上前去推木头撞了它几下，静谧的寺庙中一下子回荡起阵阵钟声，悠扬而绵长。其间并没有人从斜刺里冲出来问我收钱，便安安心心地在回声中继续游览。

里面并没有很多人，偶尔有个布衣僧侣匆匆走过，几位零星的游客四处转悠举着照相机拍这拍那，台阶上静静坐了位穿着波希米亚长裙的女人，好像在想什么心事，此外就似乎再没有什么别人了。地下的石板路不知曾被多少人踩过,坑坑洼洼倒也有种别样的古老质感,走上去就好像走在层层叠叠的历史上一样。松柏随处可见,粗的足足有一个人环抱过来那么粗。有笔直挺立着的,也有扭曲着它的枝条犹在舞蹈的,有经历近千年仍然生机勃勃的,也有枯死了半边依旧顽强生存的,从中可见众生百态。主殿门前的两尊石狮子,早已被风沙雨雪模糊了原本的模样,从仅剩的样子只能大略观得其半趴着的形态,除了松柏相伴已久,又有谁还记得当年它的雄姿?

至于那座塔,很特别也很普通的一座白塔。即使世界上有成千上万座塔,它在其中也是独一无二的,不同于白海公园的塔,不同于西藏传统飘扬着经幡的白塔,它是万安寺的塔,正如芸芸众生中,我区别于你,他区别于她,每一个人都平凡而又特别。

我找了张长椅坐下,突然有些理解所谓"一切众生本来成佛"的道理了。

我曾去过各种各样的寺庙,门票往往贵得惊人,都花下重金将其修缮,反而丢失了历史感。导游会把你领到人潮汹涌的地方,于是你挤在人群中间,被推搡着向前,走马观花地拍了几张香炉的照片,再随便看看壁画和佛像。走着走着到了观音面前,周围人跪倒一片,口中念念有词,神情恭敬生怕激怒神明而染上厄运,气氛驱使你也不自觉地弯曲膝盖跪在垫子上,跟着大家一起双手合十祈求保佑。出了正殿,短短的游览时间却也结束了,忙忙碌碌中什么也来不及想就又匆匆奔向下一个景点。

某位大师说过,佛教的兴盛就是佛学的落寞。佛不是庇护者,更不是惩罚者,而是先于我们一步觉悟的人。这座冷清的寺庙没有很多游人,没有很旺的香火,却在无形之中,通过草木、石头、建筑这些再普通不过的东西,传达给我许多高深的哲理。与人为善,不是为免遭报应,而是为带给他人更好的心境,自己也能从中收获快乐,以至于年老时还能拥有澄明清澈的笑容,根本就无关回报和利益。我想往往越是复杂的道理就越是存在于简单的事物,真正的佛学也可能就隐藏其中。没有顶礼膜拜和下跪祈求,在自然界中万物众生皆平等,觉悟即可成佛,一草一木无不是佛。

物是人非,沧海桑田,眼前繁华不过昙花一现,千百年后前人早已不在,留下的只剩残缺的建筑,仿佛在诉说过去的故事。名利金钱不过一掬细沙,却束缚了那么多凡人在世间沉沉浮浮,悲悲喜喜。从前人们常常追求永生,可时间总是抹去一切,让他们回到原点。不管历史重演或是前行,无论时代退步或是发展,佛家朴素的智慧大概才是真正意义上的永恒吧。

其实世界上还存有像万安寺这样的地方,可让人静下心来想点什么,收获点什么,也真是值得庆幸了啊。

叹了口气,正准备起身离开,一名中年男子拍了拍我的肩,微笑着递给我两本书,随即走远。我粗粗翻了翻,讲的是天堂地狱一类的事。末页上印着这样几个字"随缘赠阅"。

这样说来,我大概也算个与佛有缘的人了吧。

【点评】 本是"小小的、有些冷清的寺庙",里面有些随处可见的"景"——普通的石板路、松柏、石狮子、白塔、门口售票的老人,可是作者却在这"见怪不怪"的景中渗透了自己独特的感受和情思。石板路"走上去就好像走在层层叠叠的历史上一样";松柏"有笔直挺立着的,也有扭曲着它的枝条犹在舞蹈的,有经历近千年仍然生机勃勃的,也有枯死了半边依旧顽强生存的,从中可见众生百态";石狮子"早已被风沙雨雪模糊了原本的模样……有谁还记得当年它的雄姿";售票的老人"笑容……有一种宁静的力量"。再进一层,作者从"草木、石头、建筑这些再普通不过的东西"中悟出"名利金钱不过一掬细沙""时间总是抹去一切,让他们回到原点"。在这样见怪不怪的熟悉场景中,作者却能一层一层想开去,最终使文章有了独特而深刻的内涵。

江心的"荷叶"——和悦洲

浊涛千里,一水中分,包裹了这江心荷叶形的洲渚——和悦洲。它就像一叶负载沉重的小舟,在长江之心战战兢兢地"颤抖",仿佛一个巨浪过来,它就会随波东去。

我伫立于斯,周遭残阳如血,积雪似银。一个惊悸似将出现,却被表哥的话语阻隔了,他静静地告诉了我这个江心小洲似锦的昨日。

这里本该有比江南任何古镇都密集的建筑群,有比《清明上河图》中更拥挤的人群。这里靠近九华山下一个重要佛教场所,因此八方欲上九华之香客,曾在此云屯蚁聚。这里更曾是长江上商旅的"驿站",傍晚泊船,多停于此。因此,这里的经济迅速发展,一度成为一个极盛的居住区。它曾经傲立在江心,收放着穿梭往来的船只。我的心中,仿佛泛起了当年的喧嚣……

表哥的话停了。我抬起头,看看这个昔日人头攒动的古洲,如今,残阳下,满目都是半坍的隔墙、无梁的旧屋，一派古褐苍苍的色调和穿插于檐顶墙头的白雪相“辉映”，刺得人睁不开眼。劲风起处，扬起一片轻纱般的雪雾，拂过那些曾经巍然临江的建筑，仿佛它们的过去，就如这轻纱般缥缈而稀薄。融化的雪水之声重重叠叠，如泣如诉，仿佛残垣断壁的呻吟，为了六十年前日军炮弹留下创口的隐痛。一眼望去，看不到其他的人，一群逍遥的鸡，横穿过前面雪水泥泞的小径，消失在巷陌背后的农舍中。旧日的辛酸，竟被一张张喜庆的“福”字贴得“红光满面”，远远地、隐约地还听到居民围桌吃饭的谈笑声，一点寂寥中的喧嚣。

小小的和悦洲，还竟饱含了兴衰的滋味。传说曾经有位官员，听说小洲像荷叶，故百姓名之曰“荷叶洲”，甚是不满，大笔一挥，将“荷叶”易为歌功颂德的“和悦”。我虽然对起名经历颇不以为然，但我还是愿意称它为和悦洲，因为一片“荷叶”，载不动许多繁华和屈辱、昔盛与今衰。

一切繁华都在为成为废墟做准备，哪怕你“接天莲叶无穷碧”“万紫千红总是春”，终究要像这“荷叶”——大江之心的这一叶，被滚滚的历史浪涛所淹没。

那么，就给刹那的芳华，赋予一点废墟的精神吧，去珍惜，去挥洒，化浮华为纯美，只要感到踏实，就虽没犹存。

【点评】 曾经的繁华古镇、喧嚣驿站随着时代的变迁而落寞、衰颓，沧海桑田这是理所当然的。作者由实而虚，思接千载，拓展了文章的思考时空。并且本文的作者在追古思今时，把思考落在了“废墟”的意义上，既然“一切繁华都在为成为废墟做准备”，那么“就给刹那的芳华，赋予一点废墟的精神吧”“化浮华为纯美，只要感到踏实，就虽没犹存”。昔盛今衰、古今对比的写法并没有很独特，但是最后的两段凸显了作者个性的体悟，可谓点睛之笔，别出新意。

议论文中论据的选择与表达

如果说主题立意是一个人的精神灵魂,构思布局是一个人的经络骨骼,那么具体内容就是人的血肉,没有血肉,人会变得面目可憎,丰满了,红润了,才会让人觉得可喜,可爱。

现在高中语文教学中,论说文的审题基本不设难度,学生都能看懂、有话说,所以立论并不难,当然立论的高下还是有很大差距的,就好比一个人射箭,有的人能正中靶心,达到10环,有的人可能射偏一些,5环或者6环,但这也正是学生思维发展水平差异性的体现。《普通高中语文课程标准(2017版)》课程目标中明确学生要"能有理有据地表达自己的观点和阐述自己的发现",而就目前学生论说文的写作现状看,大的困难正在于如何"有理有据地表达自己的观点和阐述自己的发现"。常见的情况是:1. 所用的事实论据并不能证明自己的观点;2. 堆砌了很多的事实,但缺少和观点相关联的分析,造成不能很好证明自己的观点。下面针对这两种现象,从论据的选择与表达角度,给出一些学习建议。

一、探寻观点与论据之间"果"与"因"的关联

所用的事实论据要能证明自己的观点,首先要清楚什么是证明。证明,就是通过讲道理和摆事实,对某个观点的可信性或可行性作出合乎逻辑的,合乎人性和社会、自然发展规律的分析,以求得他人的信服和接受。也就是说论据与观点之间要有合乎逻辑的关联,而"探究因果"是分析其逻辑关联的常用方法之一。我们在使用事实论据的时候,其实有一个隐含的逻辑推论:"因为(我举的这个事实),所以能得到/造成那样的结果(观点)。"如果这个推论合乎人性和社会、自然发展规律,能令人信服,那么我们说论据能够证明观点。除了"由果溯因"揭示问题产生的原因之外,其他分析其逻辑关联的方法还有:推究支撑结论的理由;推究事物成就的条件;由因推果,推断事物发展的趋向、结果或影响等。

例如,作文题:"人的一生总在不断地收藏,收藏知识、收藏情感、收藏美好

……收藏人生中那些最宝贵、最值得珍惜的东西。一个人懂得收藏什么并知道怎样去收藏,实在是一种智慧与幸运。请自拟题目作文,不少于800字的文章。”

有学生写道:

孩子们是天生的幸福收藏家,童年的鲁迅在凌乱的百草园中收藏纺织娘的悄声细语,覆盆子的鲜翠欲滴,筑就自己的伊甸园。懂得收藏美好的人,是幸运的,因为这些收藏可以使他在寒夜感到温暖。那些终生保持这一收藏美丽的童心的人们,如苏子瞻,虽处身遭贬谪的冬天,依旧从绕郭长江的鲈鱼上收藏到心灵的愉悦;如醉翁者,虽置身怀才不遇的人生寒夜,仍然自“野芳、佳木、风霜”中收集“山水之乐”。也曾渴望才华可以施展、抱负得以实现,然而终其一生只落得一介小吏,这样平凡、苍白甚至有几分惨淡的生活并不能使他们颓废,人生的冬季,他们有自己的那只收藏了阳光的篮子。

这一段阐述隐含了这样的逻辑推论:苏轼、欧阳修在人生不如意中能从美食、自然山水中感受到美好,这些美好带来的心灵愉悦使之面对惨淡的生活时更从容,因此证明了观点“懂得收藏美好的人,是幸运的,因为这些收藏可以使他在寒夜感到温暖”。事例典型、适切。

有学生写道:

那点滴美好的收藏能照亮的又何止是个人的人生!当严子陵垂钓江畔,当嵇康奏《广陵散》响遏行云,他们将自己一生坎坷走来后得到的感悟精心收藏,他们将一份份旷达之意细细贮存。在其生前,这些收藏是其心中的明灯,支持他们在物质匮乏中保持前进的动力,指引荒野中的他们望见至善至美的方向。于其身后,他们那宝贵的收藏又成为了后人取之不尽的财富。那滚滚逝水之长江,那张素琴,以及那茂林修竹、高山流水,这些给予了多少先贤哲人尽其一生收藏之感悟情思、气节豪行,又将引领多少后人步出沉迷混乱之烟雾,走向皇皇光明,又将使华夏之族拥有怎样的春天!

这一段的观点是“点滴美好的收藏能照亮的不止是个人的人生”，作者在阐述时分了两层：首先是从“江水”“素琴”中感受到的美好使严子陵、嵇康度过人生的荒野；然后“严子陵、嵇康的人生经历”又成为后来者“收藏在心中的美好”，引领后来者步出人生迷雾。以此证明观点“点滴美好的收藏能照亮的不止是个人的人生”。论据紧扣观点，逻辑关联清晰。

二、叙述论据之后要有关联观点的分析阐释

一千个读者就有一千个哈姆雷特，同一个事例每个人的理解可能不同。例如，同样使用韩愈《师说》作为论据，可以证明不同的观点：

史兆玮同学写道：

有时善或许只是在关键时刻不吝啬的一番激励。韩昌黎在李氏子蟠向他学习的时候，在“师道之不复可知矣”的时候，“作《师说》以贻之”，既是对其“能行古道”的肯定，更激励了其他许多像他一样的年轻人的求学志向。韩愈的善举算不上惊天动地，但他为有志于学的青年点亮了一盏明灯，这便是善。

姚硕超同学写道：

韩愈曾说过：“道之所存，师之所存”。看似简单的八个字，其中却意味无穷。无论是“百工之人”还是“士大夫之族”，无论是“位卑”还是“官盛”，存道才是择师的唯一标准，阐明了择师的大道。其形之简，其意之丰、之深令人感叹。这就是所谓大道至简吧。

孙雨晴同学写道：

韩愈自小就努力钻研六经，而且对三代两汉的古文也极有兴趣。因为他对历史的开阔视野，使他对学习有了自己深刻的理解——从师。在四周充斥着“耻师焉”的风尚时，他却能从古之圣人身上领悟“弟子不必不如师，师不必贤于弟子”的真谛，免于了那些“位卑则足羞、官盛则近谀”的低知俗见。可见，一个人的视野高广与否决定了其看问题的深浅。是像韩愈博闻强识，还是如“士大夫之族”的孤陋寡闻，不正全在于此吗？

到底用其来证明什么观点，需要作者在陈述事实之后有一定的阐释、分析，明确告知读者论据与观点之间的逻辑关联，即把在选择使用某个论据时隐

含的逻辑推论显性化表达，让读者了然，以此说服读者。常用的方法有辩证剖析、引用化用、譬喻类比、对比假设等。

辩证剖析　即指作者对事物有深刻认识，能透过现象看到本质或者能看到事物的正反两面，分析时能把话说到点子上，揭示事物的本质或事物发展的内在原因，因而具有很强的说服力。比如在《艺术与生活》习作中黄如一同学对“艺术”与“生活”两者关系的认识：艺术美丽神圣却又如此遥远，但这并非艺术的全部；一些亲切而质朴的场景，能触动你心底最柔软的角落，也是艺术；艺术吸收着生活的点滴，却又不断的纯化着生活，使得原本的生活不是混淆的杂色，而是更加鲜明。尽管有时艺术的尖锐会刺痛我们的眼睛，但我们更明白何为爱何为恨，何为美何为丑，何为善而何又为恶。黄同学很好理解了艺术与生活的本质，通过对论据的议论、分析，有层次地揭示了两者的关系，非常有说服力。（习作全文附后）

引用化用　在论说文中适当地引用、化用一些名言警句、诗词歌赋不仅可以使文章更具有文采，还因为这些句子流传广远，已被公众认可接受，所以说服力比较强。例如：

> 一个真正理性、成熟的人，选择“无所畏惧”正是因为“有所畏惧”。中国飞行员李剑英，在一次执行任务中遭遇鸽群，为了保障周围村庄上百姓的生命安全，他无所畏惧地选择了风险极大的迫降，结果光荣牺牲。李剑英面对死亡，毫不畏惧，是因为他害怕无辜百姓的伤亡，他要保障更多人的生命安全。著名天文学家哥白尼提出日心说，得罪了教会，面对教会死的威胁，他无所畏惧，坚持自己的正确观点，为真理而献身。哥白尼不怕威胁、不惧死亡，是因为他崇尚真理，他害怕人们继续被蒙蔽、真理得不到传播。中国有句古话“人有三成人，知畏惧，成人；知羞耻，成人；知艰难，成人。否则禽兽而已”。可见，因有所畏惧而无所畏惧地去面对困难、挫折甚至死亡，代表了一个人真正的理性和成熟。

当然，这也会造成另外一面，就是人们容易形成一种固定认知，如果我们在作文中能换一个角度或从另一个方向进行点化改造，翻出新意，必然会使读者在思索中得到更深的启迪。例如，我班有同学在《艺术与生活》写道：

如果说生活是质朴的泥胎，那艺术必定是精工细琢的瓷器。诗书锦绣中，有“鸡声茅店月，人迹板桥霜”等千古名篇，舞台帷幕间有《雷雨》等旷世佳作。它们或摄景于世间万物，或取材于人生百态，然而却犹如一棱冰柱，水为之而寒于水，折射出生活深处的光彩。正好比《虎丘》中明月浮空时分登场一夫，如果先前的“雅俗具陈”是艺术作为一种形式对生活表象的写照，那这位艺人“飞鸟徘徊，壮士下泪”的意韵才真称得上是对人性灵的陶冶和对生活内涵的最佳诠释。

《虎丘》中这一段原意是写歌艺的高下，这里却化其意而用之，写艺术对生活的反映有表象的有内涵的，形象含蓄，寓哲理于其中，让人耳目一新、回味无穷。

譬喻类比　这种说理分析的方式自古就有，现下很多的课本选文中大量存在。比如《劝学》《谏太宗十思疏》《种树郭橐驼传》等。在对论据作关联观点的阐释时触类旁通，善于用大自然中的某些现象或者现实生活中的某些日常的事物进行譬喻或者类比，可以更生动地说理，使所要阐明的道理更加容易理解。请看学生习作《追求真理》：

笛卡尔曾说：我可以说是一个孩子，在追求真理的路上被真理蒙住了双眼。我曾惊疑于这句话的表达，更是奇怪予人以灵光的真理如何会使人盲目。但是当我读了房龙的《宽容》序言，看了郑光文的《火刑》，当读到先驱者明知等待他的将是严厉的处罚仍坚持自己看到的真相，我感觉到，他们或许真的是被蒙上了眼睛的人。

唐古拉山脉上的积雪望不见崎岖的海岸，但它们还是在阳光下融化，离开巍峨的山峰，踏上漫长的旅程，向东，向东，追寻着万水的本源——海洋。在黑暗中长大的飞蛾从未见到过阳光，但只要漫漫长夜里出现一丝光亮，它们就会聚集，向着那一点，飞翔，飞翔，全然不顾那一点有多遥远，更不管在那一点等待着它的究竟是荣耀还是死亡。

我们或许早已习惯性地将水的追求归为壮丽或崇高，将飞蛾的举动哂为盲目与自不量力，但是江水的东流与飞蛾扑火难道会因为最终的结局和别人的评价而改变吗？追求，其实都是“盲目”的，这种盲目并非是漫无目的的无的放矢，而是因为目标的明确、全神贯注而使其他的一切变得不再重要。

作者将“我在追求真理的路上被真理蒙住了双眼”这个似乎矛盾而很难理解的道理，通过大自然“百川归海”“飞蛾向光”的现象阐发得生动形象，通俗易懂。

对比假设　对所用事实论据进行分析说理，还可以从“假设不这样，就会如何”的角度来分析，这样的“假设”往往会和前文的事实论据形成一种对比关系，从而使所要阐释的道理变得显而易见。例如《谏逐客书》：

> 臣闻吏议逐客，窃以为过矣。昔穆公求士，西取由余于戎，东得百里奚于宛，迎蹇叔于宋，求邳豹、公孙支于晋。此五子者，不产于秦，而穆公用之，并国二十，遂霸西戎。孝公用商鞅之法，移风易俗，民以殷盛，国以富强，百姓乐用，诸侯亲服，获楚、魏之师，举地千里，至今治强。惠王用张仪之计，拔三川之地，西并巴、蜀，北收上郡，南取汉中，包九夷，制鄢、郢，东据成皋之险，割膏腴之壤，遂散六国之众，使之西面事秦，功施到今。昭王得范雎，废穰侯，逐华阳，强公室，杜私门，蚕食诸侯，使秦成帝业。此四君者，皆以客之功。由此观之，客何负于秦哉！向使四君却客而不内，疏士而不用，是使国无富利之实，而秦无强大之名也。

李斯在列举以往四代秦王“用客”而“国富强”“成帝业”的史实之后，进行了假设“向使四君却客而不内，疏士而不用”，得出结论“是使国无富利之实，而秦无强大之名也”。这样的结果和史实形成鲜明对比，对阅读此文者形成强烈冲击，也有力支撑了自己的观点“逐客，窃以为过矣”。

在目前的语文学习中，学生逻辑思维能力的培养还需要下大力气。培养逻辑思维的途径很多：首先，教材中大量典范的议论文都有清晰的思路和内在逻辑，我们可以试着把这些“思路”“逻辑”结构化、显性化，供学生模仿、学习。其次，要引导学生从现象中探求本质的良好思维习惯，归纳、梳理一些方法来指导自己的语文实践。最重要的当然是通过自己的议论文写作实践，将这些方法灵活、恰当地使用，能有理有据、清晰有条理地阐述自己的观点。以此，不断提升自己的语文素养。

【附:学生例文】

艺术与生活

黄如一

什么是艺术?

脑海中顿时冒出米洛近乎完美的维纳斯,坐在阴影中笑得高深莫测的蒙娜丽莎,她们是如此美丽神圣,却又是如此的遥远。

这就是艺术的全部?

我不相信。君不见郁达夫笔下老北京口中那“一层秋雨一层凉”的韵味儿?君不见,佩弦先生信步荷塘的幽情?君不见,米勒画布上身笼夕阳弯腰拾穗的农妇?这些温暖的、细小的片刻,这些亲切而质朴的场景,触动你心底最柔软的角落时,你能说这不是艺术?

再雄伟的大树也不能离开它所扎根的泥土;扶摇直上的大鹏也有择良木而栖之日。如果说艺术是完全超越了生活的精神产物,那为何缪斯女神们的雕像仍披着尘世的衣带?

但我们何时曾遇见过纯美如埃斯梅纳达的少女?何时曾遭遇过吝啬如葛朗台的老头儿?或许不少人曾登览过天姥,踏上过蜀道,但又何时见过千尺龙标和那洞天石扉中的金银台?

艺术吸收着生活的点滴,却又不断的纯化着生活,于是在艺术中,我们能找到生活中所找不到的至美至纯,至真至善,也能找到至邪至恶,至丑至怪。拜伦曾说:“艺术与诗歌是对黑暗生活的一次令人愉快的浪漫逃离。”于是,他的诗美到极至、善到极至。是艺术的浪漫替他滤去了生活中的黑暗,使那严酷的冬天也成了春天的信使。

尽管艺术给生活带来的不尽是快乐,不尽是幸福,但艺术那源于生活而高于生活的高度却又给了我们不同的视野,让我们得以再次审视生活。因为艺术的纯化,使得原本的生活不是混淆的杂色,而是更加鲜明。尽管有时艺术的尖锐会刺痛我们的眼睛,但我们更明白何为爱何为恨,何为美何为丑,何为善而何又为恶。然后我们便能明辨,更会挖掘与发现。

就让我们携着艺术生活,带着深刻的目光观察,捧着敏锐的心去感受,任世事纷乱,却叹一声:车如流水马如龙,花月正春风!

【辑三】

课 堂 实 践

学生是在教师指导下的语文学习主体

学生是学习的主体，老师们基本不会有异议，但高中语文教学现状是学生的主体地位只是名义上的，大部分语文课堂上学生的主体地位并没有实际地保证。

学生成为语文学习真正的主体，应该体现在让学生亲自经历阅读与表达的体验过程，能够充分的运用学习者自身的耳眼口手心等各种器官进行真实的语言实践，让学生在体验与实践中进行独立的思考和价值判断，从而形成自己的理解、应用系统和价值坐标系。保证学生在语文学习中的主体地位，是语文的课程特点决定的，正如吕叔湘先生在《吕叔湘论语文教学》中所言，不能把语文看成知识课，学习语言主要不是学习一套知识，而是学习一种技能，养成一种习惯。① 而语言技能的获得、习惯的养成，必然是要学生自己去经历、去建构的，而不可能是由老师将经验直接告诉学生就能形成的。

反观现实中的高中语文课堂，大部分情况下学生是比较沉闷，基本处于不读、不说、不写、只听的状态。还有部分课堂，因为老师还比较有“学生主体”的意识，会在课堂上多点名请学生发言或者设计一些问题让学生进行讨论，但很大程度上也只是教师提出问题，让学生说出教师预设的答案。就像“有一种冷叫妈妈觉得你冷”，这些问题是不是学生关心的被忽略了（你到底冷不冷的感受被忽略了），老师觉得应该是你的问题，学生这时恐怕只是“牵线木偶”吧，主体性从何谈起。当然，落实“学生是语文学习的主体”也要避免另一个极端，就是学习活动完全交给学生自己去完成，教师处于旁观状态，这容易导致语文教学目标和内容的泛化甚至落空，也不利于学生语文学科素养的养成。

所以，我们强调学生是在教师指导下的语文学习主体，由此，我们在语文教学中要做到：让学生在真实言语情境中去体验、实践；语文活动要符合学生的认知规律、学习规律；学生活动必须在教师指导下进行。

---

① 《吕叔湘论语文教学》，济南：山东教育出版社，1987 年版，第 36 页。

一、让学生在真实言语情境中去体验、实践

要保证学生语文学习的主体性，真实的学习情境的创设很重要，在这个情境中，学生必定是以“我”的身份参与其中，想“我”所想、说“我”想说，唤起的是“我”的情感、经验，过程中是“我”在探究，解决问题用的是“我”的方法。

如何设置真实情境呢？注意不要立足于内容设问（教师提出问题时自己心中是有预设答案的），比如“文章写了什么内容”“文章用了哪些手法刻画人物？”“分析这几个句子的表达效果”“文章为什么这样开头/结尾？”……虽然这些知识性的内容是学生需要掌握的，但是，应该通过情境的创设，让学生自己感受、理解，所以老师应该站在学习者的立场去描述，情境中有个“你”，比如“最能触动你心灵的场景”“让你过目不忘的句子”“你最喜欢/欣赏的人物形象”“联系自己的经验赏析文章中富有哲理的语句”……在这个过程中，学生的言语实践是真实地发生的，虽然不同的学生因为个性、经历、能力等前提条件不同，学习结果有差异，不如你直接告诉他们的知识体系那么清晰完整，但学生对相关知识不仅是记住而是会用，这才是语文学习的目的。比如在学习戏剧《关汉卿》时，课本只是整部戏剧的一幕节选，常规只是介绍剧情，然后分析戏剧冲突、人物形象，我当时是设计了这样一个情境：“请根据这一幕节选的内容，结合你所学过的《窦娥冤》和你所了解的关汉卿，去推断整个的剧情。”学生每个人关注的点、推断的依据、对人物性格的把握各不相同，但是因为答案没有预设、无所谓对错，学生思维活跃、参与积极，互相启发、互相补充，有理有据地基本合乎原文地推断出了整个剧情，并在此过程中，很自然地分析了每个人物形象、关注了戏剧结构上的勾连。这篇课文的整个教学过程中，我讲解得很少，只是一个教学的组织者、引导者，看着学生能把所学的知识，灵活用来解读新的文本，我感受到了教学的快乐。

设置真实情境还要注意不能立足于老师“教”的任务，而要立足于学生“学”的起点。这方面我自己有失败的例子也有成功的案例。在进行《新序》的教学时，我设计了这样的学习情境：“请大家想想自己的学习中、生活中有没有无欺、讲究诚信这样的例子？”我没有想到结果是集体沉默，在讨论交流之后，总算有一个同学说想起那天看的感动中国中的一个例子，还说不出姓甚名谁、什么事件，只记得个大概。最后我只好说沮丧地说希望今后大家对他人、对社会有更多的关注。当时设计这个学习情境是为了引导学生在现代生活环

境中感受、学习延陵季子的君子之风，但我对学生的学习、生活状况估计不充分，我想当然地认为现在全社会都在讲诚信问题，学生肯定有所关注，那举个把例子还不是手到擒来的事，所以，事先既没有作为预习任务布置下去，课堂上也没有给予充分的思考、交流时间，结果造成集体无语的尴尬局面。设置了真实的语文学习情境，但是不符合学生的学习起点，导致学生言语行为不能顺利发生，更谈不上学习成效了。而在进行《晨昏诺日朗》的教学时，我是先设置了一个情境"对自己看过的瀑布进行一段描写"，并且分步走，一步一步逐渐提高要求，先是要求运用刚学《故都的秋》中的多角度描写，再要求使用一些动词加以描摹，再要求恰当运用一些修辞方法丰富自己的描写。然后再把自己描写的语段和课文中的描写进行比较赏析，再进行修改。学生自己先写了一段，再来看同类的写法就很有感觉了，对课文的赏析很到位。但是这个过程我发现了学生和我预计情况不同的地方：一开始我认为恰当运用多种修辞对学生来说比准确使用动词、形容词要难，而片段描写练习做完后，我发现学生的情况和我预计的相反，所以我在后来的教学阶段就突出了这一点的学习。我另外设计了一个学习情境："本文有十一处用了'飘'这个词来描写水雾、声音、马，甚至人，你认为是否都用得很准确？如果你认为用得不是很准确的话，最好换成什么词？你认为本文是否还有其他用词可以值得商榷？"上课时，这个环节学生们表现了前所未有的热情，因为他们从没想过，选入课文的文章他们也是可以修改的。同学们展示了自己灵动的思想，给出了他们自己的答案，每个答案一出来，总会引起一片呼应声或反对声，于是我会让反对的同学再说为什么反对，他们能结合文本分析得很有道理。还有些地方，文中用的词同学们觉得不是最好，可又想不出更好的词来替代，于是也感受到一篇好文章的来之不易。

可见，在真实的学习情境中，学生的学习是综合性的，在这样的学习过程和方法下，学习者不仅可以有效获取知识，形成内在的品质和能力，还能获得良好的学习体验，使情感、态度、价值观等方面获得相应的发展。

二、语文活动要符合学生的认知规律、学习规律

学生要成为语文学习的主体，其学习过程必然符合其认知规律和学习规律，否则学习不可能真实地发生，言语实践也很难发展为其语言运用能力。老师们都学过教育学、心理学，对这一点应该是有共识的，但是在具体的教学实

践中往往会凭经验、随大流、简单化操作，而很少思考我们的教学是否符合学生的认知规律和学习规律，学生在这个过程中是否自己动脑想、开口说、动手写、参与演、亲自做，因为学生在语文学习中的主体性并没有实际确立，这是造成语文学习成效低的重要原因之一。

比如，前些年上海语文高考曾经要求学生掌握三百个文言实词的意义，于是不少语文老师就把这些实词出成复习卷，一天十几个，让学生反复做、反复记(因为学生现在记得，过一阵子又忘记了)，虽然所给的例句基本是课内的，但是三百个实词，每个词都有好几个不同义项，心理学研究表明这样零散、非结构化的记忆不可能成为长期记忆。所以，每当学生面对一个新的问题情境(考试时全新的文言语段)，学生可以用来解决问题的知识储备就捉襟见肘，有数据表明，“解释文言加点字”这个题的得分率常年在50%以下。其实整个的文言实词学习过程都是以专家型知识为教学起点，即首先呈现的是辞典上“词的义项”，而这些义项是千百年来，人们在语言实践中归纳出来的，里面是有发展的内在路径的，专家由此而归纳出来一些词义演变、发展的规律。但我们教学时，并没有让学生自己去感受这个过程，而是简单地“直接给出辞典义项——课文例句验证——机械记忆”，这就没有遵循学生的认知发展规律，学生并没有作为主体得到智力成长。皮亚杰的认知发展理论指出：智力进步靠的是人在每个年龄阶段寻求认知平衡，最简单的方式就是用原有的观点来解释新经验，如果解释不通，认知不平衡，会造成迷惑，这时如果人能改变思维方式，旧观点被重新建构，包括或顺应了新经验，认知就得到成长。也就是说，符合学生认知规律的学习应该是“掌握了课文中某个词的某个义项——新课文中又碰到这个词，但以往义项不能解释——困惑——想有没有其他解释——发现这个新解释能解决新问题——重新建构对这个词的认识”，多次重新建构之后，学生能发现中间的关联，由此归纳出词义演变的规律，再碰到新情境，他会运用掌握的这些言语知识和语理去解决新问题。最新的人教版高中语文教材(必修)中设计的“文言知识卡片”就符合了学生的认知规律，引导学生结合自己的学习自主积累、不断整理，感受词义的发展演变，学生成为真正的学习主体。

到高中阶段，学生都已经有了十几年的学习、成长经历，每个人的经历不可能完全相同，所以学生的学习起点差异巨大。加之，高中是要为学生未来的职业选择和终身发展做准备的，每位学生的自我定位、发展目标并不相同，所以，要保证学生是学习的主体，一个很重要的前提是学生有选择的权力和空间。最新的人教版高中语文教材设立了必修课程、选择性必修课程和选修课程，这就是充分尊重和保障了学生学习的主体地位。但是落到语文教学的现实中，我们会发现哪怕是必修课程内容，有些同学也会存在很大的学习困难。比如整本书《红楼梦》的阅读，我们通过设计闯关游戏的方式鼓励学生的阅读行为，结果三分之一的学生很快完成并且高分通过，还有三分之一的学生到活动结束未能完成阅读任务的一半。如果就这样按计划进行整本书的阅读教学，这些学生最多只是听众，他不可能形成自己阅读整本书的经验。而我们语文课程的目标不是要让学生“知道”这本书的内容，“知道”这本书艺术成就有多高、文化价值有多大，因为这是经典，其成就、价值是公认的、不言而喻的（选择性必修上册第三单元的小说阅读也存在这个问题）。所以哪怕语文老师对这本书的解读再深刻、再全面，那也是老师自己的阅读与表达能力提升了，学生并不是学习主体。所以作为老师要切记，学生的学习行为真实发生了，不论结果如何（随着阅历的增长，他到你这个年纪，对作品的理解未必不如你老师深刻），他获得了阅读感受和一些阅读方法，可能在情感上有所丰富、审美上有所发展，在这个学习过程中，他是学习主体，这才是语文课的成功。如何做呢？我们还是要尊重认知规律。认知理论的一个分支——信息加工理论认为，认知是从由五种感官获得的感觉输入开始的，接着是大脑的反应、联接的建立和记忆的储存，最后以某种形式的输出结束。[①]也就是说，语文老师可以根据不同学生的不同特点、兴趣，想办法调动学生的各种感官去感受文本，激发阅读兴趣，学生自己要去“读”原本，这个学习起点至少是要有的，然后才有后续的认知发展。比如上面提到的《红楼梦》，有些同学我们可以建议他们先看电影、电视、戏剧，或者创设了一个任务情境“选择你们最感兴趣的一个场景进行表演”“红楼诗词诵读会”，或者根据学生的兴趣先进行部分专题研读、交流，比如“舌尖上的红楼”“红楼民俗集锦”“红楼建筑大赏”，等等，总是要想办法让学生自己开始读。

我自己在进行《瓦尔登湖》教学时也有过经验教训。

我自己第一遍阅读《瓦尔登湖》是在教工大会上，当时我只看了大半，就读不下去了。因为文章本身没有故事情节，有的是大量的描写和对生存状态的思考，我第一感觉是，文章很琐碎、艰涩，我入不了那个境。第二遍阅读，是自己一个人安静备课时，这次我一口气从头读到了尾，但也并没有什么特别的感

① 卢家楣主编《学习心理与教学》，上海教育出版社，2000 年版，第 18 页。

觉。然后，我阅读了一些介绍作者和这本书的文章，在阅读这些文章的过程中，我意外发现，我的这种阅读体验，《瓦尔登湖》的中文译者徐迟也曾说过："在白昼的繁忙生活中，我有时读它还读不进去，似乎我异常喜欢的这本书忽然又不那么可爱可喜了，似乎觉得它什么好处也没有，甚至弄得将信将疑起来。可是黄昏以后，心情渐渐地寂寞和恬静下来，再读此书，则忽然又颇有味，而看到的就是白天看不出好处辨不出味道的章节，语语惊人，字字闪光，沁人心脾，动我衷肠。到了夜深人静、万籁无声之时，这《瓦尔登湖》毫不晦涩，清澄见底，吟诵之下，不禁为之神往了。"（《一本静静的书——〈瓦尔登〉译序》）于是我静下心来读第三遍，觉得读出了一些味道，不禁诵读起其中一些段落。随着备课的深入，我越来越觉得，那些语句、那些思想是那么的动人，于是层次理清楚了、思想明晓了，语言有味道了。

接下来该怎样教这么一篇课文呢？一开始我就是这么想的，怎么"教"。我也让学生去预习了课文，但可以预料的，学生肯定和我第一遍读一样，觉得文章乏味、读不下去。于是在课堂上，我精心设计了问题，帮助学生去理清思路，赏析语言，急切地想告诉学生"我读下来觉得这篇文章有多么好，语言多么灵动，思想多么澄澈"，然而学生只是静听，没有呼应（他们没有自己的阅读体验，也呼应不了），课堂变成了我的"一言堂"。这时，我开始想学生要怎么"学"。基于我自己的阅读体验和徐迟的阅读体验，我放弃了"讲"，我在课堂上营造了安静的读书氛围，配上轻轻的背景音乐，只要求学生静心阅读，可以勾画一些自己欣赏的句子，可以有感触的地方，随手旁批、点评，读一遍、读两遍、读三遍……在这之后的欣赏、交流，学生就主动多了，也更有自己的独特体验。比如我们一般都喜欢"一个湖是风景中最美、最有表情的姿容。它是大地的眼睛；望着它的人可以测出他自己的天性的深浅。湖所产生的湖边的树木是睫毛一样的镶边，而四周森林蓊郁的群山和山崖是它的浓密突出的眉毛"这类句子，而有一位男同学的发言令我至今印象深刻，他选的句子是"甚至你还可以看到水蝎不停地在平滑的水面滑了四分之一英里；它们微微地犁出了水上的皱纹来，分出两条界线，其间有着很明显的漪澜；而掠水虫在水面上滑来滑去却不留下显明的可见痕迹。在湖水激荡的时候，便看不到掠水虫和水蝎了，显然只在风平浪静的时候，它们才从它们的港埠出发，探险似的从湖岸的一面，用短距离的滑行，滑上前去，滑上前去，直到它们滑过全湖。这是何等愉快的事啊。"他说这段描写令他想起了自己小时候就是这样，可以静静地呆坐着，长时间地看“掠水虫和水蝎”在水面上“滑来滑去”，无所事事、什么也不想，但就是觉得快乐。学习说到底是学生自己的事，课堂上有充分的思考、吸收、表达的时间，学生才能把语文知识内化为语文能力。

所以，当语文活动符合了学生的认知规律、学习规律时，学生才成为真正意义上学习的主体，从已有的经验出发，也在活动中不断重构和丰富着自己的经验，也才能从根本上提升学习质量，培养学生的核心素养。

三、学生活动必须在教师指导下进行

前面我们一直在强调学生是学习的主体，但并不意味着在学习活动中老师可有可无，相反，不管在活动的起始，还是活动过程中，直至活动结束阶段的评价都需要语文老师有目标、有计划、有设计、有任务、有指导、有学习成果的呈现。课堂上的学习活动，因为教师基本在现场，所以教师的指导一般不会缺位，反而要强调关注学生的主体地位；而一些时间跨度比较长、涉及课外学习空间、综合性学习活动，往往容易出现语文教学目标不清晰、内容不具体、缺乏学习评价的“放任自流”的状况。下面我从活动的起始、活动过程中、活动结束后三个阶段来谈谈教师该如何指导学生活动。

（一）活动起始阶段

最新的人教版高中语文教材（必修）下册第二单元是个戏剧主题单元，提供了《雷雨》《窦娥冤》《哈姆莱特》三个剧本的节选，我设计的单元学习任务是学生基于这三个剧本（节选）自编自演课本剧。在活动起始，我是有明确语文教学目标、教学内容、教学评价安排与设计的。

教学依据	本单元由《窦娥冤》（节选）、《雷雨》（节选）、《哈姆莱特》（节选）三篇戏剧作品组成，落实的是“学习任务群5 文学阅读与写作”。根据《普通高中语文课程标准2017年版2020年修订》的要求，本任务群的学习目标与内容指出：（1）精读古今中外优秀的文学作品，感受作品中的艺术形象，理解欣赏作品的语言表达，把握作品的内涵，理解作者的创作意图。（2）根据诗歌、散文、小说、剧本不同的艺术表现方式，从语言、构思、形象、意蕴、情感等多个角度欣赏作品，获得审美体验，认识作品的美学价值，发现作者独特的艺术创造。（3）结合所阅读的作品，了解诗歌、散文、小说、剧本写作的一般规律。在教学提示中强调“文学作品的阅读与写作，应以学生自主阅读、讨论、写作、交流为主”“教师应向学生提供有效的学习支持。如在学习过程中相机进行指导点拨，组织并平等参与问题讨论；……鼓励和引导学生自主组织、举办诗歌朗诵会、读书报告会、话剧表演等活动，丰富学生的审美体验；创造更多展示交流学生作品的机会或平台，激发学生文学创作的成就感。”

学生情况分析	经过语文必修上册的学习，学生对于通过真实情境下的语言实践活动去学习语文、提升语言能力及其品质的学习方式是喜欢的。在进行必修上册第一单元的学习时，每一位同学都完成了关于“青春的价值”诗歌创作；在进行必修上册第三单元的学习时，全班同学自由组合，自选诗歌、配乐，排练了诗歌朗诵作品，在年级层面进行了展演；在进行必修上册第四单元的学习时，全班同学分组合作，利用国庆假期完成了“家乡文化生活现状调查”，每个组都完成了一个调查报告，并在全班进行了交流汇报。在这个过程中，学生的语文学习兴趣、合作学习能力、组织协调能力、审美鉴赏与创造能力都得到了一定的提升，对这种“学生自主学习，教师提供支持，学习成果展示”的学习方式有了一定的学习经验，这都为本单元的项目化作业——“我的舞台我做主”课本剧演出，打下了良好的基础。
教学目标	1. 通过阅读鉴赏、编排演出等活动深入理解戏剧作品，把握其悲剧意蕴，激发心中的良知与悲悯情怀，丰富对社会、历史的感知。 2. 初步认识传统戏曲和现代戏剧的基本特征。 3. 通过演出熟悉戏剧演出的要素，体会戏剧语言的动作化和个性化，欣赏剧作家设计冲突、安排情节、塑造人物的艺术手法。
教学内容要求	1. 在班级学习的基础上，分组再深入研读剧本，理解剧本的丰富意蕴，为排演打好基础。研读内容聚焦：一、剧中发生了哪些戏剧冲突？其中哪些是主要的冲突，如何理解这些冲突？二、剧本中出现了哪些人物，他们的身份、处境、性格特征和心理活动是怎样的，彼此之间存在着怎样的关系？三、剧情发生的特定环境是怎样的，有什么样的社会历史背景？ 2. 各组基于剧本（节选），集体讨论编写演出本（台本），演出本又叫做台本，是适当补充内容后所做的演出的依据。一、各组可以对剧本内容进行合理的增减、改编，写明增减、改编的理由。二、细心体会戏曲情境和人物性格，揣摩最适合的语气语调，设计最适合的表现方式。 3. 演出本需要在规定的时间节点交给老师，讨论后再修改。
	演出要求： 1. 各组根据剧情需要自行准备服装、道具、背景音乐、PPT 等以增强演出效果。对舞台布置、灯光安排有要求的要及时告知老师提前准备。 2. 每一位组员都必须有演出任务、有台词的同学必须脱稿。 （这个要求我一开始觉得有点儿高，毕竟《哈姆莱特》台词都是很长一段，学生也并不是专业演员，然而，我又想，不就是要给孩子们真实的学习情境吗？这样的言语实践体验一辈子大概也不会有几回。） 3. 放 PPT 等辅助工作可以邀请其他组成员友情协助。 4. 各组设计一个本组的观剧请柬，写清楚剧目、时间、地点，诚挚邀请家长和任课老师观剧。
评价方式	评价一：学习成果展示——在学校小剧场舞台上演出。 评价二：（二选一，不少于 800 字） 1. 学生自评——写一篇参演体会。 2. 学生互评——写一篇观演感受。 评价三：1. 教师点评。2. 家长点评。

	任务	内容、要求	完成时间	完成情况
学历案	分组	要求全部学生自愿结对分组，每组人数基本相当。 （因为这个活动对组员之间的合作要求比较高，所以我没有采用抽签分组的形式。）	一天	
	确定剧目	哪个组演哪个剧，由各组自定，然后组之间协商决定。 （这个过程中就发现有些同学说服、协调能力得到了锻炼。）		
	研读剧本	组员共同研读剧本，重点理解剧本的冲突、人物和环境。例如剧中哪些是主要的冲突，如何理解这些冲突？剧本中出现了哪些人物，他们的身份、处境、性格特征和心理活动是怎样的，彼此之间存在着怎样的关系？剧情发生的特定环境是怎样的，有什么样的社会历史背景？将研读成果梳理成文。（要交作业给老师）	两天	
	编写台本	各组基于剧本（节选），集体讨论编写演出本（台本）。可以对剧本内容进行合理的增减、改编，写明增减、改编的理由。 演出时间控制在20分钟左右。 （要交作业给老师）	两天	
	排演剧目	1. 根据台本的需要和同学间的互相了解，做好角色分工。每位同学都要有演出任务，说台词必须脱稿。 2. 细心体会戏曲情境和人物性格，揣摩最适合的语气语调、表情、站位等。设计最适合的表现方式（服装、道具、灯光、背景音乐、PPT等）。 3. 各组设计一个观剧请柬，写清楚剧目、时间、地点，诚挚邀请家长和任课老师观剧。	一周	
	展演	在学校小剧场演出	2节课	
	学习评价	写一篇参演体会或者一篇观演感受，不少于800字。	一天	

（二）活动过程中

如上的综合性语文活动，如果在活动起始阶段教师有明确的教学目标和教学内容要求的考量，基本在活动过程中，教师的指导都会得到落实。下面我们主要探讨在课堂语文学习活动过程中，什么样的教师指导才是有效的。学习理论中有个“最近发展区”的概念，是指学习者已接近掌握的某些技能、知识和概念的范围，但只有在别人的帮助下才能进入到这一范围。因此，我们认为，在这个时候，教师的指导最有效。具体到语文活动中就是，学生在语文学习过程中遇到疑难问题，然后一般会出现两种心理状态：一是基于已有经验对某一问题有了很多零星的、杂乱的、模糊的认识，但是难以继续深入。这时教师就应积极进行学习指导，引导学生充分的联系生活体验去感受、品味，让他们能够顺利进行学习活动；在必要时提供相关的辅助材料和自己的学习经验，营造适当的情境，为学生搭好脚手架。二是学生在启发、讨论后对某一问题已有自己的想法，但尚未考虑成熟，处于想说又难以准确表达的状态。这时教师应认真倾听学生的发言，适时点拨指导，帮助学生明确思路，引导学生用比较准确的语言表达自己理解或思考的过程方法，进入柳暗花明的境界。比如在进行《乡土中国》整本书阅读教学时，学生觉得文章中概念很多、推论过程复杂，看了就忘，造成阅读思路混乱，理解有困难。我及时提供了把阅读思路结构化的示范，学生学习着去画文章思路结构图，慢慢地学生自己的阅读就顺畅了。具体见附的结构图和学生作业。再比如徐泽群老师在进行《念奴娇·赤壁怀古》的教学时，每当学生发现了一个异常的格律现象，但却不能很好进行解释的时候，就会给予适时点拨指导，给学生搭个脚手架，帮助学生调动已有知识，明确思考方向。详细指导过程见附的课例《不协音律，不拘一格》。

社会文化理论的奠基人维果茨基在阐述他的教育思想时曾提出：人们在什么时候、怎样学会一个技能，部分地取决于他的良师益友凭借智慧和愿望给他搭脚手架，或给一个及时的支持，在他的发展区内帮他一把。脚手架对于认知经验来说至关重要——这是能够获得更好的理解词语和思想的经验。① 学生有效的语文学习活动就是这样一个认知过程，学生始终在教师指导下活动，教师在关键时刻给予学生脚手架，正如孔子所说“不愤不启，不悱不发”。

（三）活动结束时

活动结束阶段的主要内容是“学习成果展示交流”和“学习评价”，这并不是学生自己随便演演、说话，展示交流一下就可以的，这个阶段同样离不开老师精心地组织和指导，甚至会给到学生完全不同的学习体验，影响其今后的学习态度。

以上文戏剧单元学习活动为例。最后的课本剧展演我为什么要放在学校小剧场而不是教室，我为什么要邀请家长当观众，而不是关起门来，学生只展示给我看？因为我要给学生戏剧舞台表演的真实情境，舞台、音响、灯光、观

---

① ［美］Kathleen Stassen Berger《0—12 岁儿童心理学》，北京：中国轻工业出版社，2016 年版，第 292 页。

众,情境越真实,学生越投入,既能更深入剧本、更深切体悟角色一言一语下的情感波澜,又能提升表达自信、学会和观众交流、历练其心理素质。这些必须是教师去考虑组织落实的。展示结束后,评价学生在活动中的表现、得失,不像纸笔考试那么简单明了,因为老师不可能全程观察所有学生的所有活动,所以学生的自评、伙伴互评、家长反馈就很重要了,这些可以帮助语文老师去评价学生是否达成了既定的学习目标。一个这样的综合活动,学生可观察的点有很多,但作为语文老师来说,评价还应紧扣学生的语文学习表现,并且应该以正面的、肯定的评价为主,特别是对活动做公开评价的时候。这次戏剧展示,从舞台戏剧效果来说,三个组水平差异还是很明显的,在我准备点评之前,《哈姆莱特》组成员的头都是耷拉着的,因为哈姆莱特台词太长而且和学生的现实口语有很大差别,有一位饰演者在台上出现了忘词的情况,影响了其他人的表演,当场其实就有组员着急、沮丧得掉眼泪了。但我在评价的时候根本没有提这一点,我的评价重点在于各组对剧本(节选)的改编,对戏剧因素的把握、对剧中人物的揣摩、对作品主题的理解。《雷雨》小组不局限在"周朴园鲁侍萍相认,鲁大海挨打"这些情节,而是将四凤、周萍、周冲、蘩漪的故事情节有机穿插进来,学生说这样比节选部分更能表现其悲剧性,一个人可能自己并没有做错什么但也可能要承受命运的打击甚至毁灭。《窦娥冤》小组增加了好几个围观群众的角色,并且窦娥被冤枉押赴刑场时,他们起哄、谩骂,等窦娥的誓愿一一显灵时,他们又反转、叹息。学生说他们认为关汉卿当然是批判当时官府的黑暗残暴,但同时,社会上也有张驴儿父子、窦娥婆婆等这样一类并非正直善良的人存在,他们也是当时社会黑暗的体现,大恶总是有其存在的温床。《哈姆莱特》小组则最有创意,他们将一个哈姆莱特让三位同学分饰,分别是复仇的哈姆莱特、忧郁的哈姆莱特、文艺的哈姆莱特,学生们觉得这样能体现哈姆莱特复杂、纠结、犹疑的性格,而且他们还设计了道具,复仇的哈姆莱特持剑、忧郁的哈姆莱特执笔、文艺的哈姆莱特拉小提琴。念台词的时候三位学生也是语音、语调各异。等我点评完,我发现《哈姆莱特》小组成员们瞬间眼中有光。我想下一次如果还有这样的语文活动,学生们一定都愿意挑战、尝试吧。

其实,通过和家长的交流,学生们在活动过程中的努力和用心也很让我触动、感动。饰演蘩漪的女孩回家和妈妈商量了一晚上怎样的服装能更好体现蘩漪性格的特点;各组成员利用课后排练甚至自发周六来学校走台;看着平时沉默寡言的儿子在台上激情地表演大段台词,妈妈惊喜;看着平时因为成绩不佳而小心翼翼避开众人目光的孩子在舞台上和同伴们大方互动，妈妈欣慰。做事用心、肯动脑，善于合作、有责任，愿意表达、善交往……这些品质、能力不正是我们希望学生通过语文学习能获得的吗！

所以，当学生在教师指导下成为语文学习的主体，当学习方式发生了根本的转变，学生语文学科素养的提升是全方位。

【附1】

礼治秩序

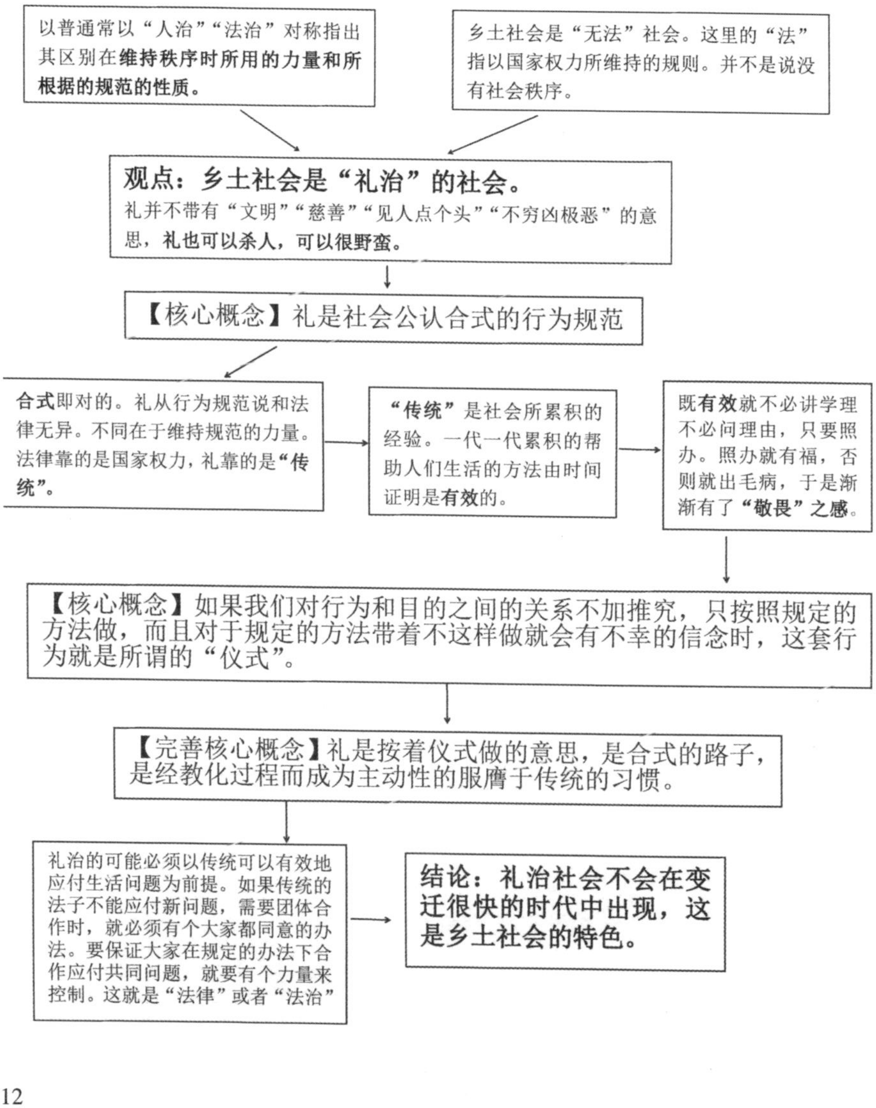

【附 2】

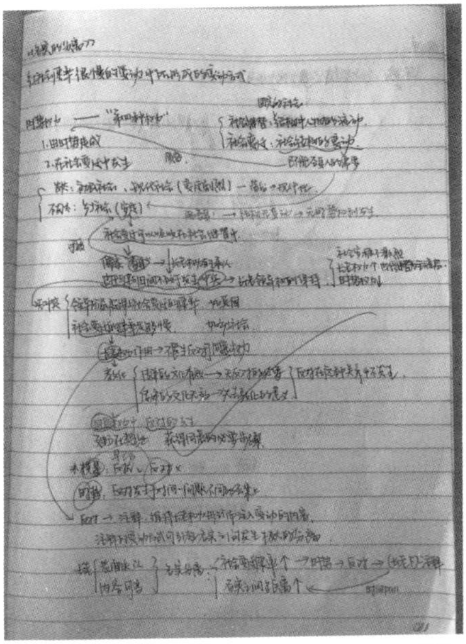

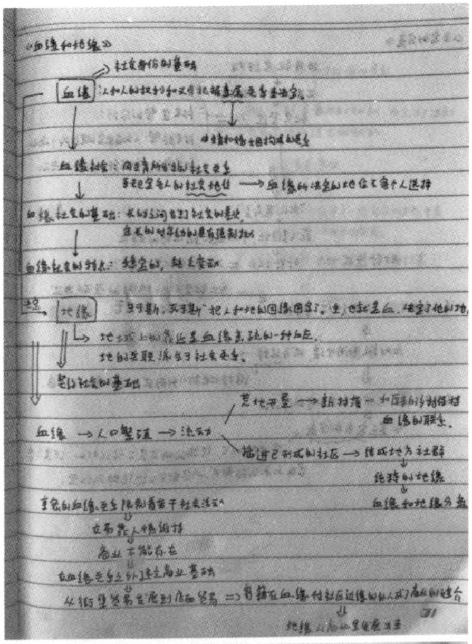

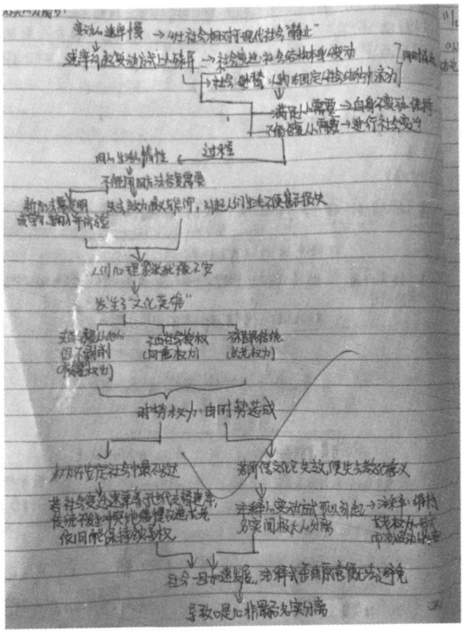

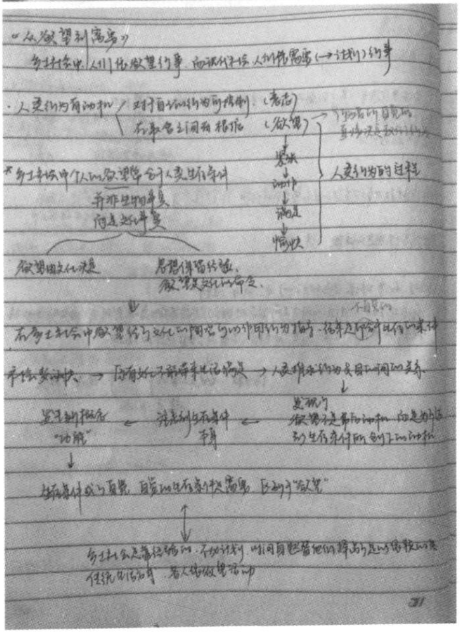

【附 3】

【附 4】

不协音律　不拘一格

——《念奴娇·赤壁怀古》教学管窥

徐泽群

苏轼的《念奴娇·赤壁怀古》不仅是苏轼的杰作，也是豪放派的代表作。该词在词坛上的地位是早有定论的，被入选编至统编版高中语文必修上册第三单元第九课。

关于此篇的教学设计，历来众说纷纭。《普通高中语文课程标准》(2017 年版 2020 年修订)中谈到语文学科核心素养是学生在积极的语言实践活动中积累与建构起来的。在文学阅读与写作学习任务群的“学习目标与内容”中强调，要理解欣赏作品的语言表达，把握作品的内涵，理解作者的创作意图。必修上册教材第三单元该课后的学习提示中指导教师引导学生“思考词中寄托的生命感悟与人生态度”。在实际教学中，我们大多会将重点放在这首词思想艺术性的探究，但却忽视了对词句的探讨。那么如何通过创设阅读情境，真正激发学生阅读兴趣，从词句入手上出一点不一样的味道，成为了我在新一轮教学中所思考的问题。

什么是词？我们知道词最早的时候叫作“曲子词”，大约兴起于隋唐时期。《旧唐书·音乐志》云：“自开元以来，歌者杂用胡夷、里巷之曲。”所谓里巷之曲是当时民间流行的俚曲小调，如《渔歌子》《望江南》等。[①] 由此我们知道词的本质属性是音乐性，北宋以前，词的创作基本上是先有谱，后有词，故称“填词”。每首词都有一个调名，称词调或词牌。词调，是指写词时所依据的乐谱。例如《念奴娇》《水龙吟》等，就是各种词调的名称。它规定了词的句式、平仄和用韵。当各种词牌的句式、平仄、韵律等大致定型以后，即形成每首词的词谱，后人照谱填写，所以创作词叫作“填词”。

《念奴娇》的词调该如何演唱，我们现在已经无法考究。据罗忼烈先生在《词学杂俎》中记载：“按今存宋词之谱《念奴娇》者，沈唐一首最先出，次则东坡二首。”[②]由此我们可知《念奴娇》这一词调最早是由沈唐创作的，苏轼并非首创。

念奴娇

沈　唐

杏花过雨，渐残红零落，胭脂颜色。流水飘香人渐远，难托春心脉脉。恨别王孙，墙阴目断，手把青梅摘。金鞍何处，绿杨依旧南陌。　消散云雨须臾，多情因甚，有轻离轻拆。燕语千般，争解说、些子伊家消息。厚约深盟，除非重见，见了方端的。而今无奈，寸肠千恨堆积。

学习活动一

师：同学们，不妨比较一下两首《念奴娇》，在词的句式上发现了哪些不一样之处呢？

生：大江东去，浪淘尽千古，风流人物。（沈词是四、五、四式，苏词是四、三、六式）故垒西边人道是，三国周郎赤壁。（沈词是七、六式，苏词是四、三、六式）遥想公瑾当年，小乔初嫁，了雄姿英发。（沈词是六、四、五式，苏词是六、

① 游国恩等《中国文学史》（二），北京：人民文学出版社，1963版，第253—254页。

② 罗忼烈《词学杂俎》，成都：巴蜀书社，1990版，第20、24页。

五、四式）故国神游，多情应笑，我早生华发。（沈词是四、四、五式，苏词是四、五、四式）

师：既然《念奴娇》原先的词调所规定的句式是有着如上的特点，为什么苏轼在创作《念奴娇·赤壁怀古》时并未遵循这样的要求呢？

生：会不会是苏轼写词的时候，其实并不知道沈唐创作的《念奴娇》词调究竟是何要求。

师：展示苏轼《念奴娇·中秋》

凭高眺远，见长空万里，云无留迹。桂魄飞来光射处，冷浸一天秋碧。玉宇琼楼，乘鸾来去，人在清凉国。江山如画，望中烟树历历。　我醉拍手狂歌，举杯邀月，对影成三客。起舞徘徊，风露下今夕不知何夕。便欲乘风，翻然归去，何用骑鹏翼。水晶宫里，一声吹断横笛。

师：苏轼不仅知晓《念奴娇》原来的词调格式，而且还用得得心应手。他创作的《念奴娇·中秋》正是遵循原调格式的，如今被视作《念奴娇》这一词调"正格"的代表作。既然如此，苏轼《念奴娇·赤壁怀古》为何要做这样的改动呢？

学生活动一从《念奴娇》正格词调的特点入手，在与《念奴娇·赤壁怀古》比较的过程中，发现同为苏轼的两首《念奴娇》，句式却有着不同。这样的发现对学生来说是新鲜的，学生也自然地诵读起来，激发了学生的探究欲望。这四处差异也正是学界长期以来对《念奴娇·赤壁怀古》的断句有争议的地方。那么苏轼为什么要打破词调的限制呢？这样的改动又是否合理呢？学生在发现这样的语言差异之后，还需要进一步思考现象背后的原因，这需要老师的进一步引导。

学习活动二

师：李清照在《词论》中曾写道："苏子瞻，学际天人，作为小歌词，直如酌蠡水于大海，然皆句读不葺之诗尔。又往往不协音律。"就连李清照也评价苏轼"句读不葺""不协音律"，那我们不妨请两位同学分别将两种句式下的四句话读一读，同学们进一步思考能否用原本正格的词调诵读《念奴娇·赤壁怀古》？

（生读）

生：若按照原本词调的断句，尤其第三处"了"和"雄姿英发"不能搭配，"了"作为句末语气词放在句首很难理解。所以我认为还是应按照教材中的断句方法进行诵读。

生：老师，我记得“了”在古汉语中有“全”的意思，那么“了雄姿英发”可以理解为“全然一派雄姿英发的气度”吗？

师：说的有道理，我们来看一看“了”表示“全”之义时的一些例句：“醉卧古藤荫下，了不知南北。”（秦观《好事近》）“被西风吹尽，了无尘迹。”（辛弃疾《满江红》）“贞芳只合深山，红尘了不相关。”（张炎《清平乐》）

所以“了雄姿英发”是可以说得通的，对吗？

生：老师，不对，我发现“了”字表示“全”的意思时都是与否定词连用的。以上这些诗句都具有这个特点，所以“了雄姿英发”理解成“全然一派雄姿英发的气度”是说不通的。

师：你观察得非常仔细，思考也非常严谨。不错，有学者对电子版《全宋词》和《全宋文》进行检索后发现，没有单个“了”表示“全”的意思。① 看来，从句意上理解“了”字属下句，是不太科学的。

学习活动二中老师引导学生按照原本正格词调的句式进行诵读，在诵读中感受诗歌的意境，感受诗人的精神世界，这一点也正是教材单元导语给我们提出的要求。诵读之后，学生首先就发现“小乔初嫁，了雄姿英发”这一句的断句从句意上理解是很困难的。随后在同学之间互相补充的过程中，老师提供加以支撑的材料，这也给学生种下了一颗严谨求知的种子。接下来，就以这句为例，既然“了”字属下句不通，那么“了”字属上句又好在哪里呢？一步步引导学生走向语言现象背后的深层原因，体会词人的思想情感。

学习活动三

师：苏轼为什么要打破词调限制，在“小乔初嫁”后面加上一个“了”字呢？

生：“小乔初嫁”强调的是“初嫁”这个动作，注重的是过程；而“小乔初嫁了”强调动作的完成，给人一种周瑜抱得美人归的感觉，衬托周瑜的英俊潇洒，更贴合“风流人物”的形象。

生：苏轼这里写周瑜的春风得意，实则写自己抱负难展的失意，此处周瑜的风流倜傥与后文悲凉自嘲形成对比，更加贴合词人当时的心境。

师：说得真好。两位同学主动地从词内容的角度来思考究竟哪种读法更适合《念奴娇·赤壁怀古》，都不约而同地从词人背后的情感入手来解读“了”

---

① 罗茜《“了”：理解〈念奴娇·赤壁怀古〉的关键词》，《语文建设》，2014 年第 2 期，第 51—53 页。

字属上句更加合适,更加符合整首词的情感基调。那么其他三处不合正格词调的地方,哪种读法更好呢?有没有哪位同学可以谈谈自己的看法?

生:老师,"故国神游,多情应笑我,早生华发。"这一句中"我"字也应当属上句。虽然"我早生华发"可以理解为词人对自己青春不再的感叹,可是"多情应笑"是理解不通的。而苏词的"多情应笑我"这里是"应笑我多情"的倒装,所以才会"早生华发",自嘲的意味更浓。

师:是啊,我们解读诗歌不能只以定格而论,而应以词意论。其余两处断句又何尝不是如此呢。

……

活动三学生通过思考苏轼为何要将"了"字属下句,自觉进入到对语言形式背后词意的探讨。进而能够做到知识的迁移,理解其余三处不协音律背后的深意。

赵令畤《侯鲭录》载黄庭坚语:"东坡居士曲,世所见者数百首,或谓于音律小不协。居士词横放杰出,自是曲子缚不住者。"①苏轼"不协音律"的背后是他更强调词应该"以意为主"的思想,这一点正是苏轼在词内容方面的拓展——不必完全拘泥于词调的限制。他使词从最初的民间俚曲小调发展成为独立的新诗体,拓宽了词的意境,成为同样可以抒情言志的作品。这首《念奴娇·赤壁怀古》更是成为了《念奴娇》这一词调变格的代表作。②

这节课学生不仅学习到了一种解读诗歌的方法,更是由这一首词管中窥豹感受到了伟大词人在"词格创新"上的突出贡献。今后学生在阅读到其他词人在词格上的改动时,便可以自觉地从词内容的角度进行解读,在比较的过程中获得新的体会。

---

① 赵令畤《侯鲭录》,北京:中华书局,2002年版,第205页。

② 龙榆生《唐宋词格律》,上海古籍出版社,2010版,第147—150页。

选择性必修上册第二单元教学设计

——品诸子立身处世之智慧　悟我辈为人做事之准则

【教材分析】

本单元选择了先秦诸子的一些经典论说，一共选入了3组6篇课文，包括儒家《论语》十二章、《礼记》“大学之道”一章、《孟子》“人皆有不忍人之心”一章；道家《老子》四章、《庄子》“五石之瓠”一章；墨家的《墨子·兼爱》。本单元作为选择性必修的内容，根据《普通高中语文课程标准（2017版2020年修订）》学习任务群8中华传统文化经典研习的要求，旨在引导学生通过阅读中华传统文化经典作品，积累文言阅读经验，培养民族审美趣味，增进对中华优秀传统文化的理解，提升对中华民族文化的认同感、自豪感，增强文化自信，更好地继承和弘扬中华优秀传统文化。其学习目标与内容为：(1)选择中国文化史上不同时期、不同类型的一些代表性作品进行精读，体会其精神内涵、审美追求和文化价值。(2)在特定的社会文化场景中考察传统文化经典作品，以客观、科学、礼敬的态度，认识作品对中国文化发展的贡献。(3)梳理所学作品中常见的文言实词、虚词、特殊句式和文化常识，注意古今语言的异同。(4)阅读作品应写出内容提要和阅读感受。选择一部（篇）作品，从一个或多个角度讨论分析，撰写评论。(5)学习传统文化经典作品的表达艺术，提高自己的写作水平。

学习任务群8为2学分，36课时。包括四个单元：选择性必修上册第二单元“百家争鸣/先秦诸子散文”；选择性必修中册第三单元“历史的现场/史传作品”；选择性必修下册第一单元“诗的国度/古典诗词”；选择性必修下册第三单元“至情至性/古代经典散文”。以此，本单元教学安排9课时。

【学情分析】

学生在之前的语文学习中已经接触过先秦诸子，如初中七年级上有《论语》十二章，八年级上有《孟子》三章，八年级下有《礼记》二则、《庄子》二则，高一必修下册第一单元有三篇先秦诸子文章，对先秦诸子所处的时代、诸子的生平经历和思想有大略的了解。但到了选择性必修阶段，提出了对诸子思想和言说方式深入学习的要求，这对学生来说还是有不小的挑战。首先，本单元的篇目和内容都是学生比较陌生的；其次，思想有些艰深，没有一定的阅读积累，不易理解。第三，没有较高的思维能力和良好的思维习惯，很难把握诸子思维方式和言说方式。但经过高一的学习，学生掌握了一些知识梳理的方法和小组合作学习方式，所以本单元的学习，可以给予学习支架，以学生活动为主，帮助学生勾连新旧所学、拓展课内课外，通过将所学进行结构化梳理，合作、交流、展示，将思考引向深入，相信学生能形成属于自己的一些学习成果。

【单元设计说明】

以承办班级“学习园地”两周的内容为单元情境。以学生为主体，进行梳理与探究、阅读与鉴赏、写作与交流等学习活动，但学生所有活动都是在教师指导下完成，即由教师创设任务活动，提供拓展阅读资料，进行阅读和写作指导，组织学生分组拟定“学习园地”专题和内容，为学生提高独立阅读文言文的能力，探究诸子立身处世的道理，梳理、赏析诸子的言说艺术，传承中华优秀传统文化，学以致用涵养人格，提供有效帮助。

【单元学习目标】

1. 在熟读成诵的基础上，利用工具书查阅资料，积累“之”“乎”“者”“也”“焉”“而”“以”“其”“于”等常见虚词的意义和用法，准确理解重点词句的含义，培养文言语感，探索文言文学习规律，提高独立阅读文言文的能力。

2. 读懂六篇经典文本的内容，梳理儒家、道家和墨家思想的核心概念和主要观点，并在此基础上，根据自身兴趣进行拓展阅读，尝试写一篇专题研究的小文章，深入理解先秦诸子原典的思想价值和人文内涵。

3. 梳理、赏析六篇经典文本的论说特点，感受儒家或雍容或峻急、道家或简约或恣肆、墨家朴拙繁复的言说风格。

4. 从诸子学说中汲取营养，结合现实生活，培养理性思辨精神，将诸子的智慧转化成自己为人做事的准则，自觉传承中华民族的文化传统。

【单元活动实施】

大情境：承办班级“学习园地”两周（四期）的内容。

任务一：通过查阅资料读懂六篇课文，梳理儒、道、墨三家的立身处世之道。（2 课时）

任务二：小组分工合作，整理、归纳常见虚词的意义、用法、规律。（1 课时）

任务三：根据自身兴趣进行拓展阅读，尝试写一篇专题研究的小文章。（2 课时）

任务四：品鉴诸子的论说特点及言说风格。（1 课时）

任务五：辩证思考诸子经典语句，悟我辈为人做事之准则。（3 课时）

研习任务	课时	学习活动	学习情境
任务一：通过查阅资料读懂六篇课文，梳理儒、道、墨三家的立身处世之道。（2 课时）	第 1 课时	预习：熟读课文，大致疏通文意。 活动 1：分小组梳理儒道墨三家的核心概念和主要观点，并班级交流。 活动 2：用圈点、批注的方式提出自己对课文的疑惑之处，并以小组为单位归纳有共性的问题。	第一小组承办“学习园地”第一期：你问我答。 要求：整理、公布同学对课文的疑惑（共性问题除外），查阅资料或根据老师提供的资料进行解答，亦可收集其他同学的解答。
	第 2 课时	活动 1：讨论同学们提出的共性问题，并交流自己的看法。 活动 2：选定自己有兴趣进行进一步研究的某家，并组成兴趣小组，拓展阅读其他作品、章节，更深入理解诸子的思想价值和人文内涵。	
任务二：小组分工合作，整理、归纳常见虚词的意义、用法、规律。（1 课时）	第 3 课时	活动 1：朗读课文，圈划出含有“之”“乎”“者”“也”“焉”“而”“以”“其”“于”等常见虚词的句子，标注其意义和用法。 活动 2：小组交流，整理、归纳这些虚词的意义和用法，解决同学间的分歧。 活动 3：小组合作，按表格示例整理文言知识卡片，并小结虚词学习规律。	第二小组承办“学习园地”第二期：文言知识卡片。 要求：1. 将“之”“乎”“者”“也”“焉”“而”“以”“其”“于”等常见虚词的意义和用法做成卡片展示。2. 小结虚词学习的规律。

任务三：根据自身兴趣进行拓展阅读，尝试写一篇专题研究的小文章。（2课时）	第4～5课时	活动1：小组对所选诸子的作品、章节进行点评、交流，确定专题研究的方向。 活动2：每位同学完成一篇专题研究的小文章。	第三小组承办"学习园地"第三期：我为诸子代言。 要求：1. 收集、整理、展示各组所选诸子的其他作品、章节以及同学们的点评。 2. 每个专题研究方向推荐2篇文章展示交流。
任务四：品鉴诸子的论说特点及言说风格。（1课时）	第6课时	活动1：选择本单元你最喜欢的一篇文章为大家诵读，并说说你喜欢的原因。 活动2：在同学们发言的基础上，从论证方式、论证方法的角度梳理六篇课文的论说特点。 活动3：再读课文，从用词、句式、修辞等角度比较诸子不同的言说风格，并结合相关背景，思考他们为何这样表达。	
任务五：辩证思考诸子经典语句，悟我辈为人做事之准则。（3课时）	第7课时	活动1：针对所给材料，辨析诸子思想的异同，提炼观点，尝试从不同角度立意，开展微型辩论。	第四小组承办"学习园地"第四期：诸子思想的当代价值。 要求：1. 整理、展示班级同学对诸子经典语句进行辩证思考、作出的新辨析或阐释。 2. 收集、推荐现实生活中或阅读中，接触到的运用诸子立身处世之智慧的事例或文章。
	第8课时	活动1：在新时代背景下对诸子经典语句进行辩证思考、作出新的辨析或阐释。 活动2：探究诸子思想的当代价值。	
	第9课时	活动1：品诸子立身处世之智慧，悟我辈为人做事之准则——自选角度，自定立意，写一篇不少于800字的文章，阐述诸子智慧对你的人生启迪，题目自拟。	

第1课时

预习：熟读课文，大致疏通文意。

活动1：分小组梳理儒道墨三家的核心概念和主要观点，并班级交流。

教师提供表格示范，学生也可按自己的分类标准梳理。

课文	核心概念	摘选词句	主要思想概括
《论语》十二章	仁	知者不惑,仁者不忧,勇者不惧。士不可以不弘毅,……仁以为己任,不亦重乎?死而后已,不亦远乎?人而不仁,如礼何?人而不仁,如乐何?克己复礼为仁。一日克己复礼,天下归仁焉。非礼勿视,非礼勿听,非礼勿言,非礼勿动。	要成为“仁”人,要做到“克己复礼”,“礼”“乐”是实现“仁”的手段。要把实现和践行“仁”作为自己的人生目标和信条。
	君子		
	学习		
大学之道			
人皆有不忍人之心			
《老子》四章	“有”“无”	第十一章:当其无,有车(器、室)之用。有之以为利,无之以为用。	实物要有用,必须和“无”相配合,事物在相对关系中相互补充,相互影响。
	无为		
五石之瓠		吾为其无用而掊之。 夫子固拙于用大矣。则所用之异也。	
兼爱			兼爱才能使天下太平。

活动2:用圈点、批注的方式提出自己对课文的疑惑之处,并以小组为单位归纳有共性的问题。

第2课时

活动1:讨论同学们提出的共性问题,并交流自己的看法。

常见的共性问题有:

论语当中多次提到“君子”和“小人”,“君子”和“小人”到底指的是什么样的人?

论语当中说“朝闻道夕死可矣”，这个“道”和道家所说的“道”是一样的吗？

儒家的“仁”“礼”“乐”之间到底是怎样的关系？

本册书“古诗词诵读”中的《无衣》以及原来学过的《芣苢》《蒹葭》是“《诗》可以兴、可以观、可以群、可以怨”中的哪一种？

《大学之道》中提到“八条目”时，为什么按不同顺序讲两遍？

《孟子》所说的“不忍人之心”和“四端”是什么关系？为什么用“四体”来比“四端”？

《老子》所说“知足者富”是不是“知足常乐”的意思？

《老子》第六十四章说了几层意思？他们之间是什么关系？

《五石之瓠》中，为什么庄子认为用葫芦“浮乎江湖”就对了呢？庄子到底在借这个故事说明什么？

……

活动2：选定自己有兴趣进行进一步研究的某家，并组成兴趣小组，拓展阅读其他作品、章节，更深入理解诸子的思想价值和人文内涵。

教师也可提供一些资料，如：

《老子》第一章：“道可道，非常道；名可名，非常名。无名天地之始，有名万物之母。故常无欲，以观其妙；常有欲，以观其徼。此两者同出而异名，同谓之玄。玄之又玄，众妙之门。”道，可以用言语表述的，就不是永恒的道。名，可以用名称界定的，就不是恒久的名。名称未定之前，那是万物的起源；名称已定之后，那是万物的母体。因此，总是在消解欲望时，才可看出起源的奥妙；总是在保存欲望时，才可看出母体的广大（意思是万物的作用，需要人的介入才能了解，人如果完全无欲，注意力就会没有焦点，有欲望才会想知道万物有什么样的限制、范围多大，才能了解得比较正确）。起源与母体，这两者来自一处而名称不同，都可以称之为神奇。神奇之中还有神奇，那是一切奥妙的由来。

《老子》第四十二章：“道生一，一生二，二生三，三生万物。万物负阴而抱阳，冲气以为和。”“道”展现为统一的整体，统一的整体展现为阴阳二气，阴阳二气交流互动形成了和气（“三”即阴、阳、和三气），而阴、阳、和三气再产生万物。万物都是背靠阴而面向阳，由阴阳激荡而成的和谐体。

《老子》第五十六章：“知者不言，言者不知。塞其兑，闭其门，挫其锐，解其纷，和其光，同其尘，是谓玄同。故不可得而亲，不可得而疏；不可得而利，不可得而害；不可得而贵，不可得而贱；故为天下贵。”了解的不去谈论，谈论的并不了解。塞住出口，关上门径，收敛锐气，排除纷杂，调和光芒，混同尘垢，这就是神奇的同化境界。对于这样的人，人们无从与他亲近，也无从与他疏远；人们不能让他得利，也不能让他受害；无法使它高贵，也无法使他卑贱，因此他受到天下人重视。意思是关上感官，不要看太多听太多，否则会心乱，欲望就增加了。做人处事不要太亮眼，不能太清高。而亲疏、利害、贵贱，两两相对，意思是如果别人很容易影响你，让你觉得自己很不错，那别人也很容易让你觉得自己不行。所以亲疏、利害、贵贱都是操之于自己的，自己心中知道自己为什么活在这个世界上，知道自己现在处境如何，跟别人关系如何，对自己有基本的了解和信心，就不会随便受别人操纵，就会发现人生其实根本没有所谓的得失、成败、亲疏、利害、贵贱之分。

《老子》第六十六章：“江海之所以能为百谷王者，以其善下之，故能为百谷王。是以圣人欲上民，必以言下之；欲先民，必以身后之。是以圣人处上而民不重，处前而民不害。是以天下乐推而不厌。以其不争，故天下莫能与之争。”江海所以能成为百川归往之处，是因为它善于处于低下的位置，这样才能够让百川归往。因此，圣人想要居于人民之上，一定要言语谦下；想要居于人民之前，一定要退让于后。如此，圣人居于上位，而人民不觉得有负担；站到前列而人民不觉的有妨碍。于是天下人乐于拥戴他而不会嫌弃。因为他不与人争，所以天下没有人能够与他争。老子还说过“上善若水，水善利万物而不争”。

《孟子》的《鱼我所欲也》《我善养吾浩然之气》《齐桓晋文之事》等。

庄子的《庖丁解牛》《逍遥游》《秋水》等。

《墨子》中“节葬、尚同、非攻、尚贤、节用、非乐、兼爱、非命”思想的语句。

第3课时

活动1：朗读课文，圈划出含有“之”“乎”“者”“也”“焉”“而”“以”“其”“于”等常见虚词的句子，标注其意义和用法。

活动2：小组交流，整理、归纳这些虚词的意义和用法，解决同学间的分歧。

活动3：小组合作，按表格示例整理文言知识卡片，并小结虚词学习规律。

卡片示例：（选本单元课文中的例句）

虚词	义项	例句
之	第三人称代词	
	指示代词，这	均之二策，宁许以负秦曲。（《廉颇蔺相如列传》）
	助词，相当于“的”	
	助词，主谓之间，取消句子独立性	
	助词，用于调整音节	

虚词	义项	例句
乎	语气词，表疑问或反问，相当于“吗”“呢”	
	语气词，表推测，相当于“吧”	
	助词，用于形容词后	飘飘乎如遗世独立，羽化而登仙。（《赤壁赋》）
	介词，相当于“于”	浴乎沂，风乎舞雩，咏而归。（《论语》）

虚词	义项	例句
者	代词，用于动词、形容词后面，指人或事	
	代词，用于时间词或否定词后，表示“—的时候”“—的话”	不者，若属皆且为所虏。（《鸿门宴》）
	语气词，放在主语后，引出判断	
	语气词，放在主语后，引出原因、解释	

虚词	义项	例句
也	句末语气词，表判断和肯定	
	用在疑问句尾，加强疑问语气	
	用在因果句尾，表解释	
	句中语气词，表语气停顿	

虚词学习规律：

（1）句意分析法：根据句子的大意推断虚词在文中的用法和意义。

(2)交换理解法:如果给出两个句子,让我们判断句中某个虚词的用法是否相同,我们可以将其中能确定的一句中的虚词用法和意义代入另一句来理解,看句子是否讲得通,如果讲得通,那用法和意义就是一样的,如果讲不通,意义和用法就不一样。

(3)结构推断法:一是可以根据句子的对称关系来推断。文言句子讲究整齐、对称,我们可从一个词的意义和用法推知相同位置的另外一个词的意义和用法。如“木欣欣以向荣,泉涓涓而始流”,“而”是连词表修饰关系的,那么“以”也该和它相同,作连词表修饰关系。二是根据词语在句子中所作的成分来推断。不同的句子成分就决定了词语的词性和用法。

(4)代入筛选法:如果我们知道某个虚词的基本用法和意义,在阅读时就可将它的每个用法代入句子去理解,挑选其中讲得通的一项,从而获得正确的答案。

(5)标志确认法:有些虚词是构成文言特殊句式的标志词,抓住这些标志,我们就能迅速地确定虚词的意义和用法了。如判断句的标志“者”“也”“乃”等,被动句的标志“见”“于”“为所”等,宾语前置的标志“是”“之”等,其词性和意义是确定的,只要判断出是哪种标志,就找到了它的用法和意义了。

(6)语法分析法:如虚词“以”字,如果“以”后面是名词,它与名词构成介宾短语,“以”为介词;如果“以”后面是动词,“以”为表目的连词。“以”字作“因为”解释时,如果后面接的是名词,“以”为介词;如果后面接的是句子,“以”为表因果的连词。

第4—5课时

活动1:小组对所选诸子的作品、章节进行点评、交流,确定专题研究的方向。

学生确定的方向示例:

《初探儒家核心思想“仁”之内涵》

根据学生专题研究方向,教师给予一定指导:(1)孔子“仁”的思想内涵包括哪些方面?(注意对“君子”的阐述中是否也包含了“仁”的思想内核)结合《论语》中相关章句进行阐释。(2)孔门弟子及其再传弟子所作的《礼记》中,

“仁”的思想是如何体现的？(3)孟子对于“仁”的思想又有怎样的扩展与丰富？(4)以上关于“仁”的思想内涵上有怎样的关联？(5)在当今社会生活中，儒家“仁”的思想还有没有现实意义？

《试论道家思想之突破俗见》

根据学生专题研究方向，教师给予一定指导：(1)学者柳诒征指出“老子之书，专说对待之理”，而且总是更重视通常被世人忽视的一面，结合《老子》中相关章句进行阐释。(2)庄子也善于从常人认为没有价值的事物中发现价值，结合《五石之瓠》来具体阐释。(3)道家的这些思想对我们的现实人生有怎样的启示？

活动2：每位同学完成一篇专题研究的小文章。

学生作业示例：

初探儒家核心思想“仁”之内涵

童 彤

孔子在回答颜渊的提问时给“仁”下过定义，即“克己复礼”——自我约束，使言行归复于先王之礼。孔子作为春秋战国时期的思想家，他对于“仁”的追求实际上就是一种对于尊卑有序、井井有条的社会秩序与维护这种秩序的制度的追求。正如在《八佾》中所提及的“人而不仁，如礼何？人而不仁，如乐何?”，其中的“礼乐”便是使各阶层有序的途径。有序则不乱，再抒发其感情，可促进社会和谐，这是一种理想状态下的最终目的，而“仁”则是礼乐的内核、基础，礼乐是仁的外在表现。

孔子所处的时代诸侯割据、礼崩乐坏，因为时代的限制，虽然孔子主张的“仁“其目的是面向全社会的统一和谐的，但是若不落实至个人，这样的“仁”便无法实现，故其又树立了一个以人为主体的概念：“君子”。在儒家对于“君子”的定义下，我们可以发现，“仁”实际上是成为君子的一种必要非充分条件，如在《子罕》一章中提及的“知者不惑，仁者不忧，勇者不惧”，便是从三个维度来衡量君子。在《学而》中的“食无求饱，居无求安“可视为”勇者“的一种引申，“敏于事而慎于言”是一种对“知者”的阐述。而“仁”与前两者有些许的差异，在于，“知”和“勇”都更多在于外在表现，而“仁”是支撑其的内部精神。如在《泰伯》中曾出现了“君子”一概念的变式：“士”，其中有“士不可以不弘毅”和“仁以为己任”这样的表述。“弘毅”即为“意志坚强”,因为将“仁”视为原因的话,它便会导致“弘毅”这一结果;而将“仁”视作结果的话,由于这样的品质,便会有“仁”这样的君子的核心概念,进而延伸出其他要素,所以它是一种内部精神强大的体现。

但仅仅靠“弘毅”与“仁”的循环是不够的,故要再探“仁”的更深层含义和驱动力:即“忠恕之道”。

在《卫灵公》中,孔子给出了可以奉行一生的话:“其‘恕’乎!己所不欲,勿施于人。”其中,“恕”的要求较低,是一种推己及人的思想,在现代汉语中有“换位思考”与其有相似之处;而“忠”相对于思想上的“恕”,更多是一种行为,它强调先需要让自身有足够的能力,然后再帮助别人。由“恕”而至于“忠”,是孔子仁爱思想的一体两面,其为“仁”,而“仁”则需要“弘毅”,从而成为内部精神,成为“君子”的核心部分,即成为“仁者”。而由于“仁”本质的“恕”和“忠”,所以孔子认为“仁者不忧”。

从《论语》《礼记》再到《孟子》,儒家对“仁”的内核进行着不断的扩充。《礼记》是对于《论语》中所给出的“仁”和其目的的方法论,将“仁”运用到了“治国平天下”的层面,从而使“仁”达到其最初恢复礼治、社会有序的目的。它把“大学之道”的目的归为“仁”的目的——“明明德”、“亲民”和代表“仁”的“至善”。之后从“仁”的角度阐述了一系列的影响,“定”“静”“安”“虑”和“得”,从“仁”的个人角度分析了其必要性;然后从“明明德”这一“仁”的目的出发,详细阐述了做到“仁”的方法,即“修身”,而“修身”则在于“正心”“诚意”“致知”“格物”,只有这样才能“平天下”。到《孟子》时候,对于“仁”的来源进行了进一步的探究,将“仁”归为人的本能,即一种“不忍人之心”,同情与怜悯之心,这与孔子所论述的“仁”的本质“恕”是一脉相承的,而后又补充了“义”“礼”“智”三个和“仁”平行的概念,说明它们共同的重要性。可以说,《礼记》中的“仁”是对于《论语》中的“仁”的一种横向扩充,强调方法;而《孟子》中的“仁”是一种纵向的扩充,强调意义,但皆是基于对“仁”中之“恕”的共同认识。

将“仁”的概念投射回“君子”上,其实还有至关重要的一步便是其所追寻的“道”,也是其在当今社会生活中仍存在的现实意义。“就有道而正焉”是一种获得“道”的方式,而对于“道”一种较为贴切的解释即为“义”,合为“道义”。这样的“道义”,有对于自身涵养的“质胜文则野,文胜质则史”和对于为人处世的"非礼勿视,非礼勿听,非礼勿言,非礼勿动",它们既是对"仁"原先目的的一种实现方式,也对我们的现代生活有指导意义。一个团体的人这么做,有利于团体局部利益的发展;而每个人都这么做,便会促进社会的发展。故"仁"在当今可以成为一种选择的标准,也可以成为每个人向往的方向。

试论道家思想之突破俗见

钱亦凡

学者柳诒征指出,"老子之书,专说对待之理"且总是重视"被世人忽视的一面"。《老子》可以称之是一本纲领性的读物,老子之道更是深邃、镌刻、广博悠远的,此处选择从最浅显的层面着手"道"与"无为"这两个角度来进行对其"破俗"的阐述论证。

首先,《老子》全书用"道"一字贯穿。就像老子开篇所言:"道可道,非常道。"就是说:如果道可以用言语来表达,那么就不是恒久不变的道了。"所以,天下没有普世的价值观。道是难以解释的,自然也是容易被忽视的。按照老子自己的阐述,"无名天地之始,有名万物之母。""道生一,一生二,二生三,三生万物。"道生阴阳,阴阳互生互长,相互依存。道是某种意义上宇宙的本源,是天地万物所以存在的集合原理。道先天地所生成,独立于客观事物之外又不同于天地万物,因为天地万物是实在性事物的存在,是无外乎一种"有",而道能以阴阳调和的方式创生天地万物却不是具体事物,故此处谓之"无"。

所以,"无"是道。这个"无"是相对具体事物的"有",但并不是空空如也的"零"。道既不是触手可及的具体事物,也不是徒有其表的虚浮,用老子的原话来说就是"无状之状,无物之象"。正因为道的空虚,才能创生宇宙万物,成为宇宙的本源。道是超越时间和空间的存在,这恰恰契合了老子的"故有之以为利,无之以为用",是"玄之又玄"。它是一种"惟恍惟惚"的存在,也可以说,道具有超越性的同时又寓于万物之中。这并不是二元对立的矛盾论,在这种客观唯物主义与神秘唯心主义的碰撞下,客观性与主观性,自然与思维,内与外,神奇地融为一体。

而"道"这一高深理论中糅合着的现实意义,我认为正是反复提及的"无为"。摘取了道德经中几句涉及"无为"的语句:

"……圣人处无为之事,行不言之教。——《道德经·第二章》

天地不仁，以万物为刍狗，圣人不仁，以百姓为刍狗。天地之间，其犹橐龠与，虚而不淈，动而愈出。多闻数穷，不若守于中。——《道德经·第五章》

生而弗有也，为而弗恃也，长而弗宰也，此谓之玄德。——《道德经·第五十一章》

我无为，而民自化；我好静，而民自正；我无事，而民自富；我无欲，而民自朴。——《道德经·第五十七章》"

"道"里已经论述了"有""无"的辩证关系。"无为"，已经是一种"有为"。就是说，老子所强调的无为，并不是全然的无所作为，而更像是不妄为、不非为，是指契合自然界的规律，遵循客观事物发展的规律，做到顺势而为、顺流而行，是老子学说政治主张的核心。

这也是老子思想下传统的"上位者"所需要做到的关键之处，否则社会将走向倾覆的定式，走向岌岌可危的必然。所以，按照个人主观性的理解，我觉得老子的无为，道法自然之不落窠臼，所要表达的最重要的观点是"顺其自然"。这个观点看似浅薄易懂，实则在同时代思想甚至至今具有极大的先进性，是自然万事万物生长的真理、本真。

既然提出了这种"无为"的行事理念，必然会有它的实践性。无为不是二元的图案，而跟自然世界相同，是立体的、有棱有角的、循复不殆的。"知者不言，言者不知""挫其锐，解其纷，和其光，同其尘"是对同化境界的定义，自我感官的绝对控制力；"江海之所以能为百谷王者。以其善下之，故能为百谷王。""上善若水，水善利万物而不争"是写海纳百川的心性。这两项应该是较具有代表性的角度，对己，及人，仔细推敲，质朴而幽深。

可以看出，老子认为"无"为"有"之始、"阴"为"阳"之根，所以提出了朴素的清静无为，养阴以成阳的哲学。所谓"道法自然"，人应该崇尚无为、以柔克刚、以弱胜强，顺应"自然而然"，回归万事万物的本真，最大限度地抛弃一切矫饰和伪装，清除声色犬马之欲，修炼自身通晓静笃的安全距离。正如六十四章中的"以辅万物之自然而不敢为"。由上可见，相对于盛行一时的儒家和法家"入世"派思想，老子的无为论显然更关切于自然本源的话题，认为"道"的运行轨迹就在自然之中。

简单来说，若"仁"是儒家的道德标杆，那么"道法自然，无为而治"则是道家的行事准则。让人类社会复归于小国寡民，鸡犬相闻却不相往来，让人回归到生命本真，让一切回归到自然。听着清淡无物，却处于普罗大众视角的死角,在当时是“破格”的奇幻理论。顺应规律是极简的,也是至艰的。老子是乘风归去的仙人老叟,独走自己纯净无边的康庄大道,在时代背景的映衬下,老子无疑是百家争鸣中的一股清流。

若说老子重视于挖掘世人所忽视的道理,庄子便更倾向于在常人认为没有价值的事物里发现价值,在生活中的柴米油盐平常事中阐发独到的不平常的见解,“无中生有,有中取无”。读庄子的文字更像野史趣闻,却有一种超越时代的满溢关怀的生命力充盈其间,而生命的本真则流出文字条框,涤荡所有人的心灵。

庄子的造化起源于世人眼中的“理所当然”。——战国是满地泼溅开来的颜料,把人性洇染得血痕斑斑,也为百家思想釉上了一抹犀利的亮彩。诸侯纷乱的年代,庄子却提出了清静无为的政治主张:顺应自然,顺应人的天性,不挖空心思去制定什么条条框框,任国家自由发展;在个人修身上,他讲求灵魂安恬,忘却外物甚至自身,突破时间,堪破生死。

庄子就像海天一色滩涂中的一尾大鱼。如诗的篇章,有着参透生命的悠哉,倏忽而过的纯粹,淡雅通透的灵性,而不是思想家的“说教定式”。他的学问发于自然,不局限于自然,他给整个自然以平等的生命。正如“子非鱼,安知鱼之乐”的濠梁之辩,恣意横生;“北冥有鱼,其名为鲲”“不知晦朔,不知春秋”经典咏流传的《逍遥游》,借寓言表志向,提出聊无所求的自然与自由。《五石之瓠》里,借他人之口提出价值相关话题,以浅显易懂的类比指代,表明不要囿于思维定式,转换角度才能发现事物的价值;《庖丁解牛》说的是解牛匠人善于观察,依乎天理,游刃有余,却给人“养生”的启迪。与我而言庄子的文章颇有真知版本“寓教于乐”的意思,笔触时而纤秾,时而素朴,令人敬佩的思想便这样在通畅平实的文字深处焕发光芒。

道家的真知灼见,字字珠玑,是扬弃后已的灵性,千古而非绝唱。不可否认每一种思想都有一定程度的局限性,比如欲望是生产力的驱动系统,而返璞归真的思想可能走向发展能力的停滞不前。但事实上道家的学问是吐纳天地的学问,是“有与无”之间的灵活斟酌,是参透“祸福否泰”的随心所欲,是世俗名利场中“舍与得”的浴火重生,是对生命、对自然、对本真、对万物的求索照亮。

自然的独特地基赋予道家思想一种埋藏许久的神性。道家崇尚的自然理学之于人的意义,除了汲取某种智慧外,它还能使我们的生命柔韧豁达而充满诗意。诚然，对自然的思考无法完全融会贯通于现实，亦不能以“实干精神”衡量它的价值利害，但它们绝不是两条没有交点的平行线。真正有分量的是对世界的感知与思索，是对自然的探寻本身。

第6课时

活动1：选择本单元你最喜欢的一篇文章为大家诵读，并说说你喜欢的原因。

活动2：在同学们发言的基础上，从论证方式、论证方法的角度梳理六篇课文的论说特点。

课文	论说特色（论证方法、论证方式）
《论语》十二章	1. 因果推论的论说方式很有说服力。例如“士不可以不弘毅”是因为“任重而道远”；为什么“任重”，因为以“仁”为己任；为什么“道远”，因为贯彻“仁”的精神需要终生不倦、死而后已。强调和凸显了首句中的“弘毅”。 2. 善用对比：例如“君子喻于义，小人喻于利。”“质胜文则野，文胜质则史。”“君子”与“小人”，“义”与“利”，“质”与“文”，“野”与“史”的对举，更鲜明地突显了君子“崇义”“文质彬彬”的特点。 3. 善用譬喻、类比，深入浅出。如“譬如为山，未成一篑，止，吾止也。譬如平地，虽覆一篑，进，吾进也。”用了两个类比，第一个是堆土成山，只差一筐土就完成了，如果这时候停了下来，是我自己停下来的（其咎在己）；第二个是平整土地，即使只是刚刚倒了一筐土，可以前进一步了，也是我自己前进的（进益在己），具体形象地说明做人、做学问、做事情要靠自己坚持，不能半途而废。
大学之道	作者运用了正反相成的推演逻辑。先以学习者为主语，明确各条目的先后次序。从“欲明明德于天下”的远大目标写起，通过“欲……，先……”的句式，把“八条目”由远及近、由外而内地“倒叙”出来，强调过程的循序渐进。再以学习对象为主语，通过“……而后……”的句式，由近及远、从内到外地“正叙”一遍，突出结果的水到渠成。
人皆有不忍人之心	1. 论述逻辑严密，且富有气势和感染力。 2. 善用类比、比喻说理，形象又通俗易懂。 本文首先，孟子先从性善论出发，提出“人皆有不忍人之心”的观点。先王有善良、仁慈之心，也就有了仁政。接着，孟子举例论证“人皆有不忍人之心”的原因。他选取一个典型事例，当孺子将要掉进井中时，观者会情不自禁的产生惊骇、怜悯的感情，这是人的天性。接着进一步推演，既然恻隐之心（即“不忍人之心”）是天生的，那么“羞恶之心”“辞让之心”“是非之心”也应该是与生俱来的，否则不能称为人。然后，孟子用了一个比喻：“人之有是四端也，犹其有四体也。”用人的生理构造（有四体）比喻心理特点（有四端），便于读者理解后者同样是与生俱来的道理，通俗易懂。同时，又为后文论述张本。“凡有四端于我者，知皆扩而充之矣，若火之始然，泉之始达。苟能充之，足以保四海；苟不充之，不足以事父母。”通过一系列类比和比喻，孟子充分又形象地说明了“仁义礼智，非由外铄我也，我固有之也”的观点。

《老子》四章	1. 老子的论说有很强的思辨性。 2. 善于从日常生活现象中发现蕴含着自然之理。 例如：车毂中空，而能容三十根辐，才构成完整的车轮，使得车子可以行进，陶罐子只有中间虚空，才可以装东西使用，凿空了墙壁，做了门窗，屋子才可以住人。在三个生活中常见的现象中揭示了"有""无"之间相反相对、相辅相成的辩证关系。"企者不立，跨者不行""自见者不明，自是者不彰，自伐者无功，自矜者不长"则揭示了急于表现、贪功冒进是没有好结果的。老子的思辨性还体现在关注人们通常忽视的另一面，在论说"对待"的关系时，如强调"自知""自胜""知足"。 3. 用类比、比喻说理，形象又通俗易懂。 例如把"自见""自是""自伐""自矜"的做法形象地比作像剩饭赘瘤一样令人讨厌，"其在道也，曰余食赘行"。用"合抱之木，生于毫末；九层之台，起于累土；千里之行，始于足下"来类比论述对待大事、要事，要慎始慎终，始终抓好细节，生动形象。
五石之瓠	庄子善于以寓言说理，婉曲达意，增强了说理的趣味和效果。本文以主客问答的形式，讲了一大一小两个故事。"大故事"是惠子告诉庄子，他是如何处理一个容得下五石之物的大葫芦的。"小故事"就是"不龟手之药"的故事。"大故事"和"小故事"运用交叠相生的叙事方法，婉曲批评了惠子只能看见世俗的小利，看不到背后的"大用"。(《庖丁解牛》也类似，庖丁"依乎天理""因其固然"的解牛之道，使梁惠王领悟了养生之法。)
兼爱	1. 墨子逻辑严谨，论说层层递进，结构很有层次。 本文思路是先以类比提出要使天下太平，必须追寻天下混乱的根源，而后联系现实中不孝不慈，相互侵犯攻伐的现象指出，根源在于人和人只知"自爱"而"不相爱"。接着从反面假设，如果人和人兼相爱，就会形成完全不同的美好结果：忠孝慈爱和平。最后总结上文，得出《兼爱》的总论点："天下兼相爱则治，交相恶则乱。"建议统治者应当禁止相恶，提倡相爱。本文在论证思路上呈现出追根溯源，层层深入的逻辑特征。 墨子善用以"故"为标志的因果式逻辑推演，由小道理推导到大道理，层层深入，由易及难，引导读者不断进行追问和思索。 例如课文中"故大夫之相乱家，诸侯之相攻国者亡有。若使天下兼相爱，国与国不相攻，家与家不相乱，盗贼无有，君臣父子皆能孝慈，若此，则天下治。故圣人以治天下为事者，恶得不禁恶而劝爱。故天下兼相爱则治，交相恶则乱。故子墨子曰：不可以不劝爱人者，此也。"墨子多次使用"故"字来建立前后推理的因果联系。墨子从假设爱人若爱己身开始，到视人家的物品如自己的物品，人家的身体如自己的身体，再到把别人的封地领土看作是自己的封地领土，因而不会产生侵夺攻取的行为，最终天下人之间都孝慈相安。所以"圣人以治天下为事者，恶得不禁恶而劝爱"，所以"天下兼相爱则治，交相恶则乱"，所以得出结论"不可以不劝爱人者"。思维缜密，令人信服。

活动3：再读课文，从用词、句式、修辞等角度比较诸子不同的言说风格，并结合相关背景，思考他们为何这样表达。

	言说风格（用词、句式、修辞等）
孔子	1.《论语》是语录体，所以句子简洁，但要言不烦、精辟隽永。如"朝闻道夕死可矣""知者不惑，仁者不忧，勇者不惧"。 2.《论语》大都记录孔子的话，常以"子曰"起句，孔子"崇礼"，所以记录的孔子言说也是温文尔雅，雍容大度。如"其'恕'乎！己所不欲勿施于人""见贤思齐焉，见不贤而内自省也"。 3. 因为经常是和学生的对话，所以常用疑问句或反问句、排比句，以启发学生思考或强调自己的观点。如"小子何莫学夫《诗》?""士不可以不弘毅，…仁以为己任，不亦重乎？死而后已，不亦远乎?""人而不仁，如礼何？人而不仁，如乐何?""《诗》可以兴、可以观、可以群、可以怨，"学诗"可以事父、事君、多识鸟兽草木之名。""非礼勿视，非礼勿听，非礼勿言，非礼勿动。"等等。
大学之道	运用了排比、反复、顶真等多种修辞方法，使文章看起来整齐有序、条贯分明，读起来又具有音韵美，说理显得充分透彻，使人深信不疑。 其中蕴含着儒家文质彬彬、言之有物、充满用事激情的正统美学观。
孟子	1. 孟子文笔雄健，气势磅礴。如"无恻隐之心，非人也；无羞恶之心，非人也；无辞让之心，非人也；无是非之心，非人也。恻隐之心，仁之端也；羞恶之心，义之端也；辞让之心，礼之端也；是非之心，智之端也。"运用整句句式和反复的修辞手法都使论述富有气势和感染力。 2. 善用比喻，说理生动。 "人之有是四端也，犹其有四体也"用人的生理构造（有四体）比喻心理特点（有四端），便于读者理解后者同样是与生俱来的道理，通俗易懂。"凡有四端于我者，知皆扩而充之矣，若火之始然，泉之始达。"形象地说明了扩充"四端"可达到的显著成效。
老子	1.《老子》行文冷静、深刻，极富辩证色彩。这与文章中出现的反义词（对举的概念）有密切关系。例如论说"有"与"无"，"知人"与"自知"，"胜人"与"自胜"等相反相对的抽象概念之间的辩证联系。 2. 善用排比手法来列举日常生活现象，然后直接揭示蕴含的自然之理，使文章简约但意蕴深邃。
庄子	1. 善于以寓言说理，婉曲达意，读来比较有趣味。 2. 善于联想和想象，文风随性所之、汪洋恣肆，体现了道家超拔、自然的精神。 如本文中先是说惠子种出了一个"五石之瓠"，这就很夸张，然后庄子建议惠子"何不虑以为大樽而浮乎江湖"，描述了一副主客体的自在亲和、逍遥游的画面：作为葫芦的使用者身心两闲，优游从容；大葫芦既没有被劈开，也没有被当成器皿，它不仅保全了自己，还发挥了"大用"。 这风格与庄子哲学追求是相匹配的。
墨子	1. 直言不讳，通俗易懂，语言浅显。 第一段将治理天下的道理与治病的道理相类比，拿生活中习见的事情和道理，类推出比较深奥难懂的治国之道，化难为易，变抽象为具象。 2. 反复论说，有一种朴拙繁复的审美效果。往往正面说一遍，反面又说一遍；一个观点总结过了，下一段落还要再总结；把一种观念、一种逻辑贯穿到底，绝不旁生枝节。 例如本文中四次出现"起不相爱"，以反复手法，强调国家乱源是人与人不相爱。第一处是总说国家乱于不相爱。第二处是从君臣父子的人伦关系角度论证之所以出现亏人自利，源自于不相爱，第三处是从利益冲突角度论证，盗贼偷盗害人行为之所以产生，源自于不相爱，进而引出类似的诸侯相攻。最后一处则是对于前文的小结，并以此引出下面从正面论证"兼相爱"的益处。 这种文风与墨家的思想主张和受众群体有关，也是和他的学术思想一致的。

第7课时

活动1:针对所给材料,辨析诸子思想的异同,提炼观点,尝试从不同角度立意,开展微型辩论。

儒道墨三家在立身处世的主张上呈现出不同,甚至针锋相对。教师可以从中确定几个比较的主题,学生以小组为单位,结合课文以及所给的资料,在合作学习和交流的基础上进行微型论辩。

比如儒家和道家的"有为"和"无为";儒家和墨家的"仁爱"与"兼爱",儒家和墨家的"礼乐"与"非乐"等等。

示例1:

《论语·宪问》:子路宿于石门。晨门曰:"奚自?"子路曰:"自孔氏。"曰"是知其不可而为之者与?"。

《论语·微子》"鸟兽不可与同群,吾非斯人之徒与而谁与?天下有道,丘不与易也。"

《庄子·渔父》:客乃笑而还行,言曰:"仁则仁矣,恐不免其身。苦心劳形以危其真。呜呼!远哉,其分于道也。"

《老子·六十四章》:"为者败之,执者失之。是以圣人无为,故无败;无执,故无失。"

请辨析儒家"有为"和道家"无为"的不同内涵,说说你更赞同哪一家的主张。

示例2:

《孟子·滕文公下》:"杨氏为我,是无君也。墨氏兼爱,是无父也。无父无君,是禽兽也。"

《孟子·尽心上》:"君子之于物也,爱之而弗仁;于民也,仁之而弗亲。亲亲而仁民,仁民而爱物。"

墨子则说:"天下之人皆不相爱,强必执弱,众必劫寡,富必侮贫,贵必敖贱,诈必欺愚。凡天下祸篡怨恨,其所以起者,以不相爱生也。是以仁者非之。"

请辨析儒家"仁爱"和墨家"兼爱"的不同内涵,说说你更赞同哪一家的主张。

示例3:

《子路、曾皙、冉有、公西华侍坐》:"'点!尔何如?'鼓瑟希,铿尔,舍瑟而作,对曰:‘异乎三子者之撰。’子曰:‘何伤乎？亦各言其志也。’曰:‘暮春者,春服既成,冠者五六人,童子六七人,浴乎沂,风乎舞雩,咏而归。’夫子喟然叹曰:‘吾与点也!’”

《墨子·非乐》:“姑尝厚措敛乎万民,以为大钟、鸣鼓、琴瑟、竽笙之声。以求兴天下之利,除天下之害,而无补也。是故子墨子曰:‘为乐,非也!’”

请辨析儒家“礼乐”和墨家“非乐”的不同内涵,说说你更赞同哪一家的主张。

第8课时

活动1:在新时代背景下对诸子经典语句进行辩证思考、作出新辨析或阐释。

本单元课文中有不少经典语句,虽然产生于两千多年前,但至今仍然闪烁着智慧的光辉,给我们以人生的启迪。有些语句在新的时代下,又可以进行辩证的思考,从新的角度作出辨析或者阐释。从下列语句中任选一句,也可以从本单元课文中另选一句,说说你的认识和思考。

士不可以不弘毅,任重而道远。

己所不欲,勿施于人。

致知在格物。

人皆有不忍人之心。

知人者智,自知者明。

千里之行,始于足下。

故天下兼相爱则治,交相恶则乱。

活动2:探究诸子思想的当代价值。

1. 收集、推荐现实生活中或阅读中,接触到的运用诸子立身处世之智慧的事例或文章。

示例1:

习近平《在亚洲文明对话大会开幕式上的主旨演讲》:亲仁善邻、协和万邦是中华文明一贯的处世之道,惠民利民、安民富民是中华文明鲜明的价值导向,革故鼎新、与时俱进是中华文明永恒的精神气质,道法自然、天人合一是中华文明内在的生存理念。

亲仁善邻，国之宝也。——《左传·隐公六年》
克明俊德，以亲九族。九族既睦，平章百姓。
百姓昭明，协和万邦。——《尚书·虞书·尧典》

示例2：

习近平《在纪念五四运动100周年大会上的讲话》：今天，新时代中国青年处在中华民族发展的最好时期，既面临着难得的建功立业的人生际遇，也面临着"天将降大任于斯人"的时代使命。……奋斗是青春最亮丽的底色。"自信人生二百年，会当水击三千里。"民族复兴的使命要靠奋斗来实现，人生理想的风帆要靠奋斗来扬起。

故天将降大任于斯人也，必先苦其心志，劳其筋骨，饿其体肤，空乏其身，行拂乱其所为，所以动心忍性，曾益其所不能。

——《孟子·告子下》

鹏之徙于南冥也，水击三千里，抟扶摇而上者九万里，去以六月息者也。——《庄子·内篇·逍遥游第一》

示例3：

习近平《在2019年中国北京世界园艺博览会开幕式上的讲话》：生态治理，道阻且长，行则将至。我们既要有只争朝夕的精神，更要有持之以恒的坚守。

溯洄从之，道阻且长。——《诗经·蒹葭》
道虽迩，不行不至；事虽小，不为不成。——《荀子·修身》

示例4：

习近平总书记在参加十三届全国人大一次会议重庆代表团审议时强调，"要慎独慎初慎微慎欲，培养和强化自我约束、自我控制的意识和能力，做到心不动于微利之诱，目不眩于五色之惑。""实现中华民族伟大复兴，有如我们先人所讲，要苟日新、日日新，要天行健、自强不息。”

无欲速，无见小利。欲速则不达，见小利则大事不成。——《论语》

五色令人目盲，五音令人耳聋，五味令人口爽。

——老子《道德经》第十二章

汤之《盘铭》曰：“苟日新，日日新，又日新。”《康诰》曰：“作新民。”《诗》曰：“周虽旧邦，其命惟新。”是故君子无所不用其极。

——《礼记·大学》

天行健，君子以自强不息。——《周易》

示例5：

纪录片《对话：回响2020》中资深媒体人、得到APP总编辑李翔对话BOSS直聘创始人赵鹏的一段问答：

李翔：你在找这些人或者挖人的时候，觉得他们有什么共同的特质吗？

赵鹏：都不难，以我的慧眼都不难。当你用心眼去看对方的时候，还是能看到更多的。

李翔：这些东西都没法度量，是吗？

赵鹏：诚意这个词出自《大学》“正心诚意”。一个人对自己真的有诚意吗？一个人对友情真的有诚意吗？一个人对手上这盘事情真的有诚意吗？一个人对自己的愿景真的有诚意吗？有诚意的人是能感觉出来的。

另外还可以推荐：傅佩荣《国学的天空》、钱穆《如何安放我们的心》、李光耀《人性本恶》……

2. 结合这些事例或文章，写一段500字左右的文章，谈谈自己对“诸子思想的当代价值”的思考。

第9课时

活动1：品诸子立身处世之智慧，悟我辈为人做事之准则——自选角度，自定立意，写一篇不少于800字的文章，阐述诸子智慧对你的人生启迪，题目自拟。

学生作业：

君子爱财,取之有道

费　畅

富贵,在大多数时候,被我们同世俗联系在一起,似乎我们常常惮于论“财”,譬如“铜臭味”一词,便实实在在地显示了金钱背后所暗含的腐朽性质。然而,《史记·货殖列传》中有言“故君子富,好行其德;小人富,以适其力”。从这句话中,我们似乎可以看出,“财富”同“行道”之间的确是存在某种联系的,前者并不全然象征着一种败坏的形象。

这句话的意思是,君子富有了,便喜欢行德,小人富有了,也会把力气用在适合的事情上面。一个人物质上的宽裕,似乎在某些时刻同样预示了其为人处事的“宽裕”,无论是“行德”还是“适力”,都是靠自身行为使他人获益。或许我们可以用这样的一种想法来解释——生活需求被满足后,人们便开始寻求更高层次的回馈,如精神、心理上的自我价值的实现,这时财富则是一个利己又利他的先决条件。

然而,之所以我们视金钱如洪水猛兽,必然有部分是因为世人常常在敛聚财富的途径中出现了差错。富贵自然是能成为一面双刃剑的——不正确的追寻方式则会使它轻易变成毁人德行的利刃,所以《论语》中多次强调“取财有道”。《论语·述而》中有“不义而富且贵,于我如浮云”“富而可求也,虽执鞭之士,吾亦为之”;《论语·里仁》中说“富与贵,是人之所欲也,不以其道得之,不处也”。可见儒家并不抨击“富贵”,而以平常心看待之,但极其强调一个“义”字,富可求,但不可不义,即我们必须要注意积累财富过程中方法、途径的合规、合理性。

此外,追求财富固然不存在行为上的可耻性,追求财富又的确是可以裨益自身的,但在这过程中,我们也常常容易太过于关注外界,而丧失了对内心的探寻。在《论语·学而》中,面对子路“贫而无谄,富而无骄,何如?”的提问,孔子回答“不若贫而乐,富而好礼者也”。富贵并不是唯一的成功指标,视金钱如洪水猛兽的一部分原因,或许是太多人在对于财富的态度上过于偏执了。他们守着自己的财富,就如巨龙守着宝藏,一旦有人走进洞穴,就喷火将对方炙成人干。总是关注身外之财而忽视内心丰富的人,往往易于被外界的事物牵绊以至于迷失。过于看重财富的人,往往易于成为精神的贫穷者,甚至沦为“财富”的奴仆,不知觉间变成“葛朗台”。因而我们应时常审视自己的内心,如此，方能做到“行道”“适力”。

近年来，一些针砭时弊的漫画，常常把钞票等财富的象征，妖魔化表达，以警示人们不要被金钱怪物蛊惑，被牵着鼻子走。然而我认为，真正决定财富“面貌”的是人的思想、心灵。“财富”不是怪物，只是一面镜子，我们选择如何使用它，它就会反映出我们何样的面相。

君子爱财，取之有道，用之有道。只有审查自我，采用正确的措施，以“有道之心”看待之、使用之，才能让无论是“君子”还是“小人”的我们，都能“行道”“适力”。

“一切景语皆情语”教学设计

【教学内容分析】

《语文学科教学基本要求》中对“文言诗文的鉴赏与评价”的基本要求之二是“鉴赏作品的表现手法并作简要的评析”，而从情景关系的角度去鉴赏诗歌是最基本也是最重要的方法。近十年来的上海春、秋高考中，诗歌鉴赏部分的简述题，五次考到了情景关系。所以这是高三语文复习的一个重点内容。为了帮助学生更好地复习、掌握这个考点，所选的诗歌例题基本来自上海市中高考必背的篇目，涵盖了古诗、近体诗、词、曲等代表性体裁以及山水田园诗、边塞诗、思乡诗、送别诗等主要题材。高三的同学已经随文接触过一些诗歌赏析，这些必背篇目学生比较熟悉，可以让学生相对容易地梳理、掌握一些鉴赏的方法，并较快地建构进自己已有的知识体系中，形成知识网络，在举一反三中提升赏析能力。通过对意象中约定俗成情感的回顾与整理，通过对诗歌中浸润主观色彩词语的品味，学生能在赏析的过程中领略汉语的魅力，不断丰富自己的情感体验。

【学情分析】

本课的教学重点放在了通过对景物描写的品味，体会作者的情感，领略汉语的魅力。难点放在结合全诗语境以及作品背景，准确把握作者复杂的情感，丰富情感体验。是因为在平时的教学中发现，很多同学阅读诗歌时，抓不住重点，常常抓住只言片语就惯性、武断地臆断作者的情感，没有好好品味语言、体会情感的阅读习惯。特别是一些情、景不一致的诗歌或者同一首诗歌中有多种情感的，学生常常不能结合整首诗歌和作者经历、作品背景做整体思考，所以赏析往往不具体、不完整甚至有偏误。另外，学生在平时作业中存在表述不规范的情况，有的只写一两个词，不用句子完整表述；有的只在原文划线，不会用自己的话概括或描述。当然，时代的差异、学生年龄特点以及生活经验、感情经历的不丰富，这些也都会造成学生在准确理解、把握作者情感时的困惑，所以更应该通过多阅读、多背诵、多交流来丰富其的间接经验和情感体验。

【教学目标】

1. 通过对景物描写的品味，体会作者的情感，领略汉语的魅力。

2. 结合全诗语境以及作品背景，准确把握作者复杂的情感，丰富情感体验。

【教学重点】

通过对景物描写的品味，体会作者的情感，领略汉语的魅力。

【教学难点】

结合全诗语境以及作品背景，准确把握作者复杂的情感，丰富情感体验。

【课时安排】

一课时

【教学过程】

一、导入新课

展示微信表情图片。

互联网时代，表情达意的新方式，“图”直观便捷，但有时会产生不同的理解，特别是在想表达比较复杂感情时，用几个表情图片叠加，歧义更大。

看一则新闻：（老师概述）

表情符号有文化差异不同语言理解不同

新华社电　以色列在线翻译公司“一小时翻译”调查发现，在说不同语言的地区，人们对某些表情符号的理解大不相同。这家公司用表情符号写了13句话，让说法语、西班牙语、德语、印地语、希腊语、希伯来语、日语、汉语广东话、阿拉伯语以及加拿大法语、拉美西班牙语的翻译解读看到的这13句话，结果令人惊讶。比如，“面戴口罩”加上“肌肉隆起的胳膊”这两个表情符号，本意为“生病了，正在康复中”，加拿大法语翻译理解为“隆起二头肌”，而阿拉伯语翻译觉得是“我腋下很臭”的意思，德语翻译则理解为“沉默就是力量”，广东话翻译认为，这两个符号就是“死也不说”。看来，表情符号并非全球通用，使用时可别表错情哦。

其实自古以来，我们就有一种更文艺的方式，不仅能更准确地传情达意，而且可以表达更丰富、更细腻甚至瞬息变化的情感。那就是通过“景”。

王国维在《文学小言》中说：“文学中有二元质焉：曰景，曰情。”

清人王夫之在《姜斋诗话》中也说道：“情、景名为二，而实不可离。”

所谓“一切景语皆情语”。既然“景”能传情，那么：

二、请读一读下面诗歌中写景的句子，说说你能从中体会到怎样的情感？你是从哪些词语中体会到这种情感的？（前三首诗歌）（预习作业）

大家做了预习作业的，下面我给大家2至3分钟的时间，可以和周围的小伙伴交流一下自己的看法，互相借鉴补充。

下面我们开火车回答问题，回答问题的同学声音要洪亮，要让所有同学能听清楚你的回答。其他同学要认真倾听、做好笔记，如果有补充或质疑，等同学回答完问题后再举手说。

根据以上同学的回答，我示范补充，并归纳：（板书）

作者以景传情，我们可以从：

1. 有约定俗成情感的意象中去感受作者情感。因为这往往具有民族情感的共性，是一种文化传承。像刚才诗中“菊”“月”的意象。同学们还能举几个其他的例子吗？

2. 浸染主观情思的词语（直接表达情感的词、修饰语）中去感受作者情感。“寒蝉凄切”“悠然见南山”“断肠人在天涯”“信马悠悠野兴长”。同样是写山，陶渊明笔下山是“悠然”的，王维笔下山是“空灵”的，王昌龄笔下雪山是“阴沉沉”的，王禹偁笔下山是“无语”的，杜甫写“山青花欲燃”，李白“轻舟已过万重山”，王之涣“一片孤城万仞山”；同样是写“雨”，王维眼中是“新雨”，柳永眼中是“骤雨”，周邦彦只写“宿雨”，杜甫还写“好雨知时节”，晏几道写“微雨燕双飞”，韩愈写“天街小雨润如酥”，许浑写“山雨欲来风满楼”，苏轼“山色空蒙雨亦奇”。汉语博大精深，客观景物染上主观情思后幻化成各具情致的大千世界，令人陶醉。

从刚才的景物描写中，我们体会到了作者的喜与乐，也体会到悲与哀。但人类情感是复杂而微妙的甚至瞬息变化，弘一法师的绝笔就写到“悲欣交集”，史铁生在《合欢树》中深深怀念自己的母亲，也写到“悲伤也成享受”，每个人的喜原因不同，每个人的悲也有各自的情怀。

三、再读诗歌，结合全诗内容和你所了解的作者生平、作品背景，准确把握作者复杂的情感，丰富情感体验。（后面三首诗歌）

【课堂赏析诗歌】

饮酒（其五）

陶渊明

结庐在人境，而无车马喧。
问君何能尔？心远地自偏。
采菊东篱下，悠然见南山。
山气日夕佳，飞鸟相与还。
此中有真意，欲辨已忘言。

山居秋暝

王　维

空山新雨后，天气晚来秋。
明月松间照，清泉石上流。
竹喧归浣女，莲动下渔舟。
随意春芳歇，王孙自可留。

天净沙·秋思

马致远

枯藤老树昏鸦，小桥流水人家，古道西风瘦马。夕阳西下，断肠人在天涯。

塞下曲（其一）

李　白

五月天山雪，无花只有寒。
笛中闻折柳，春色未曾看。
晓战随金鼓，宵眠抱玉鞍。
愿将腰下剑，直为斩楼兰。

望江南

李 煜

多少恨？昨夜梦魂中。还似旧时游上苑，车如流水马如龙，花月正春风。

苏幕遮

周邦彦

燎沈香，消溽暑。鸟雀呼晴，侵晓窥檐语。叶上初阳干宿雨，水面清圆，一一风荷举。　　故乡遥，何日去？家住吴门，久作长安旅。五月渔郎相忆否？小楫轻舟，梦入芙蓉浦。

1. 以这种范式将情景关系写具体。李白《塞下曲》

诗歌描写了____________（景），表达了作者____________（情感），结合全诗来看，“________”（具体诗句），又抒发了作者____________（情感）

2. 老师赏析示范。（见 PPT）

3. 赏析李煜《望江南》、周邦彦《苏幕遮》，自己完成赏析后，和周围同学互相交流、讨论，完善自己的赏析。

4. 每组推荐一位同学展示自己的赏析。

5. 老师赏析示范。（见 PPT）

【赏析示范】

《塞下曲》诗歌描写了盛夏五月的天山，没有花只有终年积雪，听到折杨柳的曲子，想到边地从来没有春天，表达了作者觉得边地苦寒生活艰苦，思念故乡，憧憬家庭温馨的情感。但结合全诗来看，“愿将腰下剑，直为斩楼兰”又抒发了作者为国守边、奋勇杀敌的壮志豪情。

《望江南》诗歌描写了车子接连不断像流水一样驰过，马匹络绎不绝像一条龙一样走动，繁华热闹，花好月圆，春光明媚，表达了作者尽享美好生活的欢乐之情。但结合全诗来看，“多少恨，昨夜梦魂中”，现实与梦境的巨大反差，又抒发了作者被囚之恨，亡国之痛，失去自由与家国的凄楚。实为以乐写悲。

《苏幕遮》诗歌描写了在屋檐下叽叽喳喳的鸟雀，叶上的水珠就要被初升的太阳晒干，水面清润园正，荷花在微风中亭亭玉立，一派生机勃勃的夏日景象，表达了作者恬静、闲适、愉悦的心情，享受这清新美好的时光。但结合全诗来看，“故乡遥，何日去”“梦入芙蓉浦”，作者触景生情抒发了对故乡亲朋深切的思念之情。

总结：(完成板书)

大部分诗歌景和情是一致的，或者借景抒情(在生活中先有所感，然后把情感寄托在景物当中，所写景物都涂抹上了浓浓的感情色彩)、或者寓情于景(只有逼真的画面，只字不言情，但情藏景中，情深意浓)。这二者“表现出色”就是常说的情景交融

李煜《望江南》乐景衬哀情，描绘的是一般人感觉欢乐的情景，但实际抒发的是相反的悲情。王夫之《姜斋诗话》说：“以乐景写哀，以哀景写乐，一倍增其哀、乐。”

周邦彦《苏幕遮》触景生情，情感因景而变，诗歌中的情感丰富而有变化。

【板书】

景语	皆	情语
有约定俗成情感的意象		借景抒情
描述景物时带主观感受的词		融情于景
		触景生情
		乐景衬哀情

四、作业

根据课后思考与探究，自主阅读：顾祖钊《文学意境的特征》;《中国古典诗歌中的意象》，完成课后思考练习二与专题探究一。

【教学反思】

一、创设情境，唤醒情感经验

为了引发学生对诗歌情景关系学习的兴趣，我考虑从学生们熟悉的微信表情入手。现在的学生是伴随着互联网成长的一代，他们习惯用直观的“图”来表情达意，但事实证明，不同知识结构的人对“图”的理解存在巨大差异。而我国自古以来以“景”传情则准确并丰富得多，想以此引导学生了解并欣赏我国灿烂的传统文化。

所选的诗歌例题基本来自上海市中高考必背的篇目，涵盖了古诗、近体

诗、词、曲等代表性体裁。这些诗歌都是我国古代诗歌的经典之作,思想性、艺术性都是中华文化的典范,有助于激发学生对传统文化的热爱与欣赏。对“有约定俗成情感的意象”的解析,实质是一种中国传统文化和情感的传承;对“浸染作者主观情思词语”的品味,可以感受到汉语表达的准确、精美,可以规范、丰富学生的汉语表达。通过对诗歌中热爱自然、与自然和谐相处、保家卫国、思乡怀人等各种美好感情的用心体会,也可以帮助学生获得间接经验,丰富学生的情感。

二、培养习惯,掌握学习方法

独立思考、交流合作:因为是高三的学生,在教学过程中基本要求学生先独立思考、独立完成,再和别人交流,培养学生独立思考的习惯,不要拿到问题就想求助。作业展示是在小组讨论、补充、修正之后大家推荐的,这样可以在讨论中学生互相教,既解决不同学生可能存在的千差万别的小问题,又可以让通过前面学习、掌握比较好的学生有展示学习成果的机会。讨论、修正之后再展示作业,会让展示的同学更有信心,更容易获得成功的体验。

认真倾听、做好笔记:在课堂发言的过程中,老师一般都会提醒发言的同学声音要洪亮,要让所有的人听清楚,实际上有时学生发言声音小,老师还会重复一遍,以便让其他学生听清楚,但对听的同学往往疏于指导。这节课我特别提醒听得同学要认真倾听、做好笔记,并提出要求,别人发言结束后,要请听的同学补充、质疑,帮助学生养成认真听、做笔记的学习习惯。

言之有据、表达完整:赏析是一种主观的行为,但必须在有依据的阅读基础上,不能主观臆断、自说自话。其实生活中,凡是阐述的自己的观点,都要言之有据,所以在学生回答问题时,我都会要求学生给出文本依据。另外,把自己的想法清晰、完整的表述出来一直是我班学生的弱项,所以,我试着给学生搭了两个梯子,一是给出了赏析表述的格式,让学生能有意识地结合语境整体把握作者复杂的情感,用这种格式将自己的赏析内容表达清楚;一是下水给出了我的赏析示范,让学生直观地知道具体的一首诗该怎么赏析,可操作。

专家型教师课堂实践智慧研究

要实现中华民族伟大复兴，建设教育强国是基础工程，所以打造一支有理想信念、有道德情操、有扎实学识、有仁爱之心的“四有”好老师队伍，就是学校办学的重要任务。为鼓励广大教师不断提升自己的学识能力，既做好“大先生”又做好“教书匠”，教育部、上海市教委以及各区教育局都不断在教师培养机制上动脑筋，“国培计划”“攻关计划”“种子计划”“名师、名校长培训”“骨干教师培训”等等，以促进广大教师成长为德才兼备的专家型教师。但毕竟有这样培训、培养机会的老师占比还是少数，除了这些“计划”“培训”平台之外，研究身边的专家型教师的成长经历及其课堂实践智慧，有助于更加多数的青年教师、普通教师近距离观察、学习、借鉴，以更新自己的教育理念，改变自己的教学方式，改善自己的教育行为。基于此，我以同校特级教师秦璞老师为研究对象，试着去探究专家型教师必须具备怎样的素质？专家型教师的课堂实践智慧主要体现在哪些方面？如何才能成长为既是“大先生”又是“教书匠”的专家型教师。

一、专家型教师必须具备的素质

何谓“专家型教师”？有人认为“专家型教师”当指“学科专家”，有人认为当指“学科教学专家”，有人认为当指“学科课程专家”。美国当代著名教育心理学家斯腾伯格认为应该承认专家型教师的多样性。我同意叶澜先生的看法：专家型教师还是应该具备“对人类的热爱的博大的胸怀，对学生成长的关怀和敬业奉献的崇高精神，良好的文化素养，复合的知识结构，在富有时代精神和科学性的教育观念指导下的教育能力和研究能力，在实践中凝聚生成的教育智慧”。具体而言专家型教师的素质结构应包括如下几个方面：

（一）高尚的师德

教师的师德是教师个体的人格魅力的反映，高尚而富有魅力的教师人格能产生身教重于言教的良好效果。高尚的师德包括对教育事业的热爱、强烈的事业心和奉献精神;科学的世界观和积极向上的人生态度;强烈的责任感和对学生的尊重、关心和爱护;处处为人师表,以身作则。

这点在秦璞老师身上有很充分的体现。秦璞老师在工作中总是全心投入,有一年,秦老师88岁的母亲脑梗阻住院抢救数月,秦老师晚上陪夜,白天上班,有时只能一边陪夜一边备课,却想着尽量不要因为家庭原因影响工作。为了帮助学生及时解决学科疑难,秦老师向同学公开了家中电话,开通“学习咨询热线”,并再三重申课后的个别辅导绝不收费。教师的人格作为师德的有形表现,对年轻心灵的影响是任何教科书、道德箴言,任何奖励和惩罚制度都不能替代的一种教育力量。

(二)科学的理念

教育理念是指教师在对教育工作本质理解基础上形成的关于教育的观念和理性信念。我们经常说优秀的教师首先是理念先进,而教育理念先进最基本的就是讲科学,尊重学生的认知规律、成长规律,这也是区分专家型教师与经验型教师的重要标志。具体讲,就是专家型教师往往具备科学的教育观、教师观、学生观。

1. 专家型教师具备尊重爱护学生,注重开发学生潜能,促进学生个性全面发展的教育观。

对于思想政治课素质教育应达到的目标,一些政治教师提出了知识、能力、觉悟等方面的目标或者提出了知识、情感、行为等教学目标,但都比较笼统、抽象。秦老师则立足于促进学生个性的全面发展,将思想政治课素质教育的目标明确、细化为:政治素质(坚定的政治方向、正确的政治观点、初步的政策观念、饱满的政治参与热情、良好的政治品质),思想素质(远大的人生理想、积极的人生态度、正确的群众观点、诚实的劳动态度、实事求是的科学精神、现代的市场观念),道德素质(正确的道德观点、明晰的道德判断、自觉的道德责任、灵活的道德技能、经常化的道德行为),法纪素质(巩固的法纪观念、忘我的护法勇气、机智的护法技巧、初步的用法能力、良好的守法习惯),实践素质(实践方案设计、社会调查能力、交往和合作意识、应变能力),此外还有心理素质、审美素质等,并落实在每堂课的具体教学中。秦璞老师一直坚定地认为,教育并不只是传授给学生相关的知识,更重要的是能帮助学生今后的成长、促进学生的全面进步。学生通过思想政治课的学习,综合素质得到了全面提高。

2. 专家型教师具备科学的教师观，即“教师的主要职责是越来越少地传递知识，而越来越多地激励学生思考，教师将越来越成为一位顾问，一位交换意见的参加者，一位帮助学生发现矛盾论点，而不是给出现成真理的人”。

传统的政治课常常有“高老板”的特征，即通篇讲大道理（“高”），教师囿于陈陈相因的内容，不能结合时代的发展、学生的实际出新意（“老”），教学气氛严肃呆板（“板”）。而思维活跃的学生对只会机械照搬教材，说教意味浓厚政治课打心眼儿里不喜欢。普通政治老师对此矛盾束手无策，专家型教师却能正确认识教师的作用，通过创设合理科学的探究性的问题情景，鼓励学生积极参与，激发学习兴趣。比如秦璞老师上《现代化建设离不开党的领导》就结合现实生活，精心挑选了几个具体的、有争议的问题：“是王宝森还是孔繁森代表了党的主流?”“假如雷锋还活着，是一个出租车司机，他能保持雷锋精神吗?”“真理离我们青年学生有多远?”这些问题都比较敏感，但却可以激发学生敞开思想，钻研问题。教师是教育活动的组织者和领导者，又是教育活动的参与者、顾问，专家型教师能灵活地处理好这几个角色之间的关系。像秦老师就能很好地做到既把握好舆论导向，使学生在任何情况下都能够看到光明的前途，又不把话讲绝对，给一个开放性的结论，激发学生进一步探索真理的热情。有人说“理论是灰色的，生活之树常青”，专家型教师往往能把书本上灰色的理论融入常青生活中，不只是简单把一个现成的答案塞给学生，而是引导学生在情境中自己去思考问题，提高学生学习的主动性，教会学生如何去学、学会学习。

3. 专家型教师具备科学的学生观，即“学生是有主观能动性的千差万别的个体，是教育活动的主体，是学习和发展的真正主人，学生有多方面发展的需要和发展的可能，教育应不断满足学生发展需要，促进学生尽可能发展”。

秦璞老师在教学中有一个一以贯之的原则：主体性原则，这个主体就是学生。秦老师曾说：“我过去在讲课时常常有一种思维定势，好像一堂课只有一种讲法，一个论点的论证只能有一种方式。其实，时代变化了，教育对象变化了，教学也应当适应这种变化。”因此，秦老师在备课时心中有学生，想学生所想，教学过程的设计、教学内容的取舍乃至教学语言的运用都是把学生放在主体地位，并由此归纳出中学思想政治课的五个“贴近”——课堂教学要贴近学生的生活环境，贴近学生的认知水平，贴近学生的心理特征，贴近学生的思想热点，贴近学生的成长需要。（《思想政治课教学参考》，1996 年）不仅如此，秦璞老师还特别关注每一个学生的不同，经常通过以下一些方式来了解每一个学生。一是在政治课上布置一些随笔式的作业，秦老师通过批语和每个同学笔谈；二是与同学个别谈心，特别是那些思想独立、观点偏激的同学，因为这些同学对问题的思考往往比较深入，如果教给他们正确的思考方式，他们很可能成为出色的人；三是通过每一次班级活动、每一次班干部会、每一次社会实践甚至每一次偶发事件来了解学生的真实想法。可以说，能更多地考虑学生的个别差异，觉察到不同发展水平的学生有不同的需要，更重视因材施教是教师成长为专家型教师的重要标志之一。

（三）完备的知识

专家型教师的知识结构包括普通文化知识，学科专业知识和教育学科知识三方面的内容。

专家型教师对普通文化知识的掌握不仅渊博，而且精深，内化到个体知识结构中去，能够信手拈来，为自己的学科教学服务。秦璞老师教的是思想政治课，可有时却会恰当运用语言文字学的知识来帮助自己的学科教学。在讲国家有暴力机关时，他写了一个繁体字“國”，让学生看看里面是不是有暴力啊？“戈”就是武器。在讲国家与国度的区别时，秦老师在黑板上写了两个英语单词“state”和“country”，学生一看就明白了。讲到尊重少数民族语言时，他用彝文写了“共产党像太阳”。流行歌词、广告语以及其他网红词汇，秦老师都能有机地吸收到课堂教学中来。比如，讲认识的两次飞跃，他说第二次飞跃比第一次飞跃更重要，就用了一句广告语：心动不如行动。老师的旁征博引能使教学更生动，道理讲得深入浅出。专家型教师之所以如此重视对普通文化知识的掌握，更是因为普通文化知识本身具有陶冶人文精神，涵养人文素质的内在价值，它能丰富人的文化底蕴，使人性更加完满。

专家型教师对学科专业知识的掌握，不仅是对自己所教学科的基本内容有深入透彻的了解，和普通教师的不同的是他们往往具有正确、鲜明的学科观，即清晰了解学科的架构，发展脉络及学科本质等内容。比如，对思想政治课教什么的问题，通常的回答是“马克思主义、毛泽东思想、邓小平理论的基础知识和相关社会科学基础知识”。但秦老师会进一步思考：什么是马克思主义、毛泽东思想、邓小平理论的“基础知识”？马克思主义基础知识在中学能教完吗？如果教的是部分马克思主义基础知识，那么选择的依据是什么呢？相关社会科学又是指什么呢？关于思想政治课价值取向的问题，一般老师都关注其真理性、定向功能。而秦老师会从思想政治课学科本质出发，认为思想政治课的学科本质是一门教育课程，本质属性是教育性、普及性、价值性。它不是直接去探究客观事物（当然这绝不是说它对此可以漠不关心或者绝对没有发言权），而主要担负着使受教育者的未来成长符合客观实际、符合社会规范、符合社会进步方向的任务，所以，在教学中更应关注它的启智功能和导行功能。由此，我们可以看到，普通教师他们或许勤勉，但往往只满足于现有的、静止的学科知识，接受现成的结论，而专家型教师却能对“纲要”“课标”等进行充满智慧的实践解读，对学科问题不盲从，而是运用自己所拥有的知识对问题进行多层次、多角度、多学科的分析，以获得更深刻、明晰的理解。

专家型教师除了具有完备的普通文化知识、学科专业知识外，对教育学科知识（包括教育学、心理学、生命科学、教学法及教育科学研究等方面的知识）的扎实掌握和灵活运用也是普通教师所不能比拟的。比如，秦璞老师对教学对象的心理特征就有准确深入的了解，所以在教学法的使用上就更有针对性，激发了学生的学习动机，提高了学习效率。秦老师认为高中生的抽象思维已经有较大发展，学生对无懈可击的概念、严密准确的推理有较高兴趣，所以，一堂课只是讲讲故事、举举例子，能激起一时兴趣，但一些爱思考的学生会感到厌倦，降低学习政治的兴趣。于是，秦老师在讲课时就会运用一些逻辑知识来激发学生的学习兴趣。如用“全集”“交集”“补集”等术语来说明资本主义政体的几种形式之间的关系。用“必要条件”“充分条件”来说明按劳分配的必然性。同时，秦老师认为，虽然这个年龄段的学生抽象思维已经有较大发展，但他们的认知结构、认知水平和成年人还是很不相同，学生脑中有一些概念，但常常是日常概念不是科学概念，所以在教学中很注意通过贴近学生的日常概念，去粗取精，上升到科学概念。比如“自由”的哲学概念和日常概念有很大不同，秦老师就会问学生：“你觉得现在自由还是小时候自由？”学生通过热烈讨论逐渐认识到“自然自由”还不是真正的“自由”，从而准确把握“自由”的科学含义。具有完备的教育学科知识并能在教学中自觉地运用，这是教师专业发展的必然要求。

（四）教研的能力

专家型教师的专业能力除了应具有教学能力、组织管理能力、交往能力外,还必须具备相应的教育科学研究能力。教育研究能力是一个综合的能力结构,一般来讲,它包括定向能力、理论思维能力、创造能力、动手实践能力、评价分析能力、组织科研活动的能力。六种能力在每个人身上的不同发展水平,就形成了每个人不同的研究风格。

秦璞老师在几十年的教学生涯中,就充分体现了他非凡的理论思维能力、动手实践能力和组织科研活动的能力。

1980年代后期,许多传统观念受到严重的冲击和挑战,思想教育该向何处去,秦璞老师在进行反复而深入的思考之后,写了《中学思想教育和商品经济》一文。从此,他逐步摆脱了传统政治课教学的许多思维定势,开始独立思考、探索新时期政治课的特点和规律。后来,秦老师写了《德育工作和中学生文化环境》从一个独特的视角——文化层面来认识普遍存在的代沟问题。党的十四大把建立社会主义市场经济体制确立为改革目标,秦老师以其敏锐的洞察力开始思索:“政治课的理想教育传统如何与社会生活的变化相结合?”“政治课要不要在进行理想教育的传统同时加强对个人的生活教育(广义的)?”并前瞻性地写了《生存教育和理想教育》。随后,教育界开始了“应试教育”向“素质教育”转轨,秦老师又写了《在政治学科教学中实施素质教育几点思考》。秦璞老师有扎实的马克思主义理论根底,常年订阅《哲学研究》等理论刊物,积极学习党的重大方针、政策,关心哲学、经济学、政治学等方面的理论创新,这些都使他具有了远超过一般教师的深厚的理论素养和活跃、深刻的理论思维能力。

理论要和实践相结合,专家型教师总是能把自己的研究成果、新的观点积极地运用于教学实践。秦老师曾经在两年多的时间内,在全市范围内开了六节公开研究课,这六节课的课题都是社会的热点、争议的焦点、教学的难点——“现代化建设离不开党的领导”“当代青年学生要热爱、追求、坚持真理”“正确行使民主权利”“增强国有企业活力”“全面看待人的素质”“树立商品经济意识”。他的政治课受到了领导、专家、同行和学生的广泛好评,因为这六节公开研究课教学时间加起来虽然只有四个半小时,但却呈现了秦璞老师近十年思考、探索的研究成果。

专家型教师不仅具有很强的理论思维能力、动手实践能力,往往还具有很强的组织科研活动的能力,因为他既然能成为专家,必然是学科专业的引领者,长宁区“主题教学模式”研究课题项目组就由秦老师任组长。在秦老师的率领下，项目组成员认真研究、积极实践，形成了体现二期教改新的教学理念、教学特点，适应二期教改思想政治课课堂教学需要的教学模式。由秦璞老师执笔，项目组成员共同完成的《推荐一种高中思想政治课教学模式——主题教学模式》在《思想政治课研究》上发表。

进行教育科学研究是一个复杂的认识过程，了解一些科研知识，掌握一些具体研究方法，只是为进行科学研究提供了基础，具备一定的科研能力才是从事科研工作的根本前提。这是专家型教师区别于一般教师的根本所在。

（五）创新的精神

没有教师的创造性，很难培养出适应未来社会发展需要的创造性的学生。专家型教师"不是传声筒，把书本的东西由口头传达出来，也不是照相机，把现实复呈出来，而是艺术家、创造者。"有人认为基础教育一线的政治老师，不存在解放思想、创新的问题，这只是上面的或学术界的事儿，秦璞老师却说："我要有自己的创见，我对一哄而起、人云亦云、照搬照抄的做法最不赞成。"秦老师十分喜欢思考一些宏观的问题、深层次的问题、前瞻性的问题。十多年来，秦老师通过学习邓小平理论和党代表的路线方针政策，联系自己政治教学实践，不满足于已有的理论和教学内容，与时俱进、开拓创新，思想上有几次大的突破。例如1980年代末关于商品经济对道德建设的双重作用、雷锋精神和商业道德的区别联系等问题的思考（《中学思想教育和商品经济》），1992年对当代资本主义和当代社会主义的再认识（《转换视角，讲好政治经济学（资本主义部分）》），1995年率先提出思想政治课既要坚持党性原则，又要适合"学会生存""享受生活"的普遍要求（《思想政治课中的生活教育和理想教育》）。在新世纪到来的前夕，秦老师又对进入21世纪后的思想政治课所处的社会环境、教学内容重点、教学模式、评价方式作了一些前瞻性的思考。事实证明，秦璞老师的这些思考与后来的形势基本合拍，使他在政治思想课的教学中掌握了主动。由此可知，专家型教师往往具有对教育发展的前瞻能力，能迅速感悟、准确判断处于生成和变动的教育过程中可能出现的新趋势和新问题；具有教育智慧，能及时把握教育时机并根据实际环境选择和决策，调节自己的教育行为；尊重科学，不盲从和迷信权威，对解决问题有自己独特的见解和主张。

专家型教师不仅具有高尚的师德、科学的理念、完备的知识、教研的能力和创新的精神，更重要的是要具有灵活地解决复杂教学问题的丰富的课堂实践智慧,教育智慧是教师专业发展的最高境界。

二、专家型教师的课堂实践智慧

很多年轻教师可能有过这样的经历:努力向身边的专家型教师学习,甚至听一节课上一节课,但是往往效果并不如预想的好。一方面当然可能是学生学情差异,另一方面就是没能深刻领会专家型教师的课堂实践智慧。课堂实践智慧是教师在教学实践活动中生成的,它不同于理性智慧,不同于实践知识,而是二者在教学实践活动中的完美结合。实践智慧一方面超越了教学理论的抽象深奥,另一方面又克服了教学经验的单薄肤浅。当我们只是看到了专家型教师在课堂上的教学行为,而不能了解其背后隐藏的教育理念、教育理论,那就只能是"照猫画虎"徒具其形而难得其神了。

(一)实践智慧的定义及其基本特征

所谓实践智慧,即在教学实践活动中形成的、有关教学整体的真理性的直觉认识。它来源于教学,通过对具体的教学情境和教学事件的关注和反思,将感性的、表面化的经验提升,使其内化为教师的有关教学的机智性理解和行动能力。

实践智慧具有如下基本特征:

内在缄默性:实践智慧是教师长期内省反思所得隐性知识转化而成的高级思维形式,只可意会不可言传,是对教学情境瞬时的直觉反应,它潜移默化地影响着教学活动。

动态生成性:实践智慧是教师在课堂教学实践过程中对复杂教学关系的顿悟,体现教师的具体课堂教学情境中的随机应变能力。

个体独特性:实践智慧是教师个性的独特表现,教育方法的灵活运用,体现教学风格,表现为与众不同的课堂教学行为表现和处理教学问题的独特方式。

行动实效性:实践智慧是教师的隐性知识被激活并显性化的过程,它关注教学实践活动对学生身心发展所产生的实际效果,反思自己的教学行为,有意识地改变自己的教学行为,并直接导致教学行为的创新。

虽然教学实践智慧只可意会不可言传,但我们还是想努力从秦璞老师典型、真实的案例中把隐性的、抽象的实践智慧显性化、具体化,使其成为看得见、摸得着的行为，促进普通教师对于教育及其意义的理解，发现教育生命的价值。

(二)课堂实践智慧的具体表现

国外大量的研究表明，专家型教师与教师新手在备课、课堂教学和学生评价等方面有着明显不同，集中体现了专家型教师的课堂实践智慧。

专家型教师在备课时始终以学生为中心并具有预见性。在备课时，专家型教师就会在头脑中形成包括教学目标在内的课堂教学表象和学生心理表征，并以此充分准备教学内容。因为自身的学科特点，要上好思想政治课很不容易。每年都有人做调查，学生对政治课的评价总是居低。有人说政治课变得太多，也有人说政治课太老。持前一种观点的人偏重于理论的稳定性，认为没有稳定性也就没有威信、没有学科性。持后一种观点则偏重于实践的多变性，提倡时政化，甚至把政治课变成时事课。秦璞老师却能通过认真研究思想政治课当前存在的诸多矛盾和学生的学习实际，在备课时做到：第一、从教材内容中发掘热点问题，使课堂教学有现实感、有针对性。第二、找到大道理和学生生活相联系的桥，使政治道理生活化。第三、在设计教案时，把自己的感受放进去，让学生接受道德不仅是知识，还有教师的情感和期望。所以，秦老师总能把政治课的大道理讲得学生爱听。比如，1997 年国有企业效益滑坡，工人大批下岗，秦老师决定上《增强国有企业活力》公开课。在备课时，秦老师仔细了解了社会思潮，反复学习中央文件，翻阅了近十本关于国有企业改革的学术著作，走访了企业管理协会、企业家协会。备课过程中秦老师自己体会到转型国有企业壮士断臂、凤凰涅槃的悲壮，久久不能平静。考虑到学生的生活环境、认知水平，秦老师决定从学生们熟悉的洋品牌说起。备课时始终以学生为中心并具有预见性、针对性、真实的情感，使这堂课上得很成功。课后有学生说："本来我感到国企灰溜溜的，听了你的课，感到热气腾腾。"秦老师就是这样能把政治课讲得学生的眼睛发亮，所以广受好评。

在课堂教学过程中，专家型教师的实践智慧表现在：

1. 具有一套管理课堂、掌握教学节奏、使师生活动从一个环节自然过渡到下一个环节的熟练技能。

有关研究表明专家型教师能够将自己已有的教育教学理论和教学实践灵活结合，经过反复练习，其在课堂教学过程中，执行程序已变得自动化，很少或不需要意识控制,而这些正是新教师缺乏的。秦璞老师在几十年的教学实践中,积累了大量的课堂实践经验,通过反思、总结,形成了独具风格的主题教学模式。

主题教学模式的教学流程是这样的:

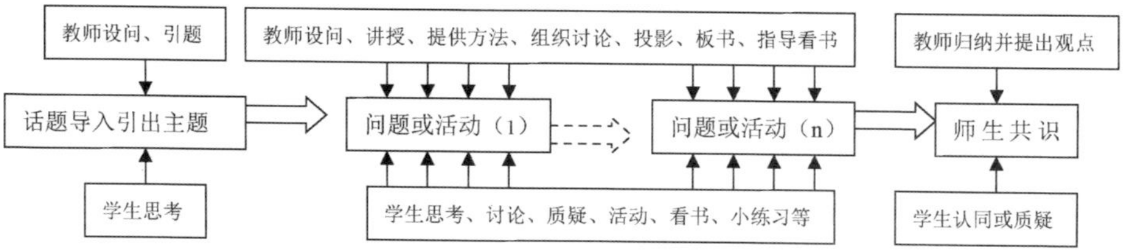

由于专家教师使常规课堂活动自动化,这就使他能把有限的心理资源应用于富有创造性的教学活动中,从而表现出对学生的需要更敏感,更能满足学生的个别需要,能时刻记住课堂教学的主要目标,采用灵活而适当的教学策略,帮助学生克服理解中的难点,顺利达到教学目标。

2. 能灵活运用多种教学策略。

在教学上,专家型教师突出地表现出对学生有超乎寻常的敏感性和感受力,善于突破教学常规,灵活运用多种教学策略,便捷高效地机智地处理问题,彰显出较为高超的课堂教学机智。秦璞老师在进行热点问题教学时就总结了四条基本策略:首先,要给学生提供宏观背景材料,让学生了解全局,了解问题的来龙去脉。如讲《现代化建设离不开党的领导》,学生中有相当一部分因为党内腐败的出现而对此持怀疑态度,秦老师便先以 1978 年以来党的重要会议为线索,回顾了党领导下的改革开放史。其次,鼓励实话实说。上课时总要安排一段时间让学生自由讨论,引导学生用自己的话发言而不要照搬书本上的语言,鼓励说出自己的观点。第三,把握舆论导向,但留有余地。往往形成一个开放性的结论,激发学生进一步探索的热情。第四,设计好讨论题,以达到"启思"的目标。除此以外,在日常教学中,秦老师经常使用的教学策略还有:事例半线——因为政治课比较抽象,要把抽象的道理讲透,就要力求形象化,生动地例子对学生扩大眼界、理解理论、引起兴趣都有好处;师生互动——教师和学生在课堂上一定要有心理上的沟通、语言上的交流;恰当使用电教手段——秦老师比较喜欢用投影,投影画面有助于明理,有助于激情,能引起学生学习兴趣,使课堂教学活泼轻快。灵活运用多种教学策略有助于引导学生积极探索与思考,巧妙有效地帮助学生对重点、难点进行深入理解,自然流畅地启发学生展开思维的翅膀，生动愉悦地诱导学生步入人生智慧的魅力境界。

在学生评价上，专家型教师的实践智慧体现在，更关心学生对新材料的理解、掌握情况，对学生的学习评价是多角度、全方位的。一般政治教师只是根据书面考试成绩来评定学生的学习情况，秦璞老师却是采取不同的形式和标准。(1)对基本知识点的考查仍采用书面考试办法，百分制计分。(2)对理论联系实际能力的考查，则用口试或笔试，不再拟标准答案，在坚持正确政治方向的前提下，根据“充分运用材料”“言之有理有据”“逻辑严密”“表达通顺”“有自己创见”的标准，作综合评定，采用等级分制。(3)对学生参加社会实践的考查，则根据其行为表现及个人收获大小作评语性评定，侧重学生“信”和“行”的提高，引导学生“知信统一”“知行统一”。(4)对学生日常行为表现的考查，则主要由政治老师配合班主任实行统一评估。这些思想政治课的多元化评价，需要教师运用自己的实践智慧恰当、灵活地落实在常规教学中，以促进全体学生的全面发展。

新课程的实施为教师的专业化发展提供了契机，作为落实新课程的教师仅仅局限于教师个体的“职业技能训练”是远远不够的，因为教学不仅是技术，更是一种艺术，它要求教师从“技工型教师”转型为“专家型教师”。以上我以秦璞老师为典型案例分析了专家型教师的素质结构及其教学实践智慧，希望对提高青年教师的实践智慧、促进其专业成长有所裨益。当然，专家型教师不是纸上谈兵就能“培训”出来的，而是需要在专家引领、同伴互助和自我反思相结合的综合实践活动中长期“历练”“培养”出来的，这就意味着教师专业成长的长期性、实践性、综合性、校本性。说到底，教师要在新课程理念的指导下，在专家的点拨下，在现场的具体课堂教学实践中去发现问题、研究问题，积累经验，反思创新，在自己的讲台上体验自己的教育成功和幸福。

#【辑四】

学 科 育 人

高中学生生涯教育之我见

【摘要】针对寄宿制示范性高中面临的现状,本文探索、总结了对学生进行生涯教育的策略与方法。明确生涯教育的目标之一是认识自我,即知道我是谁、天生我材必有用。明确生涯教育的目标之二是认识外部世界,文章认为可以通过社会实践、学生交流、广泛阅读、家长资源和专题讲座等渠道来实现。生涯教育的核心之一是提升学生的能力、素养,即通过学习、生活的常规培养良好习惯;借助活动、体验发展各项能力;抓住教育契机,树立正确的价值观;关注心理健康,营造和谐的人际关系。生涯教育的核心之二是和有效的决策行动,文章提出选择与决策的原则应该是理想与激情,并结合实例阐述了如何选择与决策。

【关键词】生涯教育、认识自我和外部世界、能力和素养、教育契机、价值观、心理、选择与决策

一、现状与背景

(一)寄宿制示范性高中面临的现状

每次接新高一,总是听到不少老师感慨"一届不如一届",我想原因如下:

第一,刚送走的高三学生经过三年的高中教育,不论知识水平、工作能力还是自我评价、待人接物都更成熟,这会让老师们觉得高一的新生和他们差距很大。

第二,这是一个充满竞争与变革的时代,社会发展对每个人——不论老师还是学生都提出了更高的要求。比如进入寄宿制示范性高中的生源发生了变化,有通过自主招生、名额分配、推优、择校等途径进来的。学生的学业水平、行为规范、做事能力、综合素养和原先都是通过中考选拔进来的不可同日而语。而21世纪对人的素质要求除基础知识和基本技能外,特别强调公民责任、批判思维、人生规划、健康人格、民主平等、合作意识、国际视野和国际理解、实践能力和创新能力、跨文化沟通技能等内容。这也对学校教育提出了更

高要求。

第三，现在的孩子基本是独生子女，甚至是“独二代”，相对优越的、简单的家庭环境和巨大的家族期望，往往使家长、孩子都更重视学习而忽略其他重要能力、素质的培养。比如07年高一新生军训，大部分孩子都是第一次在一个陌生的环境中独立生活，家长们的牵挂、担忧是可想而知的。可是当家长发短信问候孩子时，我班有一个孩子竟然只回了三个字“还没死”，我现在都记得家长跟我说起这事时的无奈与伤心。我当时接的是一个实验班，从学习角度来评价，这是一群非常优秀的孩子，而通过暑期的家访及开学的军训，我却发现这个班的孩子们虽然70%以上曾在学科竞赛中获奖，但自理能力差，一个寝室四个人花了一个小时被子装不进被套，挂好的蚊帐开门却朝墙。他们以自我为中心，不能很好地体谅、理解他人，新开始的住宿生活同学间小摩擦不断。对家长的关心往往显得不耐烦，甚至有些不屑，家访中很多家长都反映：孩子越来越大了，和自己的话却越来越少了。有次去一个学生家家访时，家长提前准备好了孩子从幼儿园开始获得的各种奖状和照片，如数家珍地跟我说孩子怎样的优秀、怎样的聪明，看得出家长是相当得以孩子为骄傲的。可当我把这些反馈给这位学生时，学生却很不屑地说：“我就是他们炫耀的资本，是他们的长期投资，他们就是为了将来我能提供给他们更好的生活。”这让我很惊讶。除了学习，这些学生对其他事物的感受力和关注度都较低，不愿做学生干部，害怕耽误了学习。

面对这样的社会现状，面对这样一群顶着“优秀”光环的学生，我不得不认真思考：作为一位班主任，我到底要把我的这些学生培养成怎样的人？怎样去培养？

每次高三填报志愿时，我都能看到大部分学生经过高中三年的学习，对于自己将来要从事什么职业、自己要进的大学都没有很清晰的认识，也没有认真分析过自己的性格、兴趣、优势，没有分析过自己是否合适这个专业。大部分是随大流，人家学什么，我也学什么，或者就是家长说了算。所以有资料显示大学有42.1%的学生对所学专业不满意，如果可以重新选择专业，有65.5%的学生表示将另选专业。对现在就读的专业感兴趣的仅占13.9%。

其实高中阶段正是学生个人成长关键期，他们抽象思维能力越来越强，开始理性地观察、思考社会；自我意识觉醒，开始客观地认识自我，形成其独特的人生观、价值观、世界观，开始会考虑设计自己的未来。但由于这个年龄的学生思想水平、知识结构、社会经验等的局限，他们对自我和社会往往缺乏全面的认识。亚里士多德曾说："人生活的意义在于是否正在寻找和追求自己的目标。"所以，我觉得要使学生成长为符合这个社会需要、能对这个社会有一定价值的人，不仅要关注人在社会化早期所应掌握的基本知识和基本技能，还应让每个学生在这三年高中生活中学会发现自我、开发自我到实现自我，进而能不断的超越自我；使学生学会健身、学会学习、学会办事、学会做人，有能力按照自己的意愿去学习、工作；学会"经营"未来，促进学生的全面发展。高中阶段是个体生涯发展的重要阶段，我们有必要有意识、有步骤对学生进行生涯教育。

（二）关于生涯教育

1971 年美国联邦教育署署长马兰博士第一次使用了"生涯教育"一词，"生涯教育"和以前的"职业指导"一脉相承，但又有本质的不同。

1909 年美国学者帕森斯在其所著的《职业的选择》一书中第一次运用了"职业指导"这一术语。强调在职业选择的过程中应首先了解自我、了解工作世界以及对两者进行合理的匹配。帕森斯通过调查的方法来了解各种职业所需的知识、技能、成功的必备条件、职业的利弊、晋升的机会等。通过工具测量、评定个人的心理特质，然后对二者进行分析综合，给出咨询者建议。1942 年，罗杰斯名著《心理咨询和心理疗法》的出版，向传统的以咨询者为中心的观点提出了质疑。他认为学生普遍有着自我发展的潜能以及自我抉择的能力，因此应当赋予当事人自我认识的机会和自我成长的责任，使他能自由地实现自我。到 20 世纪五六十年代，以发展心理学、社会学等为基础涌现了大量的生涯发展和生涯辅导理论。在总结前人研究成果的基础上，舒伯于 1953 年提出了生涯发展理论。在他看来，生涯不仅局限于职业，还包含了个人的生活风格，及个人在一生中所从事的所有活动。他不仅注重个人的发展，同时也兼顾社会的需要和利益，从个体发展和整体生活的高度来考察个人与职业、个人与社会的关系。舒伯把人生分为五个阶段：生长期（0—14 岁），探索期（15—24 岁），建立期（25—44 岁），维持期（45—64 岁），衰退期（65 岁以后）。生涯发展理论被认为是职业辅导与生涯辅导的分界线。1960 年代以来，职业辅导更加重视以个人为本位的职业能力的培养而忽视人格的成长和完善改造。1971 年马兰博士第一次提出了"生涯教育"的概念，这是一种协助个体认识实际的工作世界并探索自己可能的发展形态,以便作出较佳的抉择、规划与准备的综合性的教育计划。它强调所有课程、教学及咨询辅导都是为个人将来经济独立、自我实现及敬业乐群做准备。

中国的生涯教育开展较晚,“升学无意识、就业无意识、发展无意识、生涯无规划、学习无动力”现象普遍。所以,我们生涯教育的目标是帮助学生认识自我,了解社会,了解职业和教育,学会规划和选择。其核心是确定生涯目标(我想干什么和我能干什么),通过生涯教育,激发学习动机,展望未来。确立价值观,学会资讯收集、系统思考、利弊分析,培养选择和决策的人生规划能力。

针对我所面对的学生的现状,我试着从以下方面将生涯教育贯穿在我的教育教学实践中,对学生进行一定的指导。

二、生涯教育目标之一:认识自我

(一)我是谁?

踏入新班级的第一天,我要求每一位学生都要向同学们做个自我介绍。大部分同学的自我介绍都是“我叫×××,我来自××初中,我喜欢××运动。”姓名只是一个符号,×××并不能勾画出那个真正的思想和情绪方面的“我”。中国人常说,人贵有自知之明。也就是说,社会生活中的每个人都应当对自己的素质、性格、特长、缺陷、经验等有一个清醒的认识,对自己在社会生活中扮演的角色有一个明确的定位。如果一个人对自己判断过高,往往容易浮躁、冒进,不善于和他人合作,遭到挫折时心理落差较大,难以平静对待客观事实;一个低估了自己的能力的人,则会畏首畏尾,做事没有积极性,也没有承担责任和重担的勇气。

为了帮助学生对自我有个清醒的认识,我首先请大家做了一个问卷调查。内容包括“你会用哪些词来描述你的好朋友?你最喜欢读的一本书(或几本书)是什么,其中哪个人物形象你最喜欢(或讨厌),请说出理由。在你的记忆中最快乐(或最难过)的一件事是什么,你从中有什么收获?你学习碰到困难时,一般怎么解决?如果有一天空闲,你最想做的一件事是什么?闭上眼睛,第一个浮现在你脑海里的理想是什么?”等等。就好像穿衣戴帽要照镜子,问卷就是给学生的一面镜子,通过问卷帮助学生了解自己的兴趣爱好和厌恶之物是什么,喜欢和什么样的人交往，欣赏人们怎样的品质，分析自己内心真正的想法和愿望，明明白白地找出自己真正想要的、对自己来说有意义和价值的东西。

“不识庐山真面目，只缘身在此山中”，旁观者清当局者迷，人的自我认识总或多或少会有一定的局限性。人身处社会之中，少不了旁人的评价，这些评价一来可以帮助自己更清晰的知道“我是一个怎样的人”，二来也会对“我”的发展产生影响。因此，我很重视引导学生们之间的互相评价。一般采取小组交流的方式，大家面对面开诚布公谈看法。为了取得好的交流效果，我要求学生自己讲自己的不足，别的同学帮助分析、提出建议；评价他人只讲好的方面，要有具体事例和细节。这样在帮助同学知道“我是谁”的同时，学生之间的关系也更加融洽，并且学生学会了在平时要关注他人，取长补短。小组组成的方式也有很多种，有时以寝室为单位，有时以自然组为单位，也可以自由组合。这样可以全面了解在不同的圈子中自己的表现，对自己的性格、能力、为人、做事的风格等等形成清醒的认识。

（二）天生我材必有用

1. 每个人都是独特的而又出色的

哈佛大学教授加德纳的研究表明，人类至少有八种不同的智能：音乐智能、身体－动觉智能、逻辑－数学智能、语言智能、空间智能、人际智能、自我认知智能、博物学家智能。每个人都同时拥有相对独立的八种智力，而这八种智力在每个人身上以不同方式、不同程度的组合使得每个人的智力各具特点。[①] 也就是说世界上的每一个人，不存在谁更聪明的问题，只存在不同的个体各自在哪个方面聪明以及怎样聪明的问题。

为了给每一个学生锻炼自己、展示能力的舞台，我在班级里实行班干部自荐制、竞聘制、任期制，以调动所有学生的工作热情，让他们在不同的工作中展示自己的能力。在学生们有意愿担任某个职务前，我都会请他们考虑清楚“我想干什么？我打算怎么干？我的性格、特长是什么？有无资源上的优势？”曾经有位同学想担任劳动委员，他分析自己说“我从初中一直担任劳动委员，熟悉这个岗位的要求和程序，我喜欢早起到教室看书，这样可以第一个到班级为大家开门，我的性格比较随和，人缘好。”事实证明他相当胜任这个岗位。同样

① 霍华德·加德纳《多元智能新视野》，北京：中国人民大学出版社，2008年版，第9—19页。

钢琴、笛子都十级的宓同学担任了文艺委员，她指挥排演的合唱成为了我们班共同的记忆；有点木讷但数学超强的周同学，以他的认真、严谨、全心全意为同学们服务的态度，成为了深受学生好评的学习委员；学科成绩不是太出色但对电脑程序着迷的赵同学，每次班级展示都离不开他的技术支持……我们班的同学几乎都担任过各种班干部，每个人在不同岗位的亲身实践，不仅让学生们展示了自己独特的一面，也使学生们更好地了解了做好工作的不易，设身处地学会了体谅与包容、责任与担当。年轻人总是好胜的，自己承担某项工作的时候，总是希望自己做得比前任更好，于是工作中往往创意无限。我从不以学习成绩作为唯一的评判标准，而是鼓励学生在生活、活动等各方面积极展示自己，互相欣赏，使班级里每位学生都自信在这个资优的集体中是独特的、不可替代的、有价值的一分子。"蓬生麻中，不扶自直"，班级形成互相学习、民主和谐的良好氛围。

2. 跟自己比，做最好的自己

一个人对自我的认识、自我的定位往往是以别人作为参照系完成的。"我"的学习好不好，那要看"我"在班级里、在年级里排了第几名，很多时候自信就在这样无休止的和别人比当中消磨殆尽。我班是寄宿制示范性高中的实验班，学生在初中都是成绩佼佼者，都是在赞扬和关注中长大的，难免自视甚高。但是山外有山，在这个强手荟萃的班级，很快还是要排出个一二三四五的。于是有部分在这轮竞争中落后的同学自信倍受打击，心理产生巨大落差，原来年级中数一数二的，现在竟然在班级中倒数。他们不可避免地对自己的能力产生了怀疑。针对这种情况，我连续召开了两次班会，给他们"跟自己比，做最好的自己"的理念。并推荐同学们去看李开复的《做最好的自己》和凌志军的《成长》，帮助他们认识成功不是要和别人相比，而是要了解自己，发掘自己的目标和兴趣，努力不懈地追求进步，让自己的每一天都比昨天更好。对自我的努力和定位有了清醒的认识之后，学生们不再苦闷于要怎样在和别人的竞争中取胜，而更在乎"我"要比现在的"我"强，这样我的班级中从来没有出现过因为害怕别人超过自己而吝啬分享自己的学习成果的现象，更多出现的是课间的作业问答、晚自习前小老师们答疑解惑、班会课上的学习经验交流。每个人都在这个过程中取得了属于自己的进步。个人进步一小步，集体进步一大步，整个集体学风的浓厚，关系的和谐又反过来促进了个人的发展。

三、生涯教育目标之二：认识外部世界

生涯教育除了要帮助学生认识自我，还有很重要的一块就是帮助学生认识他所处的外部世界。“两耳不闻窗外事，一心只读圣贤书”的时代一去不复返了，21世纪高度发达的资讯让整个世界的联系越来越紧密，学校和社会亦是如此。现在的社会发展到了什么程度？这样的发展需要怎样的人？“我”走入社会将会面临一些什么问题？“我”在高中阶段要做好哪些准备？……这是教师和学生都必须认真去了解和思考的问题。但现在，有相当一部分家长、学生甚至老师对“认识外部世界”这个问题还没有足够的重视，更关注的还是学科成绩的好坏，对学校组织的一些了解社会的活动不热心。有些社会实践活动需要在学生课外时间进行，有的家长就帮学生请病假，不参加活动，而宁愿让学生在家做作业或去上课外辅导班。有的老师对这些社会实践活动也是应付或者交给学生就不再过问，更谈不上用心去准备和设计。大家似乎都觉得孩子只要把书读好，社会自然就能接纳他。而实际上并不是这么一回事，很多成绩很好的学生在填报高考志愿时完全一片茫然，因为他不知道那些专业究竟是做什么的，需要什么品质；很多名牌大学的毕业生找工作时屡受挫折，因为他不了解他要去的岗位，他不知道除了成绩之外还需准备什么；很多学习成绩优秀的学生进入工作岗位后并没有一如既往“优秀”的表现，因为他不知道在工作中应怎样办事、怎样待人接物。所以，尽早的对外部世界有所了解，在高中阶段做好进入社会的充分准备，能帮助学生获得更幸福的人生。

在当前的教育环境下，帮助学生认识外部世界的途径还是挺多的，只要你用心去做。我曾经通过以下的一些渠道去引导和帮助学生认识外部世界，取得了较好的效果。

1. 社会实践。社会实践是了解社会、认识外部世界的重要途径。每一次社会实践活动我都会要求学生：一、做好功课了解我们要去的地方；二、清楚此行的目的，我们为什么要去这里；三、回来后写感想，有交流，整理收获和教训。比如在学农之前，我们班经过讨论就确定了一个研究性课题“上海郊县农民家庭的教育状况调查”并准备好了调查问卷。在学农课程之余，大家在当地老师、教官的协助下走入寻常农家，对当前上海郊县农民家庭的教育状况有了比以前更直观、更深入的了解。比如利用学校春游的时间，我们参观过红星美凯龙旗舰店、九亭汽车城、可口可乐公司，学生对于大型企业在可持续发展中创

新意识的重要性印象深刻。比如在上海特奥会和世博会期间，我班很多学生积极投身于志愿者活动，对于“你行我也行”、奉献、敬业、责任意识有了切身的体验。我们经常还走上街头、深入社区，去敬老院给老人表演节目、参加社区的赈灾义卖、去地铁站做志愿者维护秩序、给居民小区打扫卫生、参加迪卡侬组织的社区活动……孩子们发现外面的世界真的很精彩！

2. *学生交流*。这个世界有许多地方我们没有去过，有许多事情我们还没有经历过，如果我们对即将踏入的社会有更多的了解，有别人的经验可以借鉴，我想事到临头的时候我们就不会那样手足无措。人生经验包括亲身经验和间接经验，这两者都很重要。所以，我总是在有合适机会的时候安排一些学生交流活动。暑假寒假总有学生参加海外修学游，回来以后我会请他们给班级同学介绍他们所去的国家、他们的经历、他们在修学过程中留下深刻印象的事和人、寄住家庭的生活、风土人情和文化习俗、自己的感悟。参加修学的同学每次都准备得很认真很充分，同学们也觉得很有意思。我还会请一些已经在大学就读或已经走上工作岗位的学长回来和学生们交流，让学生们对大学生活、未来的工作有所认识，也请学长们根据自己的经验提出一些建议，建议现在的高中生该如何度过三年的高中生活。

3. *广泛阅读*。古话说“读万卷书，行万里路”，我理解这里的“读书”并不专指读教科书，而应该是指要广泛阅读，可见阅读和亲身经历一样重要。雷夫·艾斯奎斯在《第56号教室的奇迹》中写道：“乐于阅读的孩子能和身旁的世界产生联系，最后具备超越现阶段想象范围的思考能力。他们会在角色、情境和自我之间建立联系，并且把它当作做决定时的参考”①。所以，阅读能很好地帮助学生认识外部的世界，并在别人的经验中掌握应对各种事件的知识，学习处理问题的办法，提升自己的思考能力和策略水平。但很遗憾，现在我们的老师、学生、家长都还没有真正认识到这一点，把广泛阅读当作是“看闲书”“浪费时间”的大有人在，只有语文老师因为教学的需要会开列一些书单（也是文艺作品居多），其他学科的老师很少或者几乎从不建议学生应该读些什么书。其实，我觉得各个学科的老师都应该从本学科的特点出发给学生推荐一些好书，引导他们去了解本学科的最新发展以及本学科的社会价值所在。这样学生对于不同学科都有除学科知识以外的了解，可以帮助学生找到自己的兴趣

① 雷夫·艾斯奎斯《第56号教室的奇迹》，北京：中国城市出版社，2009年版，第40页。

所在甚至确定自己未来的职业方向。

4. 家长资源。一个班级四十多位同学，八十几位家长，从事的职业可谓五花八门，通过了解家长的工作去认识世界，这是一个很有意思的办法。我把从事不同职业的家长请入课堂，孩子们对站上讲台的爸爸妈妈既新奇又亲切，他们了解了爸爸妈妈工作的责任、压力和辛苦，懂得做好任何一项工作的不易，更增进了孩子与家长之间的理解和亲情。比如谌妈妈（后谌同学复旦医学院本硕博连读）是北大的博士、大型企业的人力资源主管，我把她请来和同学们交流这个时代需要怎样的人才。她讲了她如何面试、招聘员工，在工作中从哪些方面对员工进行评价，企业最看重员工的哪些能力和素养，在工作中同事之间应该怎样相处……新鲜生动的事例让孩子们对于将来可能面对的工作环境、人际关系有了一些了解，他们很喜欢这样的方式，觉得很有收获。

5. 专题讲座。每学年的第二个学期，因为高三学生要填报志愿，选择上什么大学，所以校内外都会举办很多的招生讲座、留学咨询会，这其实是很好的了解各个大学的窗口。很可惜，有相当部分家长为了"不耽误孩子宝贵的复习时间"亲自出马，全程包办，使对自己前程一片茫然的高中毕业生又一次失去了选择自己未来的机会。所以，我会鼓励高二的学生去听这些高校招生讲座，了解这些大学的培养目标、能提供的条件、专业设置、对学生的要求等等，为自己接下来的选科及未来的职业规划做好准备。可能有的人会觉得这有点为时过早，但我觉得有句话说得好"你现在的选择，决定的是你三年以后的生活"。

四、生涯教育核心之一：提升学生的能力、素养

熊丙奇教授认为："知识、能力和素养是决定人生的三个重要因素""根据人力资源理论的相关研究，在人的一生中，从小到大学到的知识所起的作用不到5%，能力和素养才是受用终身的。""生涯教育"的核心是帮助学生确定生涯目标，确立正确的价值观，全面提升自我的能力和素养，为个人将来经济独立、自我实现及敬业乐群做准备。这个思想贯穿在我整个的班主任工作当中：通过学习、生活的常规培养良好习惯；借助活动、体验发展各项能力；抓住教育契机，树立正确的价值观；关注心理健康，营造和谐的人际关系。

（一）通过学习、生活的常规培养良好习惯

有句名言"优秀是一种习惯"，但凡取得一定成就的人，都会有一些共同的

良好的生活、学习习惯,而这些好习惯都是在日常的学习生活常规中渐渐养成的。所以我认为常规很重要。虽然学习成绩也很重要,但不应以学习为借口而忽略常规。而且我一直认为(其实事实也证明)一个人习惯良好,做人做事的素质和能力提高了,再加上良师的指引、环境的熏陶,成绩的提高是水到渠成的事。通过常规养成良好的习惯这是根本。良好的习惯有很多,在高中阶段,在寄宿制的环境中,我比较重视培养学生不迁怒、不贰过、重细节、有条理等为人处世的习惯。

1. 不迁怒。哀公问:“弟子孰为好学?”孔子对曰:“有颜回者好学,不迁怒,不贰过。不幸短命死矣! 今也则亡,未闻好学者也。”这里值得我们注意的是,孔子说到颜回好学时,并没有说他文学如何了得,历史如何了得,语言如何了得,而是说他“不迁怒,不贰过”。不迁怒,就是自己有什么不顺心的事不发泄到别人身上去,不“迁怒”于外物。正如我前面介绍的,我班的学生都是来自各个初中的佼佼者,学习成绩优秀,但绝大部分同学都没有过较长时间离开父母、独立生活的经验。忽然来到这个强手如林的班级,高中课程又有较大跨度,面对的是全新的寄宿生活,身边是陌生的老师和同学。学习的退步,生活的烦琐,相处的矛盾,于是就抱怨他人、抱怨外物。其实正如韩愈所说的,一个人“穷极则呼天,痛极则呼父母”,这实在是一种自然的反应。人到无可奈何的时候,心理上就逃避现实,认为这是上天给我的不幸,或者就埋怨别人、诿过于人,反正是“我没有错”。但是作为一个日渐成熟的、有文化、有智慧的年轻人,是应该去克服这种消极的心理反应的。所以,我一直试着帮助学生学会碰到问题不推卸、不抱怨,而是客观、冷静地分析现状、研究对策,关键是要切实地解决问题。这个习惯对于他们今后走向社会,走向工作岗位都是很重要的。因为当他被要求独立完成某项工作的时候,没有人喜欢看到一个出了问题不能解决,而只会抱怨、推诿的人。

2. 不贰过。即知错能改,不两次犯同样的错误。孔子曾说:“人非圣贤,孰能无过。过而能改,善莫大焉。”我觉得应该允许学生犯错误(当然不包括大是大非的原则性错误和可能危及他人生命或财产安全的错误),甚至要做好有反复的思想准备,因为失败是成功之母。但是,要帮助学生养成这样的习惯:同样的错误,不能犯第二次。如果能做到这一点,往往就能取得不一般的成绩。我班周同学(因为对数学的热爱,选择了复旦数学系,放弃了北大的保送机会),作为高一的学生,在全国数学联赛中拿了上海赛区一等奖,这是很少见的。周同学在交流学习经验的时候就说："我做错的题目，一定要把它彻底搞懂，下次再做这样的题目就一定不错。"其实，并不仅学习上是这样，做事亦是如此。可是在目前，学生们中间流行的一种现象就是不假思索地说"我错了"，勇于认错之后是坚决不改，同样的错误一犯再犯。他们不仅是因为没有很好地反思自己犯的错，也是因为没有养成犯错要改的好习惯。因此，如果有学生对我说"我错了"，我一定要他讲清楚"错在哪儿了""下一步怎么整改"，然后重要的是看他怎么做。

3. *重细节*。大家都知道一句话"细节决定成败"，细节对于学习、生活、为人、处事的重要性不言而喻。所以我在平时特别注意一些细节，也通过对这些细节问题的引导，培养学生重细节的好习惯。比如有一次几个同学放学后打扫教室，按照平时做法把看得见的地方清理了一下，正巧被我看见了，我接过他们的扫帚，把课桌、椅子移开来打扫，再用扫帚边把墙缝里、讲台边的积灰都挑了出来，让学生知道做任何事都要认真、重视细节。有一阵子我发现我班有些同学喜欢叫人家的绰号，有些绰号不太雅，弄得被叫的同学不开心。有人觉得这是小事一桩，不开心的同学太小心眼，我就告诉他们小事不小，因为这样可能伤害了别人的自尊，会造成一些不必要的矛盾，对人的尊重往往就在这样的细节之处。还有的学生，可能在家里养成的习惯，喜欢把水杯、书包、课本等摊在自己周围的地面上，我会提醒他们整理好自己的小空间，因为随意放在地上的东西会给别人的通过带来麻烦，要养成替人着想的好习惯，尽量不要因为自己给别人添麻烦。教室后排的柜子是用来给学生放书本的，刚开始经常有人拿了书就忘了关柜门，我总是耐心地提醒他们一个随手的小动作其实会关乎整个教室环境的干净整洁。正是通过这样一个个细节，我逐步帮助学生养成了一些良好的习惯。

4. *有条理*。我自己的孩子在作业和考试的时候经常因为丢三落四而失分，他并不是不懂，我一直想不到好办法来解决，有一次在和我校一位老教师聊天时，他建议我在日常生活中培养他做事的条理，这让我茅塞顿开——生活中养成了良好的习惯，自然能迁移到学习当中。所以我在班主任工作中也特别注意通过生活小事来培养学生有条理、高效率的好习惯。如我要求学生每天睡觉前，想想明天要做哪些事情，并列出一个先后顺序；晚自习、早自习前我都会请班干部提醒同学准备好要用到的书本，而不是到了需要时再东翻西找；安排作业顺序时，不要按照自己的兴趣，先做自己喜欢做的，而应该按照学科的特点和自己生物钟的运行规律来安排。做事情有条理,明白事有轻重缓急,往往也能带来办事的高效率。

(二)借助活动、工作发展各项能力

生涯教育的重要目标之一就是要在高中阶段不断提升学生各方面的能力,以适应今后的工作、生活。什么是能力?能力是顺利完成某种活动所必须的,并且直接影响活动效率的个性心理特征。能力不像知识可以通过传授的方式获得,一定要有自己的感悟、内化过程,有一句谚语是这样说的:“我听到的会忘掉,我看到的能记住,我做过的才真正明白。”所以要真正发展能力,就一定要借助各种活动、工作来进行。我特别重视培养学生的领导力、执行力、合作能力。因为我认为这几种能力是学生未来走向社会,踏上工作岗位所必须具备的能力。

1. 领导力

李开复曾说:一个人的领导素质对于他将来的治学、经商或从政都是十分重要的。他认为除了素质之外,成才同样需要领导能力。可能很多人误以为领导能力最重视的是天资、号召力、管理能力。但是,根据最近一些研究的结论表明,如果你想成为一名成功的领导,最重要的不是你的智商而是你的情商——“执着”“勇气”“谦虚”“责任”等等。所以要重视对学生领导力的培养,这也可以和我们班主任工作中,班级干部队伍的培养结合起来。一个优秀的班集体必须有一支能干的班干队伍,班干部作为联系班主任与学生之间的桥梁,作为班主任的助手,他们工作能力的高低,工作方法的优劣,在同学中威信的高低,往往能够决定一个班级的精神面貌与风气。我所在的是寄宿制示范性高中,生源相对来说比较好,很多孩子从小就是班干部,以我所带的班级为例,高一进校时,我统计过学生们的有关信息,我班共 41 个人,有 18 人在初中担任过班长或团支部书记,有 15 个人担任过劳动委员、宣传委员、各科课代表,还有些同学担任过小组长,信息表上“担任过什么干部”一栏中空白的只有 2 人。针对这种情况,我班实行班干部自荐制、竞聘制、任期制,每学期一换,自荐和班级工作需要相结合,给每一个学生锻炼自己、展示能力的舞台。同学们在担任班干部工作的过程中,领导力、办事能力得到了很大程度的提高。之后,我又鼓励他们走出班级,为更多的同学服务。到高二时,学校团学联 12 位主席团成员中,我班学生就有 5 位。班级近 20% 的学生担任了校团学联主席、学生会主席、学习部、文艺部部长、自管会会长、模联社社长等重要职务,在金秋文艺汇演、演讲比赛、辩论赛、义卖、圆广音乐会、迎世博仪式等各项活动和日常行为规范的检查中充分发挥了他们的领导作用和创造性。相信这些工作的经验、经历会对他今后的人生产生积极的影响。

2. 执行力

什么是执行力?培训大师余世维在《赢在执行》一书中是这样定义的:执行力"就是保质保量地完成自己的工作和任务的能力"①。在一个企业中,员工没有执行力,企业就没有核心竞争力。那么,在校的高中生可以如何培养他们的执行力呢?我认为在活动、工作中要求学生做到一、尽最大努力;二、积极主动。例如,在长宁区主题团日展示活动中,我让团支部书记带领班级支部的成员自主选题、设计、备课,七易其稿,其中大的修改有三次(基本就是推倒重来),最终这次团课荣获"长宁区优秀团课"的称号。过程中,我必问的一个问题就是"这是不是你们能做到的最好程度",学生往往说不是,认为还有什么什么地方可以做得更好,我就会鼓励他们再修改,当然这中间,我会给他们具体的意见,教他们怎样去做。其实人有时候是需要有点追求完美的精神的。我班的班干部,我经常跟他们说的一句话就是"做事要积极主动,要想得到"。"积极主动"(be proactivity)的含义不仅止于采取主动,还代表着为自己负责,积极主动的人是有责任感的人②。我班陆续有三位同学担任体育委员,体育委员有一项每天必做的工作是指挥早操退场。那天,我班现任的体育委员生病了,在我没有安排的情况下,我班前任体育委员主动站到了队伍前面,这时,广播通知各班体育委员即时去开一个紧急会议,我班再前一任体育委员马上站到了队伍前面对那位同学说:"你去开会,这儿我来。"当时我真的很感慨,有这样的主动性,这些孩子到哪个岗位上都会是受欢迎的人。对学生执行力的培养,不仅使整个班级的运作越来越高效,还增进了学生的主人翁意识和集体荣誉感,班级越来越优秀。

3. 合作能力

这是个科技迅猛发展的时代,这是个分工越来越精细的时代,很多事情要

① 余世维《赢在执行》,北京:中国社会科学出版社,2005 年版,第 11 页。

② 史蒂芬·柯纬《高效能人士的七个习惯》,北京:中国青年出版社,2011 年版,第 64 页。

成功都依赖于团队合作。如 Windows 10 这样产品的研发，微软公司有超过 3 千名开发工程师和测试人员参与，写出了 5 千万行代码。没有高度统一的团队精神，没有全部参与者的默契与分工合作，这项工程是根本不可能完成的。正如歌中所唱“一个篱笆三个桩，一个好汉三个帮”，合作能力越强，你所在的团队就更优秀。

培养合作能力的途径有很多，其中体育活动是效果很好、学生又喜欢的一种。体育活动多数是以集体形式出现，人和人之间发生着频繁的横向联系，在集体活动中，学生个人所追求的结果不仅有益于他自己，而且也有益于小组的其他成员，所以学生必须协作互补，共同努力，从而提高整体优势。学校运动会、体育节中也基于这个教育理念设计了许多团队协作项目，像并足跑、健美操、篮球赛、拔河等，对于这些集体项目，我要求每位同学最多参加两个项目，而尽可能让班级所有同学都能参与其中，这有时可能会影响一些名次，但我觉得好好利用集体活动中的机会，让学生学会做事要尽自己最大的努力、培养自己与人合作的能力比班级可能获得好一点的名次更重要。

另外，如需要小组合作完成的研究性课题，也是很好的培养合作能力的途径。我校在高一下到高二上都会开展研究性学习，学生自己组成研究小组、按兴趣选题、自主进行研究。在评价时，我们不仅只是听一两个同学的汇报展示，而要求在汇报时能体现小组每个成员在整个研究过程中发挥的作用、如何在研究中团结互助，共同完成学习目标。

在平时的学习中，我强调良性竞争、共同进步。即学习上有问题，大家互相帮助；有好的学习资料和学习经验，大家共享。因为你有一个苹果，我也有一个苹果，大家交换之后，还是各有一个苹果；但是，你有一种思想，我也有一种思想，大家交换之后，就各自拥有了两种思想。合作之后，你不是失去了原有的优势，而是获得了更宽广的发展空间，因为你付出的越多，你得到的越多。所以，在我的班级中，学习经验交流几乎每周都有，课间、寝室里互相问问题的比比皆是，并且还在班干部的倡议下，实行晚自修提前半小时进教室，由学科成绩优秀的学生讲课的方案。学习委员还自发地设计调查问卷，询问同学想了解什么内容，以更高效地、更有针对性地安排学生小老师讲课的内容。在这样一个充满合作机会的群体交往中，学生体验到人与人之间互相沟通、互相帮助、互相协作的重要性及其个人价值。渐渐地，大家的集体荣誉感、团队意识、合作能力越来越强。

(三)抓住教育契机,树立正确的价值观

一个父亲正忙时,他的四岁儿子吵着要他陪,父亲就将一张世界地图撕成若干片,让儿子重新拼完整。过了几分钟,儿子说拼好了。父亲觉得不可思议,孩子没有地理概念,怎么可能这么快就拼好地图呢?一问才知道,世界地图的背面是一个人的头像,孩子把人拼好了,世界地图也拼好了!这是很著名的"人对了,世界就对了"的故事。我对这个故事印象深刻,因为我一直认为高中时代正是学生世界观、人生观、价值观形成的关键时期,帮助学生确立正确价值观是生涯教育的核心之一,我坚信:人的世界观、人生观、价值观正确了,不管外部世界怎样的光怪陆离、纷繁复杂,他的行为都不会发生偏差。那么,什么是价值观呢?亲情、友情、爱情、地位、名誉、权利、健康、自由、文凭、财富、魅力……哪样最重要?价值观就是个人一种有系统的内在标准,反映我们对人、事、物重视或排斥的程度,是自我的延伸,反映着个人心里认定孰轻孰重的标准,在面对外界,进行选择时,价值观就是一把丈量的尺子。

要帮助学生树立正确的价值观,不能靠说教、不能靠灌输,那不仅效果甚微,甚至适得其反。如果能抓住一些教育契机,适当进行价值观教育,效果会好很多。因为那些事就发生在学生身边,容易使学生产生情感上的认同和心理上的共鸣。

学农时,我校有一项传统教育项目——家书交流,打开父母的来信,有些孩子埋怨"爸妈说来说去老是那么几句话,真是冷啊",有些孩子拿着父母的来信,挑着错别字互相调侃了起来,当我看到部分同学对父母的亲情表现出如此的不屑,我真的很痛心。但令我欣慰的是,我还发现有同学在认真地阅读爸妈的来信,甚至,我发现一位女生眼角有泪光闪烁。我思索着,这应该是让学生明白亲情可贵的好时机。于是我请那位女生来谈爸妈的来信,于是我设身处地地谈起了身为母亲对儿子的无私付出和殷切希望,于是我引导学生们回想小时候和爸妈的亲密相处、最近的争吵……就那么说着、说着,幽暗的灯光后,是一片泪湿了的孩子们。那晚,好几个男生住校以来第一次主动打电话回家,弄得爸妈不知道发生了什么事。事后,很多学生在周记中写道:"这是有生以来对心灵触动最大的一次。""以后可能不会再说起那晚,因为那是要永远珍藏在心底的。"这一晚使许多同学在泪水中幡然醒悟、懂得了珍惜亲情、懂得了感恩。

一次，我班六位同学参加团学联主席团竞选，最终一位同学落选。那周，很多同学在周记中写到了自己在这个过程中经历的事情和想法，我觉得这是一个很好的教育契机，于是在班会上，结合学生们的周记，我不仅引导学生们欣赏参选同学的努力、严谨、自主、自信，也引导学生们学习落选同学的自我反思、欣赏对手、永不言败，更引导学生们用心去感受给落选同学以拥抱、安慰、短信的那些同学的善良和爱心。

树立正确的价值观，这是思想的培育，不可能一蹴而就，恰当把握转瞬即逝的教育契机，善于挖掘，为我所用，往往事半功倍。阿基米德说过："给我一个支点，我就可以撬起整个地球。"教育契机就是那个支点，它让教育动力臂加长，使教育力度更强。有了正确的价值观，今后学生在面临一系列的人生选择时，就不会纠结，就不会发生偏差，因为心中有一把标尺，可以帮助他们走向更幸福的未来。

（四）关注心理健康，营造和谐的人际关系

现今社会，竞争越来越激烈，而作为独生子女的孩子们，身上往往背负着家族的期望，特别是寄宿制示范性高中的孩子们，他们一路走来都是同龄人中的优秀者，家长的期望值可能更高。但是强中自有强中手，再加上高中课程内容的加深，学习方法和初中有较大区别，更看重自主学习能力，这些都会使刚进入示范性高中的孩子们在学习上不再像初中那样自信。而寄宿制生活对学生的自理能力、自律能力都提出了更高的要求，同一屋檐下的人际关系更加亲近也更加复杂。因此，高一的学生容易产生焦虑、不自信、孤独、苦闷等消极心理。作为班主任一定要关注学生的心理健康，帮助学生正确认识问题、积极适应环境、对学生进行策略性指导，营造和谐的人际关系。这一切都有助于学生今后的发展，有利于学生更好地融入社会、服务于社会，这是高中生涯教育不可或缺的一块。

在寄宿制示范性高中，容易产生心理问题的诱因一般有以下两个：一、考试焦虑；二、人际关系不和谐。所以我的班主任工作着重从这两个方面展开。

什么是焦虑？简单地说焦虑和紧张、担心、忧虑的意思有些接近。但考试焦虑一定不利于学习吗？我首先用一些科学研究的成果来改变学生对考试焦虑的误解，引导学生对于自己的这种焦虑心理有一个正确认识。许多研究业已证明，绝大多数考生在临考前都有一定程度的紧张或焦虑，是正常现象。适度紧张可以维持考生的兴奋性，增强学习的积极性和自觉性，提高注意力和反应速度等，也就是说，在考试及其准备过程中，维持一定程度的紧张是有必要的。当然，考试焦虑与学习效率并非都是呈正相关的，紧张的动机和学习成绩往往呈“倒 U 形曲线”，即焦虑水平过低、动机过弱不能激起学习的积极性，学习效率在一定范围内随着焦虑的增强而提高，但过强的动机表现为高度焦虑和紧张，反而引起学习效率的降低。这一规律被称为“耶克斯 - 多德森定律”①。接着，我给了学生一张“考试焦虑自评量表”，让他们自测有无考试焦虑及其程度。然后，帮助学生一起分析什么原因导致考试焦虑过重？根据不同原因我会提出一些应对策略，教给学生们一些考前心理自我平衡方法。再加上在班级中营造一种互帮互助、良性竞争的氛围，树立“跟自己比，做最好的自己”的理念，学生往往能比较客观地认识自我，学习的每一点进步都会带来更多的自信。

原本生活在不同生活环境、有着不同生活习惯的孩子要生活、学习在同一屋檐下，不协调可想而知。再加上，大多数孩子都是独生子女，个性都比较强，平生大概是第一次和同龄人如此亲密接触。于是委屈、抱怨、纠纷在刚开学时频繁出现。人与人之间的关系没有固定的公式可循，我一直强调：“己所不欲，勿施于人”，要学会理解与包容。

《论语 · 颜渊》：“仲弓问仁，子曰：出门如见大宾，使民如承大祭。己所不欲，勿施于人。在邦无怨，在家无怨。”所谓“己所不欲，勿施于人”就是从自己的内心出发，推及他人，去理解他人，对待他人。简单地说就是将心比心、设身处地推己及人。如我班有位男同学开始总是在熄灯后还爬上爬下地忙，有时是忘了喝水，有时书包还没收好，有时睡衣找不着了（因为在家磨蹭惯了，又有家长提醒），同寝室的同学意见很大。于是，我让他设身处地地想想，如果自己想睡觉了却被吵得睡不着，会是什么感受。然后再请告诉其他同学，要理解他，在家养成的习惯，要改掉总需要一段时间。请其他同学在熄灯前十分钟提醒他做好就寝准备。被提醒多了，他自己也不好意思了，坏习惯慢慢改掉了。“己所不欲，勿施于人”才能实现美好人际关系，据说国际红十字会总部里，就悬挂着孔子的这条语录！

在日常的班主任工作中，我还会通过问卷调查、心理讲座、学习交流、书籍

① “耶克斯 - 多德森定律”，参见百度百科。

推荐等形式，让学生掌握一些心理学的知识，学习一些人际沟通的艺术——以诚待人、微笑待人、以责人之心责己、以恕己之心恕人、距离就是美。多样的教育手段使学生生活更自主、学习更高效、心态更积极平和、班级氛围更融洽和谐。

五、生涯教育核心之二：有效的决策行动

保尔·柯察金有一段非常著名的话："人最宝贵的东西是生命，生命属于我们只有一次。人的一生应当这样度过，当他回首往事的时候，不因虚度年华而悔恨，也不因碌碌无为而羞耻……"一个人只有选择了一项真心热爱的事业，才会不断地挑战自我、完善自我，为之全心付出而无怨无悔，才会使自己的一生过得精彩和充实。而这样的生命选择往往在高中时代就开始了。如果说高中以前的学生，因为身体和心智发育的原因，人生之路都是别人规划好的，那么进入高中，随着自我意识的觉醒、心智发育的逐步成熟、对自我和外部世界的了解的加深，高中学生有越来越强的作出自己选择的意识，也应该逐步具备选择和决策自己人生的能力，所以培养学生选择和决策的人生规划能力是生涯教育的核心，因为它将决定学生今后的人生发展方向、可能为社会作出的贡献、生命的价值和一生的幸福！

我认为要培养学生选择和决策的人生规划能力，需要把握两点：

（一）选择和决策的原则应该是理想与激情

先来看一个李开复的故事。刚进入大学时，李开复想从事法律或政治工作，一年多后他却发现自己对此没有兴趣，学习成绩也只在中游。但这时，他爱上了计算机，每天疯狂地编程，很快就引起了老师、同学的重视。终于，大二的一天，他做了一个重大的决定：放弃此前一年多在全美前三名的哥伦比亚大学法律系已经修成的学分，转入哥伦比亚大学默默无名的计算机系。他说，人生只有一次，不应浪费在没有快乐、没有成就感的领域，虽然，改变专业会付出很多代价，但做一个没有激情的工作将付出更大的代价。如果没有那次正确的选择，美国某个小镇上会多一个既不成功又不快乐的律师，而世界计算机领域会少了一颗璀璨的星。

再来看我的一位学生。邵同学因为初中数学竞赛成绩好进入了我校，在高一期间，虽然数学竞赛没什么突出的表现，但学科均衡、整体成绩平稳，保持

在年级前10%。到高二选科时,学生和家长意见不一致。家长认为以他的理科成绩考上海一流的大学没问题,而且他是男孩子,读理工科,职业选择面更宽,就业前景看好。但学生本人却因为在高一时,一个偶然的机缘接触到哲学,并被哲学深深吸引,一年多来看了许多著名的哲学著作,有愿望选择文科,进入复旦大学继续研究。面对家长和学生的矛盾,我引导他们想清楚是选好的还是选对的,选择、决策的原则应该是"理想激情",家长眼光要放远一些,着眼于孩子一辈子的幸福。孩子现就读于复旦大学。

我们现在很多家长、学生在选择未来的职业方向时,往往"利"字当头,什么热门选什么,什么钱多选什么,而不考虑学生自身的性格特点、兴趣优势,更谈不上对所选职业的理想与激情。这其实是一种短视或者盲目的行为,这样缺乏理想激情的人生不可能有很大的成就,更不会快乐幸福。每个年轻人都想成为比尔·盖茨或华伦·巴菲特,但别忘了他们热爱的并不是庸俗的、一元化的名利,他们的名利是他们的理想和激情带来的。

(二)让学生学会如何选择和决策

随着年龄的增长,需要进行选择和决策的机会越来越多。面临这些人生选项,很多学生就如同面临一道概念不清晰的题,有的拿出硬币,寄希望于上天;有的全靠直觉,觉得看起来对就选;有的犹豫不决,任机会在纠结中溜走;更多的人把问题抛给了父母、朋友,人家说怎么好就怎么选。其实,你要想一想,难道一个陌生人会比你更知道自己该怎么做吗?面临选择,我们该怎么办?

下面我们看一个实例。陈同学一直利用课余时间参加化学竞赛班,目标是下学期的全国化学联赛,而在四月份,学校模联社进行招募,组队参加八月份的"模拟联合国大赛",五、六月份需要利用课外时间进行培训。陈同学对此也很感兴趣,但时间上、精力上都不允许他兼顾化学竞赛和模联培训。他该怎样选择呢?

我建议他先考虑与事有关的问题(What):我现在面临的问题是什么?我现阶段的目标是什么?我可能有哪些选择方案?每种选择的可能后果是什么?他认真考虑之后认为面临的问题是继续参加化学竞赛辅导,放弃模联活动,还是参加模联活动,中断化学竞赛辅导?他近阶段的目标是参加下学期的全国化学联赛,因为联赛获奖会有助于他大学推优,而参加模联,可以拓展眼界,可以提升他现在相对较弱的英语口语,可以培养学科学习中所不能培养的领袖气质、与人交流合作的能力,这些对于他今后的职业发展可能有更长远的影响。可能的选择方案及后果是:继续参加化学竞赛辅导,放弃模联活动,那样他会后悔失去了很好的一次锻炼机会。参加模联活动,中断化学竞赛辅导,那以前的付出就付之东流,而且同样付出了许多的老师、家长也不会答应。还有一种可能的方案就是继续参加化学竞赛辅导,他先到模联报名,让老师给他资料自己看,等六月份化学竞赛课结束,他再参加模联集训,但这需要有充分的理由说服模联的带队老师。

接下来要考虑的是与人有关的问题(Who):我是谁?我具备什么能力?陈同学认为,自己从初中开始参加化学竞赛,妈妈是化学方面的专家,自己的学科基础很好,参加全国化学联赛完全有拿一等奖的可能。但自己更希望全面发展,而且除了用英语进行演说还有点紧张外,自己的学科发展均衡,对政治时事一直很有兴趣,带队老师就是自己的任课老师,对自己有所了解,根据自己一直以来的表现,老师应该会同意他先报名、自己准备、再集训。于是我让他自己去找模联带队的老师,把自己的情况分析给老师听,看老师给不给他这个机会。所幸,老师同意了他这个两者兼顾的方案。

作出决定之后,就要考虑如何做的问题(How):如何付诸行动?陈同学一如既往的参加化学竞赛辅导,然后把零碎的时间好好利用起来,看报纸、看资料,和参加了模联培训的同学一起吃饭,交流培训内容。在英语课上,抓住一切机会回答问题,锻炼自己的口语。他自己经过理性思考后作出的选择,不仅可行性增加,他也愿意无怨无悔的去付出、去实现它。结果他在全国化学联赛中拿到了二等奖,在那年的“模拟联合国大赛”中拿到了最佳代表奖。

在高中阶段这种选择和决策自己人生的能力的培养,对于陈同学后来的发展有很重要的影响。例如高二选科走班时,到底选物理还是选化学,他又很认真的选择了一次。因为化学基础好,在竞赛辅导时高中化学知识已基本掌握,他选择了物理,因为他的大学目标是北大、清华,而清华、北大的自主招生考是物理、化学都要考的。高考陈同学发挥出色,上了北大的录取分数线,但同时也收到了香港大学的录取通知书,于是他又一次的面临了选择。根据自己的人生理想和性格、兴趣,他最终选择了港大(后斯坦福博士毕业)。

从以上事例可以看出,学会了如何选择和决策,可以帮助学生更好地规划自己的人生。人生旅途,岔路很多,根据“我”的具体情况,作出正确选择,然后带着梦想上路，才能保证人生的理想不沦为空想，而是能一点点在一天天的推进中逐步变成现实！

以上是我在我的教育教学实践中对学生进行的生涯教育指导的一些想法和做法，所有工作着眼于学生的将来的职业，终身发展，一辈子的幸福。希望给于高中阶段的学生这些指导，能帮助他们认识自我、了解世界、不断提升自己的各种能力和素养，培养良好的习惯、积极的心态，为踏入社会、成为对社会的发展、人类的发展有价值的人做好充分的准备。

以生涯视角,纵向衔接横向贯通

《国家中长期教育改革和发展规划》(2010—2020 年)提出:“高中阶段教育是学生个性发展、自主发展的关键时期,……建立学生发展指导制度,加强对学生的理想、心理、学业等多方面的指导。”上海市教委于 2018 年 3 月发布《关于加强中小学生涯教育的指导意见》提出:要将生涯教育作为发展素质教育、推进教育公平的重要途径。遵循科学性、发展性、一体化原则,按照大中小幼一体化德育体系的建设要求,发挥学校、家庭、社会的育人合力,促进生涯教育与学校各类教育教学活动有机融合,形成结构合理、层次渐进、各有侧重的中小学生涯教育体系。

生涯教育的内容很广泛,其核心是职业生涯规划,所以高中阶段的生涯教育开展得比较早也比较普遍。但实际上,个体职业规划能力的发展是一个漫长而又循序渐进的过程,各种所需能力的获得,都不是一蹴而就的。美国的《国家职业发展指导方针》就提倡职业生涯规划教育要从孩子 6 岁开始,要让孩子们学会对自己的兴趣、专长、特点、能力等进行“自我认识”。因此,我们认为,在小学、初中阶段进行职业规划教育是必须的。当然低年级的职业规划教育,重点是培养学生对自我意识重要性的认识、与人交往的技巧、对工作与学习关系的认识等。上海市建青实验学校是一所幼、小、初、高四个学段全覆盖的“十五年一贯制”实验学校,从建校以来,我们致力于教育教学各方面的积极探索、不断改革。近年来,我们对十二年一贯制学校生涯教育的持续性和独特性进行了探索、实践,形成了一些经验和成果。

一、完善小初高一体化生涯教育目标与内容体系

我们探索、形成了由“学业准备与成就、自我觉察与发展、情境探寻与通晓、生涯决策与管理”四大领域的十二项发展目标所组成的目标框架。这些生涯教育目标与内容,从小学、初中到高中纵向衔接。

生涯发展领域	生涯发展目标	
学业准备与成就	理解学习意义	1. 认知到学业成就对达成生涯目标的重要性 2. 理解学业与工作、家庭生活和社会生活的关系
	达成学业成就	3. 制定学习计划并努力达成，为下一阶段学习做好准备 4. 寻找适合自己的学习方法与策略，以达成学业成就
	践行终身学习	5. 培养主动探索、专注坚持、总结反思等优秀的学习品质 6. 具有健康的体魄，保持良好的身心状态
自我觉察与发展	察接纳自我	1. 对个人兴趣、能力、价值观等的认知，并形成积极的自我概念 2. 觉察个人身心与外部环境变化，及其对学习、生活及未来发展的影响，并积极调适
	建构自我概念	3. 具有自主发展的意识并制定计划、付诸行动 4. 平衡个人在工作、学习、生活、家庭、社会中的角色 5. 培养终身学习的热忱，整合个人成长与环境变化，促进生涯自主建构
	促进人际互动	6. 理解自己与他人在互动中的特点，觉察差异，尊重多元
情境探寻与通晓	探索生涯机会 通晓生涯信息	1. 了解行业、职业等工作世界信息 2. 了解当下经济、科技、社会发展样态及变化趋势 3. 知道达成目标所需的教育和学业要求 4. 通晓多元升学路径及相应要求
	掌握探索方法	5. 探寻家庭、学校、社会等支持系统 6. 了解获取有效信息的多种渠道，学会甄别、分析以及综合运用信息
生涯决策与管理	理性智慧决策	1. 了解各阶段生涯发展任务，确定阶段性生涯目标 2. 综合考量内外部影响因素，运用决策技巧作出智慧决策
	目标过程管理	3. 学会制定达成目标的策略与计划 4. 做好过程监控、调整与自我激励
	适应未来发展	5. 提升通用素养与领域素养，做好发展准备 6. 充分考虑未来变化趋势，提高生涯适应力

在此基础上，我们进一步细化形成了从小学一年级到高中三年级的七个阶段纵向衔接、螺旋上升的发展性目标，从而建构了一贯制中小学一体化生涯教育目标体系。此外，还从保障目标有效落实的角度，分别针对各个阶段和领域的目标给出了相应的活动建议与行为观察点，为目标实施提供行动指南。以“学业准备与成就”中“理解学习的价值与意义”为例：

一到二年级的阶段目标是“体验学习的快乐，知道学习的要求与挑战”；观察点是“能清晰陈述学习任务与目标；主动进行拓展学习”。

三到五年级的阶段目标是“意识到知识及其学习途径的多样性；知道所学知识与技能在实际生活中的应用并主动实践”；观察点是“能说出不同类型的知识以及

相应的学习途径；能在生活中主动运用所学知识与技能完成相关任务”。

六到七年级的阶段目标是“全面了解初中阶段的学业任务要求及其与毕业、升学的关系”；观察点是“能完整陈述初中的学业要求；能够知道不同升学选择对学业的不同要求”。

八到九年级的阶段目标是“理解学习与个人成长及生涯发展的关系、意义；了解所学知识在科技与社会发展中的应用和价值”；观察点是“能陈述学习对自己生涯发展的意义；能展示对知识应用于科技与社会发展中的理解”。

十年级的阶段目标是“了解高中毕业及不同升学路径所需的学业要求；理解不同选科组合对个人学习及生涯选择的影响”；观察点是“能描述自己可选择的升学路径及相应的学业要求”。

十一年级的阶段目标是“体验自主探究学习的乐趣与成就感；了解高中学科与大学专业之间的关联；探索感兴趣学科领域在科技与社会发展中的应用和价值”；观察点是“能描述高中学科与大学专业及职业选择之间的关联；能描述感兴趣学科领域的前沿应用”。

十二年级的阶段目标是“明晰当下学习在实现个人生涯目标中的价值和意义，实现个人升学目标和理想抱负”；观察点是“能陈述当下学习对生涯发展的价值和意义”。

二、绘制基于学职探索的学生成长地图并有动态评价机制

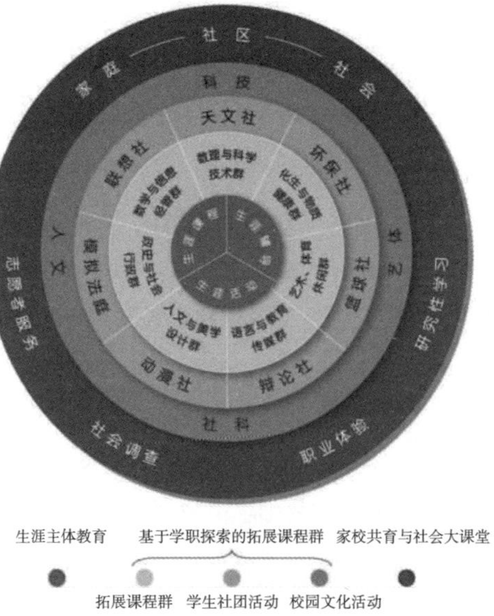

1. 在学校形式多样的主题教育活动中融入生涯发展目标，以生涯视角来规划主题教育活动，使学校各项主题教育活动成为学生生涯发展的有机组成部分。

学段	活动主题	融入生涯发展目标	活动形式
小学	“小小安全员——社区巡逻志愿者”活动	探索各式生涯机会，通晓多元生涯信息	志愿者服务
	“智慧公安大调研——小小志愿者”活动		志愿者服务
	上海玻璃博物馆+炮台湾湿地		社会实践活动
	十岁集体生日	觉察并接纳自我，发展并建构积极的自我概念	仪式教育活动
初中	社会文化之旅——大型企业、现代农业园区、检察院、水乡古镇、松江大学城、“上海之根广富林”	探索各式生涯机会，通晓多元生涯信息	社会实践活动
	十四岁主题生日会	觉察并接纳自我，发展并建构积极的自我概念	仪式教育活动
	六年级建队换巾仪式		仪式教育活动
高中	东方绿舟政训活动	自我觉察与发展 情境探寻与通晓	学军活动
	学农社会实践活动		学农活动
	“生涯卡乐多”职业探索活动	情境探寻与通晓 生涯决策与管理	社会实践活动
	同济医院眼科志愿者活动	探索各式生涯机会，通晓多元生涯信息	志愿者服务
	上海血液中心志愿者活动		志愿者服务
	“成人·成才”十八岁成人仪式	自我觉察与发展	仪式教育活动

2. 以学职群为基础架构，在学校现有的拓展型课程、学生社团活动、主题性校园文化活动中有机融入生涯发展目标，不断丰富学生的生涯体验。

我们结合学校学科特色优势以及社会行业发展热点，开设了与社会发展及现实生活密切相关的前沿领域的拓展课程，如大数据、人工智能、共享经济、环保、新能源、传统文化传承、新媒体、休闲与文创产业等。并在各学职群领域中，综合设置以学科核心素养发展为主的学科主干课程和以兴趣拓展与实践应用为主的学科分支课程，并注重课程的纵向衔接，如“数学与信息、经管群”

学职群中,小学设置了“数趣、数学嘉年华、机器人、JA 财商课”,初中设置了“数学思维、码力编程、机器人、JA 财商课”,高中设置了“算法、建模与编程应用、证券与金融”等课程。

同时,横向贯通和纵向衔接并重,逐步构建特色课程网络。以 STEAM 课程为试点,探索开设了相关学职群领域内的跨学科拓展型课程,如“工程技术与现代制造”“环境、健康与可持续发展”等,供有相关学科特长和探索兴趣的学生选修。

在此基础上,探索基于学生成长档案的多元化动态评价机制,充分发挥评价的激励导向与发展促进作用。统筹规划生涯教育相关课程与拓展活动的设计、开发、实施、评价等过程性管理工作。建立课程开发激励机制与课程实施质量评审制度,通过制度完善保障校本课程的开发与实施质量。

三、构建学校家庭社会三位一体的生涯教育生态

学校积极联动家庭与社会,开展多种形式的家庭教育指导。学校做到及时反馈学生成长发展的足迹和体验,呈现学生学习的成长与问题,便于家长开展家庭教育。学校联合家委会面向特定年级家长,定期开展家庭教育指导活动,通过专题报告、家长开放日、经验分享会、咨询会等多种方式,邀请学校生涯教育教师、校外生涯教育专家、优秀毕业生家长等各类人士,为家长普及生涯教育的理念,为家长开展家庭生涯发展指导提供策略和信息,共同为学生的生涯发展创造良好的外部环境。例如:一年级的“小学适应”,三年级的“家庭中的生涯启蒙教育”,六年级的“助力孩子综合素质发展”,九年级的“多元升学路”,高一年级的“高校综合素质评价与准备”,高三年级的“志愿填报与大学专业选择”等。

同时,学校也将积极借助家委会和家长资源,定期邀请各个行业的家长代表进校开展生涯讲坛活动,引导学生了解社会发展现状以及真实的工作世界,激发生涯成长的自觉性。此外,学校分“数学与信息、经管群;数理与科学、技术群;化生与物质、健康群;政史与社会、行政群;人文与美学、设计群;语言与教育、传媒群;艺术、体育与休闲群”不断拓展生涯教育的空间,加强与各类企事业单位、大学院校、研究所、周边社区的联系,共建社会实践基地,为学生开展社会实践与研究性学习提供资源支持,逐渐形成以学校为主导,多方参与的生涯教育合力。

四、初步形成小、初、高一体化衔接的校本生涯教材体系

我校小学部从2013年起就开展了“职业意识启蒙教育课程”的探索，并于2014年成功申报市级课题“小学家校合作建构‘职业意识启蒙教育课程’的实践探究”。至今，我校已经构建了一套小学职业意识启蒙教育课程，组建了家校合作“职业启蒙”教育队伍，建立起家校合作评价和反馈机制。小学《生涯意识启蒙教育》校本教材已在出版；初中校本教材已完成包括学生手册、教学参考资料在内的课程资源包开发；高中校本教材在引进外部资源的基础上，进一步完成了校本化的改编。以下是校本生涯教材大纲节选：

发展目标		单元课题(小学)	单元课题(初中)	单元课题(高中)
学业准备与成就	理解学习的价值与意义	第三单元 我想学习更有效 第七课 学习与职业	6-1-1 学习、生活与工作 7-1-9 正是快乐读书时 8-1-1 知识的力量 9-1-2 志当存高远	1-1 高中，我来了——迎接高中生活 1-2 踏上生涯列车——开启高中生涯之旅
	达成阶段性学业成就	第八课 记忆小达人	6-1-5 一日之计在于晨 6-1-10 学而时习之 6-2-1 学习生活新方法 6-2-6 家庭作业不拖拉 7-1-10 开卷有益也有异 7-1-11 我的学习风格 8-1-7 薄技随身 8-2-20 走好学习平衡木 9-1-1 加油站 9-1-2 我的学习工具箱	3-2 考试镇静剂——应对考试焦虑
	发展终身学习的能力与态度	第九课 学习习惯	6-1-6 我的生活DIY 6-1-7 养成午餐好习惯 6-1-9 纪律速递 7-2-13 天道酬勤 7-2-19 点石成金 7-2-20 和坚毅做朋友 8-1-1 健康宝典 8-1-4 学习让我自己来 9-1-3 细节小事话品质 9-1-4 优秀是一种习惯	2-7 左三圈，右三圈——健康管理 3-1 舒缓压力，张弛有道——压力管理

庄子曾感慨：“吾生也有涯，而知也无涯。以有涯随无涯，殆已！”但我们认为，“知也无涯”是客观事实，不以人的意志为转移，所以我们应该更好规划“有涯的生”，才能使我们的追求不盲目，人生更丰满！

《别了，哥哥》教学设计

【文本出处】

沪教版《高中语文》二年级第二学期第二单元。

【教学目标】

一、品读诗句，体会诗人复杂浓烈的情感背后清醒而坚定的信仰。

二、联系诗歌的写作背景知人论世，理解作者为追求真理不惜献出生命的精神境界。

三、学习现代诗常用的表现手法，尝试创作一首小诗。

【教学重点】

1. 品读诗句，体会诗人复杂浓烈的情感背后清醒而坚定的信仰。

2. 联系诗歌的写作背景知人论世，理解作者为追求真理不惜献出生命的精神境界。

【教学难点】

学习现代诗常用的表现手法，尝试创作一首小诗。

【课时安排】

一课时。

【教学内容步骤】

导入

二十岁是令人向往的年纪，如果二十岁的生活你现在可以选择，你希望自己拥有怎样的一种的人生？（学生自由发言）

核心问题：当年，二十岁的殷夫兄弟情深、前途大好，却选择了和哥哥决裂，去面对“危崖荆棘”“冰雹风雪”，他是不是任性、冲动？

一、知人论世：了解殷夫其人

我们曾经学过《白莽作〈孩儿塔〉序》，里面有：“说起白莽来，——不错，我知道的。四年之前，我曾经写过一篇《为了忘却的记念》，要将他们忘却。他们就义了已经足有五个年头了，我的记忆上，早又蒙上许多新鲜的血迹；这一提，他的年青的相貌就又在我的眼前出现，像活着一样，热天穿着大棉袍，满脸油汗，笑笑的对我说道：‘这是第三回了。自己出来的。前两回都是哥哥保出，他一保就要干涉我，这回我不去通知他了。……’——我前一回的文章上是猜错的，这哥哥才是徐培根，航空署长，终于和他成了殊途同归的兄弟；他却叫徐白，较普通的笔名是殷夫。”

“殊途同归”这里强调的是“殊途”就是各走各路。为什么殷夫和他哥哥会走上殊途，殷夫以一首诗歌《别了，哥哥》作出回答。

二、品读词句，学习诗歌的表现手法，体会复杂情感背后坚定的信仰

1. 如果将题目“别了，哥哥”改成“再见，哥哥”，含义上有何不同？

【明确】“别了，哥哥”不仅有告别的意味，还含有此一别不再相见的决绝。有浓浓的手足之情，更有与以哥哥为代表的阶级决裂、投身革命事业的坚定。

2. 请一位同学读1—3节，大家圈出“哥哥对诗人的态度”和“诗人对哥哥的情感”的词。

【老师以表格形式示范赏析】

<table>
<tr><th></th><th>品读词句</th><th>表达的情感</th><th>表现手法</th><th></th></tr>
<tr><td>诗人对哥哥的情感</td><td>“最亲爱的”“恨”“感激”“钦佩”</td><td rowspan="2">兄弟俩手足情深</td><td rowspan="2">直抒胸臆</td><td rowspan="3">现代诗歌的特点：情感真挚、表达直接、用词情感强烈。</td></tr>
<tr><td>哥哥对诗人的态度</td><td>“手足的爱和怜”“保护和抚养”“诚意的教导”“牺牲的培植”</td></tr>
<tr><td>诗人的选择</td><td>“但”“不能”“不能不”</td><td>表达了告别的决心和坚定</td><td>转折，表示重点在后面。双重否定加强了语气</td></tr>
</table>

3. 阅读诗歌 4—11 节,完成下面的表格

	品读词句	表达的情感	清醒的认识	表现手法	
要诀别的		对现实的不屑、厌恶		借代统治阶层功成名就的安逸生活	现代诗歌的特点:高度的概括性、鲜明的形象性,修辞(借代、比喻、反复、排比)的运用
想要的			明白自己要什么	通过反复的手法强调自己对真理的渴望	
将面对的		对困难的清醒、无畏	明白自己将面对什么		
要放弃的			明白自己要付出什么		
憧憬的		无畏无惧的革命豪情			

【明确】

	品读词句	表达的情感	清醒的认识	表现手法	
要诀别的	“安逸、功业、名号、荣赏的爵禄、薄纸糊的高帽”	对现实的不屑、厌恶	明白自己将失去什么	借代统治阶层功成名就的安逸生活	现代诗歌的特点:高度的概括性、鲜明的形象性,修辞(借代、比喻、反复、排比)的运用
想要的	“饥渴”“饥渴着永久的真理”三个“因此”,“想做个偷给人间光明的普罗米修斯”“决心踏上前去”	强烈抒发了人们苦难现实带给他的震撼和忧愁,表达追求真理、改变世界的理想	明白自己要什么	通过反复的手法强调自己对真理的渴望	
将面对的	“危崖荆棘、黑的死、白的骨、砭人肌筋的冰雹风雪”	对困难的清醒、无畏	明白自己将面对什么	比喻艰难苦难、随时有流血甚至死亡危险的生活。	
要放弃的	“不要荣誉、不要建功”“不怕天帝的咆哮”“不要纸糊的高帽”	有不贪图名利富贵、愿意牺牲的大无畏精神	明白自己要付出什么	反复手法,强调对功名的不屑	
憧憬的	“真理的伟光在地平线下闪照”“死的恐怖都辟易远退”“热的心火会把冰雪溶消”	无畏无惧的革命豪情	明白自己这么做的价值是什么	用比喻、拟人抒发有必胜的信念、坚定的信仰	

4. 学生朗读全诗,关注诗歌中的形象,感受押韵、比喻、反复、排比带来的情感抒发的浓烈。(诗歌的特点:形象性、抒情性强)

教师小结:作为一个二十岁的青年,殷夫满怀着激情;作为一个年轻的诗人,殷夫有颗敏感的心,但浓烈热切情感背后却不是冲动、莽撞、任性,他明白自己追求的是什么、将会失去和将要面对的是什么、要付出的是什么、这么做的价值在哪里,所以他无比的清醒,所以才能无比的坚定。

三、为什么殷夫会选择这样一条人生道路?联系诗歌的写作背景知人论世,理解作者为追求真理不惜献出生命的精神境界

【明确】

个人的前途总是和时代的命运紧紧地联系在一起,殷夫的中国是动荡、迷惘、伤痕累累的中国,是新旧政权,新旧文化,新旧思想剧烈冲突转变中的中国,选择哪条道路,成了当时每个中国人不得不面对的抉择,二十岁的殷夫也是。

【背景资料】

1923年在上海民立中学殷夫开始了新诗创作,今存有组诗《新脚时代的足印》八首。诗中,他流露了对社会的隐隐不满,希望改变现状,但还不知道如何去寻求希望。1925年,殷夫第一次被捕。他在狱中写下的长诗《在死神未到之前》里,对这次被捕的经过和自己的感受,作了比较详细的记述。他面对"一切将随风散殒"的逆境,时刻准备献身。第二次被捕获释后,殷夫回象山住了五个多月。期间,写下了一系列立志献身革命的诗作。1929年,殷夫完全投入了地下革命斗争,从事青年运动工作。面对白色恐怖,殷夫好似一团燃烧着的烈火。他以饱满的激情和高亢的诗笔,写下了《血字》、《一九二九年的五月一日》、《我们的诗》等,被后人誉为"红色鼓动诗"的革命战歌。在"四一二"反革命政变两周年的时候,他写成《别了,哥哥》一诗,以无产阶级革命战士的英勇气概,断然宣布与反动哥哥彻底决裂。促使殷夫与哥哥最后决裂的是殷夫收到了大哥写来的"一封哀的美顿书"即最后通牒收到这封充满"暴怒"口气,并有一种"威吓"意味的信后,殷夫就草了"写给一个哥哥的回信",并在1930年5月的左联刊物《拓荒者》第4、5期上公开发表。信中宣称:读了哥哥的信后"觉得比读一篇滑稽小说还要轻松,觉到好像有一担不重不轻的担子也终于从我肩头移开了，觉到把我生命苦苦地束缚于旧世界的一条带儿，……终于是断了，终于是消灭了”“我从一个阶级冲进另一个阶级的过程，是在这一刹那完成了。”“我们的阶级和你们的阶级已没有协调，混和的可能，我和你也只有在兄弟地位上愈离愈远，在敌人地位上愈接愈近了。”然而即使决裂，即使兄弟成了敌人，殷夫仍深深感念手足之情，在回信中：“站在个人的地位，我应该感谢你，佩服你，你是一个超等的‘哥哥’。”“我们的父亲早死了，你是的确做得和我父亲一般地周到的，你是和一片薄云似的柔软，那么熨贴。”“你是忠实的，慈爱的，诚恳的。”与哥哥告别后的殷夫，全身心地汇入了革命的铁流中去了。1931 年 2 月 7 日，殷夫与其他四位左联作家，柔石、胡也频、李伟森和冯铿，被国民党反动派杀害于上海龙华，年仅 21 岁，是为左联五烈士。

四、作业（三选二）

1. 课外阅读臧克家《有的人》，结合现实生活，谈谈你对个人前途与祖国命运关系的理解。

有的人活着/ 他已经死了/有的人死了/他还活着。

有的人/骑在人民头上：“呵，我多伟大！”/有的人/俯下身子给人民当牛马。

有的人/把名字刻入石头想“不朽”/有的人/情愿作野草/等着地下的火烧。

有的人/他活着别人就不能活/有的人/他活着为了多数人更好地活。

骑在人民头上的/人民把他摔垮/给人民作牛马的/人民永远记住他！

把名字刻入石头的/名字比尸首烂得更早/只要春风吹到的地方/到处是青青的野草。

他活着别人就不能活的人/他的下场可以看到/他活着为了多数人更好活的人/群众把他抬举得很高，很高。

2. 从表现手法的角度，比较《别了，哥哥》与作者的另一首诗《血字》的异同。

3. 学习这首诗歌的表现手法，试着创作一首现代诗歌。

【教学反思】

在这首诗歌的教学过程中，学生对于诗歌内容的理解和情感的把握基本不存在问题。但是，这首诗歌上完后，还是有学生对于殷夫的选择提出了自己的看法，认为殷夫当然是崇高伟大的，但是他是不是一定要以那么决绝的方式和他的哥哥决裂？对于殷夫放弃那么好的前途，而走向“黑的死、白的骨”，表示难以理解。我觉得这确实是当前在学生中普遍存在的一个问题，该如何正确认识个人和祖国的关系？该如何正确认识青年人的社会责任感、使命感？这节课最后促成了我选定了我主题班会的主题“将个人的发展和祖国的命运联系在一起”。通过这次主题班会，我觉得学生还是有所触动的、有所思考的。这也让我更进一步认识到，课本就是很好的德育资源，对学生反映出来的思想问题保持一颗敏感的心，及时加以引导，往往能帮助学生在学科学习中学做人、学做事，使他们成为德才兼备的人。学科教学活动固然有其传授学科知识、引导学生运用学科特有的思想方法分析和解决问题的专属目标，但更有其超学科、跨学科的共同价值目标，所以我认为我们要充分重视学科教学活动的育人功能，特别是和时代发展联系紧密、承担着文化理解与传承责任的语文课。

《青年在选择职业时的考虑》教学设计

【文本出处】

沪教版《高中语文》三年级第二学期第三单元。

【学科德育内容维度】

价值理念、社会责任和生涯规划。

【教学设计】

一、教材分析

党的十九大报告中指出“必须推进马克思主义中国化时代化大众化，建设具有强大凝聚力和引领力的社会主义意识形态，使全体人民在理想信念、价值理念、道德观念上紧紧团结在一起。”马克思的《青年在选择职业时的考虑》恰逢其时。文章中对“真正的热情”“体质和能力”“尊严”“正确的职业的基础思想”“人类的幸福与自身的完美”等问题的思考与阐述，是现阶段绝大多数同学不会在职业选择时考虑的问题，但实际却是职业选择的核心问题。这是一篇议论性的文章，理性、逻辑与说服力是其重要特点，文章对这些问题的阐述理性、严谨，应该会启发同学们对自己的“职业选择”有新的思考。而且因为此文是马克思中学时期考试的德语作文，写作此文时马克思 17 岁，也面临着毕业和职业选择。相仿的年纪，相似的境况，更能引起同学们的情感共鸣。

二、学情分析

党的十九大报告中指出“青年兴则国家兴，青年强则国家强。青年一代有理想、有本领、有担当，国家就有前途，民族就有希望。”高三的学生即将面临高考和填报志愿，这和学生未来的职业选择、人生道路、幸福生活密切相关，有些同学对此有所思考，但囿于社会现实与认知境界，可能考虑外在的、物质的因素比较多，甚至有个别同学抱着随波逐流、听天由命的态度。其次，语文学习到高三阶段，学生的思维逐渐由感性走向理性，但必须直面的事实是我班同学在理性思考上还有所欠缺、逻辑思维能力还比较薄弱，平日作文时句与句之间、段与段之间往往缺乏内在逻辑性，还需要在阅读教学中，通过梳理文章思路的训练，进一步学习和巩固“围绕中心论点有条理、有逻辑地思维与说理”。

依据新课程标准，基于以上学生的实际情况和具体教学内容，确定本课的教学目标、设计相应的教学活动。

三、教学目标

1. 梳理文章的说理思路，分析文章层次逻辑，掌握说理的常用思路、原则。

2. 理解马克思所提出的选择职业时应考虑的因素和遵循的原则，正确认识职业、规划人生，志存高远。

四、教学重点、难点

1. 学习围绕观点有逻辑地说理、分析。

2. 理解马克思所提出的选择职业时应考虑“是否怀有真正的热情”及择业原则。

五、课前准备：附《学案》

六、课时数：一课时

七、教学过程

教师活动预设	学生活动预设	设计意图
(一)课堂导入： 联系学生当前面对的现实状况和困惑，告诉他们伟大的革命导师和他们同龄时也思考过相同的问题。		引发学生的阅读兴趣，进入对“职业选择”的思考情境。
(二)整体感知 1. 衔接预习，回应存疑：全文可以划分为哪三个部分？说说你的理由。 2. PPT 展示层次划分及理由	小组讨论、交流预习作业 2，修正或完善自己的作业。	通过在独立学习的基础上开展讨论、交流，掌握阅读的基本路径是结合文章的关键词句、概括段落的核心意思，梳理文章的思路，看清作者各层想要表达的观点，以及观点与观点之间的逻辑关系，从而全面理解、把握文章的内容。过程中也是对学生独立思考、合作意识、流畅表达和学会倾听等良好习惯的培养。

(三)深入解读 主问题:马克思如何阐述"选择职业要考虑是否真的怀有热情"?你是否认同马克思的阐述? 1. 作者是如何提出自己的观点的? 教师引导学生关注重点词句 "每个人都有目标""但是来……" "因此要……" 2. 作者如何阐释对"热情的本源"的认识。 教师引导学生思考 (1)真正的热情本源是什么? 由虚荣心(名利、值得炫耀)引发的热情是不是真的热情?由我们对职业的幻想、美化和远处的观察而来的职业热情是不是真的热情? (2)为什么作者认为以上都不是真正的热情?要怎样做? 3. 结合你先前对于职业选择的考虑,你认为他说得有道理吗? 小结: ①议论文说理分析的一般思路和方法(板书) ②职业选择的启示 真正的热情不仅要考虑你的选择能给你带来什么(名利),更要考虑你将承担什么(责任)、面对什么(困难)甚至失去什么!	学生可能的回答 1. 通过讨论能找到作者的观点句 2. 能从"虚荣心、名利""对职业的幻想、美化""没有真正的热情……容易厌倦……怨天尤人""要咨询父母"等内容去试图分析作者是如何阐释的,但不一定说得全面、清晰。	学生写议论文时不太会说理分析,要证明自己的观点大多是直接写出自己的观点然后举例,通过这个环节,引导学生学会通过辨析相似的概念来明确观点中的核心概念的内涵"是什么",并从后果、影响、价值等角度分析"为什么"来增强文章的说服力。使学生的逻辑思维能力得到发展,使学生的语感和语用能力提升。在学习如何分析说理的同时,也能帮助学生思考自己对职业的认识是否全面、深入。
(四)拓展提升 结合本文对职业选择原则的阐述以及冯友兰《人生的境界》《马斯洛的需求层次理论》,谈谈现在的你对此问题的认识和理解。	1. 小组交流、发言 2. 学生对以下问题可能会有新的认识:明白"尊严"的需求、"自我实现"的需求是人类发展的高层次需求,"道德境界、天地境界"是"人应该成为的人",这样才能得到长久的真正的幸福。 当然,也不排除有学生还认识不到这些,但相信交流的过程能互相影响、互相启发。	通过这个教学环节促使学生对"尊严""正确的职业的基础思想""人类的幸福与自身的完美"等问题进行思考,这关乎学生未来的幸福和人生价值的实现。希望帮助同学们在即将来临的高考志愿填报中认清自己的初心、树立崇高职业理想,作出正确选择。

（五）作业与评价： 1. 马克思对青年择业的建议你是否认同？理由是什么？ 2. 通过本文的学习，你是更坚定了自己的选择还是有重新的考虑呢？请把你的思考过程与结果有条理地写下来，和父母或老师交流。		呼应教学目标，检测及巩固学习效果。

八、板书设计

梳理思路
- 关键句（段首、段尾）
- 关联词（句与句、段与段的逻辑关系）
- 指示代词

说理阐述
- 是什么
- 为什么
- 怎么办

《青年在选择职业时的考虑》学案

班级：　　　　　　　　姓名：

一、你在选择职业时会考虑的因素有哪些？（排序罗列）

____

二、在书上标注小节号，圈画关键词句，说说全文可以划分为哪三个部分？分析每个部分内部的逻辑关系？

提出问题	第一部分（　　）—（　　）概括大意：
分析问题	第二部分（　　）—（　　）概括大意：
	论证思路：

解决问题	第三部分(　　)—(　　)概括大意:	
	论证思路:	

三、阅读下面的文章,画出触动你、能引发你对学案第一个问题重新思考的句子。

人生的境界

冯友兰

我在《新原人》一书中曾说,人与其他动物的不同,在于人做某事时,他了解他在做什么,并且自觉地在做。正是这种觉解,使他正在做的事对于他有了意义。他做各种事,有各种意义,各种意义合成一个整体,就构成他的人生境界。如此构成各人的人生境界,这是我的说法。不同的人可能做相同的事,但是各人的觉解程度不同,所做的事对于他们也就各有不同的意义。每个人各有自己的人生境界,与其他任何个人的都不完全相同。若是不管这些个人的差异,我们可以把各种不同的人生境界划分为四个等级。从最低的说起,它们是:自然境界,功利境界,道德境界,天地境界。

一个人做事,可能只是顺着他的本能或其社会的风俗习惯。就像小孩和原始人那样,他做他所做的事,然而并无觉解,或不甚觉解。这样,他所做的事,对于他就没有意义,或很少意义。他的人生境界,就是我所说的自然境界。

一个人可能意识到他自己,为自己而做各种事。这并不意味着他必然是不道德的人。他可以做些事,其后果有利于他人,其动机则是利己的。所以他所做的各种事,对于他,有功利的意义。他的人生境界,就是我所说的功利境界。

还有的人,可能了解到社会的存在,他是社会的一员。这个社会是一个整体,他是这个整体的一部分。有这种觉解,他就为社会的利益做各种事,或如儒家所说,他做事是为了"正其义不谋其利"。他真正是有道德的人,他所做的都是符合严格的道德意义的道德行为。他所做的各种事都有道德的意义。所以他的人生境界,是我所说的道德境界。

最后，一个人可能了解到超乎社会整体之上，还有一个更大的整体，即宇宙。他不仅是社会的一员，同时还是宇宙的一员。他是社会组织的公民，同时还是孟子所说的“天民”。有这种觉解，他就为宇宙的利益而做各种事。他了解他所做的事的意义，自觉他正在做他所做的事。这种觉解为他构成了最高的人生境界，就是我所说的天地境界。

这四种人生境界之中，自然境界、功利境界的人，是人现在就是的人；道德境界、天地境界的人，是人应该成为的人。前两者是自然的产物，后两者是精神的创造。自然境界最低，往上是功利境界，再往上是道德境界，最后是天地境界。它们之所以如此，是由于自然境界，几乎不需要觉解；功利境界、道德境界，需要较多的觉解；天地境界则需要最多的觉解。道德境界有道德价值，天地境界有超道德价值。

照中国哲学的传统，哲学的任务是帮助人达到道德境界和天地境界，特别是达到天地境界。天地境界又可以叫作哲学境界，因为只有通过哲学，获得对宇宙的某些了解，才能达到天地境界。但是道德境界，也是哲学的产物。道德认为，并不单纯是遵循道德律的行为；有道德的人也不单纯是养成某些道德习惯的人。他行动和生活，都必须觉解其中的道德原理，哲学的任务正是给予他这种觉解。

生活于道德境界的人是贤人，生活于天地境界的人是圣人。哲学教人以怎样成为圣人的方法。我在第一章中指出，成为圣人就是达到人作为人的最高成就。这是哲学的崇高任务。

中国哲学总是倾向于强调，为了成为圣人，并不需要做不同于平常的事。他不可能表演奇迹，也不需要表演奇迹。他做的都只是平常人所做的事，但是由于有高度的觉解，他所做的事对于他就有不同的意义。换句话说，他是在觉悟状态做他所做的事，别人是在无明状态做他们所做的事。禅宗有人说，“觉”字乃万妙之源。由“觉”产生的意义，构成了他的最高的人生境界。

所以中国的圣人是既入世而又出世的，中国的哲学也是既入世而又出世的。随着未来的科学进步，我相信，宗教及其教条和迷信，必将让位于科学；可是人的对于超越人世的渴望，必将由未来的哲学来满足。未来的哲学很可能是既入世而又出世的。在这方面，中国哲学可能有所贡献。

【拓展阅读】

马斯诺原理是研究人的需要结构的一种理论，由美国心理学家马斯洛

(Abraham h. maslow,1908—1970)所首创的一种理论。其构成根据3个基本假设:1. 人要生存,他的需要能够影响他的行为。只有未满足的需要能够影响行为,满足了的需要不能充当激励工具。2. 人的需要按重要性和层次性排成一定的次序,从基本的(如食物和住房)到复杂的(如自我实现)。3. 当人的某一级的需要得到最低限度满足后,才会追求高一级的需要,如此逐级上升,成为推动继续努力的内在动力。

第一层次:生理上的需要(呼吸、水、食物、睡眠、生理平衡、分泌等)。如果这些需要任何一项得不到满足,人类个人的生理机能就无法正常运转。换而言之,人类的生命就会因此受到威胁。在这个意义上说,生理需要是推动人们行动最首要的动力。马斯洛认为,只有这些最基本的需要满足到维持生存所必需的程度后,其他的需要才能成为新的激励因素,而到了此时,这些已相对满足的需要也就不再成为激励因素了。

第二层次:安全上的需要(人身安全、健康保障、资源所有性、财产所有性、道德保障、工作职位保障、家庭安全等)。马斯洛认为,整个有机体是一个追求安全的机制,人的感受器官、效应器官、智能和其他能量主要是寻求安全的工具,甚至可以把科学和人生观都看成是满足安全需要的一部分。当然,当这种需要一旦相对满足后,也就不再成为激励因素了。

第三层次:情感和归属的需要(友情、爱情、性亲密等)。人人都希望得到相互的关系和照顾。感情上的需要比生理上的需要来的细致,它和一个人的生理特性、经历、教育、宗教信仰都有关系。

第四层次:尊重的需要(自我尊重、信心、成就、对他人尊重、被他人尊重等)。人人都希望自己有稳定的社会地位,要求个人的能力和成就得到社会的承认。尊重的需要又可分为内部尊重和外部尊重。内部尊重是指一个人希望在各种不同情境中有实力、能胜任、充满信心、能独立自主。总之,内部尊重就是人的自尊。外部尊重是指一个人希望有地位、有威信,受到别人的尊重、信赖和高度评价。马斯洛认为,尊重需要得到满足,能使人对自己充满信心,对社会满腔热情,体验到自己活着的用处价值。

第五层次:自我实现的需要(道德、创造力、自觉性、问题解决能力、公正度、接受现实能力等)。自我实现的需要是最高层次的需要,是指实现个人理想、抱负,发挥个人的能力到最大程度,达到自我实现境界的人,接受自己也接受他人,解决问题能力增强,自觉性提高,善于独立处事,要求不受打扰地独处，完成与自己的能力相称的一切事情的需要。也就是说，人必须干称职的工作，这样才会使他们感到最大的快乐。马斯洛提出，为满足自我实现需要所采取的途径是因人而异的。自我实现的需要是在努力实现自己的潜力，使自己越来越成为自己所期望的人物。

更高需求：自我超越的需求是马斯洛需求层次理论的一个模棱两可的论点。通常被合并至自我实现需求中。1954年，马斯洛在《激励与个性》一书中探讨了他早期著作中提及的另外两种需要：求知需要和审美需要。这两种需要未被列入到他的需求层次排列中，他认为这二者应居于尊敬需要与自我实现需要之间。

理论解析：

1. 五种需要像阶梯一样从低到高，按层次逐级递升，但这样次序不是完全固定的，可以变化，也有种种例外情况。

2. 需求层次理论有两个基本出发点，一是人人都有需要，某层需要获得满足后，另一层需要才出现；二是在多种需要未获满足前，首先满足迫切需要；该需要满足后，后面的需要才显示出其激励作用。

3. 一般来说，某一层次的需要相对满足了，就会向高一层次发展，追求更高一层次的需要就成为驱使行为的动力。相应的，获得基本满足的需要就不再是一股激励力量。

4. 五种需要可以分为两级，其中生理上的需要、安全上的需要和感情上的需要都属于低一级的需要，这些需要通过外部条件就可以满足；而尊重的需要和自我实现的需要是高级需要，他们是通过内部因素才能满足的，而且一个人对尊重和自我实现的需要是无止境的。同一时期，一个人可能有几种需要，但每一时期总有一种需要占支配地位，对行为起决定作用。任何一种需要都不会因为更高层次需要的发展而消失。各层次的需要相互依赖和重叠，高层次的需要发展后，低层次的需要仍然存在，只是对行为影响的程度大大减小。

5. 马斯洛和其他的行为心理学家都认为，一个国家多数人的需要层次结构，是同这个国家的经济发展水平、科技发展水平、文化和人民受教育的程度直接相关的。在发展中国家，生理需要和安全需要占主导的人数比例较大，而高级需要占主导的人数比例较小；在发达国家，则刚好相反。

（以上内容摘自《百度百科》）

《青年在选择职业时的考虑》教学反思

普通高中语文课程标准(2017 版)课程目标有“能够辨识、分析、比较、归纳和概括基本的语言现象和文学现象,并能有理有据地表达自己的观点和阐述自己的发现。”“通过学习语言文字作品……吸收人类文化的精华”“在运用祖国语言文字的过程中,坚持文化自信,提高社会责任感,增强为中华民族伟大复兴而奋斗的使命感。”针对高三学生面临高考和志愿填报的现状以及语文学习的实际情况——有理有据地表达自己的观点——还有待加强,结合本学期这篇课文的特点:是一篇议论文,有理有据地表达自己的观点是特色,内容又是关乎青年在职业选择时的考虑,所以确定了本课的教学目标和教学内容,是适切的。

为了有效地落实教学重点、达成教学目标,首先,我设计了学案,在课前引导学生思考影响自己职业选择的因素,进入学习情境,有兴趣想了解马克思在和他们同龄时对同一个问题的思考,同时了解学生在阅读文章过程中存在的共性问题。比如,在罗列影响自己职业选择的因素时,基本上每个同学都写了“兴趣、喜好、、喜欢、心仪、薪资、待遇、福利、市场前景、上升空间”等等,甚至“交通是否便利、周围有没有好吃的”,但是没有一个人说会考虑“是否对这个职业真的怀有热情”。比如在划分文章层次时,有超过四分之一的同学认为第一部分应划到第 5 段。这确实是个容易出错的点,因为段首有标志性的“因此”,但是仔细考虑内容的逻辑关系后,就会发现这个结论的得出其原因并不是前四段。所以上课提问时我特意找了错误划分的陈同学,听听他的想法,虽然在交流预习作业的环节他已经在别的同学的提醒下给出了正确的答案,但在他的回答中看出他实际还没真正理清段落间的逻辑关系,而这也正符合我的教学预设,因为根据以往学习情况,这是我班同学的一个薄弱点,所以再次巩固了梳理文章思路的方法。

其次,提出的主问题是“是否对职业真的怀有热情”,因为这是在预习中没有学生提到的比较深层次的问题,也是马克思花了大篇幅分析阐释的问题。课堂上这果真是一个有争议的问题,有学生就提出不同意马克思的说法。后来通过不同学生的交流发言,不断把思考引向深入,在思考马克思说得有没有道理的同时自然而然地学习他如何有逻辑地表达自己的观点,即通过辨析相似的概念来明确观点中的核心概念的内涵“是什么”，并从后果、影响、价值等角度分析“为什么”，要合乎人们的认知规律、遵从人性。在学习如何分析说理的同时，也能帮助学生思考自己对职业的认识是否全面、深入。从课后的作业反馈中看出学生对这个问题还是很有感触的。

最后，布置的作业是巩固课堂所学和学习之后自己的职业选择的重新思考。两项作业都是紧扣教学目标，以检测教学目标的达成度。以下是学生作业的摘录：

目前，我在选择职业时还不会像马克思一样想到“人类的幸福”，但我对他所考虑的在选择职业时应注意的其他因素都很认同，特别是要对工作有真正的热情。如果说只是一时的“虚荣心”或是对职业的“幻想”而让自己选择了这个职业，当职业需要我付出的努力让“虚荣心”“幻想”破灭，那今后的几十年想必也是很难熬的、很可怕的。所以我以后选择职业时会把是否怀有真正的热情摆在首位。（顾*俊）

在上这堂课之前，我的确对未来没有过规划。最先想到的就是被排在需求金字塔底端的生存需求和安全需求，虽然也曾经考虑过在团队中我能做什么，但“尊重”“为人类幸福”这几点我根本没有想过，但现在我认为：真正怀有对职业的热情、带来尊重和自我价值的实现会是我就业的标准。因为，有真正的热情才能让我有动力、有毅力去做好这份工作；能给我以尊重的职业才会让我有自豪感和满足感；实现个人价值，给社会带来改变，才能促使我不断提升自己去做到更好。我很佩服马克思，在与我一样的17岁就能对未来的职业选择有如此深远的考虑。但他所说的“为人类而工作”对我来说感觉过于高尚，我想我目前的职业选择还不会考虑这一点。（张*婧）

在学完马克思这篇文章后，我更坚定了自己原本的职业选择——成为一名教师，然而我的看法有了一些改变，原本选择教师这个职业并未考虑过自己要为社会做贡献、为人类而工作这样的层次，这样的高尚好像并不是我们普通人能轻易达到的。但是学习了马克思的《青年在选择职业时的考虑》、冯友兰《人生的境界》、马斯洛原理我明白了职业在满足了我们生存需要、安全需要之后，可以产生更高层次的需要，比如为了人类的幸福，这是一种自我发展的层次需求。因此，我在选择教师这个职业后，要做的就是不断进取、满足自己不同层次的需求，从功利境界走向道德境界，达到自我实现、自我超越的高层次。（黄*樱）

马克思在文章中提及了关于职业选择的三个原则:一、选择一种使我们获得最高尊严的职业;二、选择我们深信其基础思想是正确的职业;三、选择使人们幸福、自身完善的职业。而这一切的前提是在怀有热情与体质,且仔细辨清过是否是真实的、恒久的热情与真正适合的体质。

这个大前提使我感触颇深,回望我曾罗列的关于职业选择时的考虑:1. 收入水平;2. 周围环境;3. 发展前景。令我心惊的是,我所在意的只是这个职业所带来的以及这个职业自身的优越性,却全然没有考虑"我",作为个人选择这个职业的个人兴趣——我对此没有丝毫热情,只是将其视作一种必要的谋生的手段,与某一条必经的人生道路,如同我毫不自知的浑浑噩噩的十载求学路。

于是我仔细思索了一下,为什么会出现这种情况。曾经我也有对于绘画、设计这样的职业抱有极大的热情与憧憬,有一段时间甚至特地去学习了绘画,但这种热情很快消退了。一方面,因为日复一日单调的写生与素描令我心生不耐,另一方面则是发生在如今这个社会大背景下,极少有人能真正崭露头角并以此为生,即便有,也是极具创造力与艺术天赋的人。而经过一段时间的接触学习,我已明白自己显然不在此列。如同这样的放弃有很多,热情来了又散,很快对于什么都很难谈得上有真正、恒久的热情。

诚如马克思所言,这或许是碍于体质的缘故,但我相信,即便无法摆脱桎梏,也应当尚有成长的空间,所以我会努力提升自己,寻找真正的热情。(顾*婷)

从学生的作业反馈,总体上还是比较好地达成了教学目标。虽然部分学生对于马克思所说的职业选择的原则还不是很认同,觉得把自己的职业和全人类的幸福结合在一起考虑好像"目标太远大",但他们也表示以前从来没想过这个问题,在接下来的日子里会去考虑。

孩子的成长是孩子自己的事情,谁也不能代替,当他开始思考,我只需微笑、等待。

“祖国啊，我亲爱的祖国”主题教育设计

【教育目标】

1. 正确认识个人前途与祖国命运的关系，懂得报效祖国是大志，明确自己今后的努力方向。

2. 分析个人前途与祖国命运的关系，培养学生辨证思维能力、探究学习能力和表达能力。

【学情分析】

在语文教学中，学习了殷夫的诗歌《别了，哥哥》，学生们对于革命者为追求真理、关心劳苦大众，放弃安逸、功名、荣耀、利禄，宁愿背叛“天帝”做为了人间的光明盗来天火的普罗米修斯感到由衷的钦佩。但同时，部分学生对于殷夫的人生选择却觉得有些难以理解。在现实生活中，不少人也是只重视个人发展，少考虑国家命运和利益，没有认识到个人前途和祖国命运其实休戚相关。因此，想通过这次主题教育课引导同学们正确认识个人前途与祖国命运的关系，懂得报效祖国是大志，明确自己今后的努力方向。

【内容步骤】

一、导入

提到“祖国”，你会想到一些什么？请同学们用几个词语来表达。

学生的回答：骄傲、自豪、光荣、建设、保卫、家园、温暖、庇护、安全、力量、伟大、统一、崛起、民心、强大、稳定、富强、美好、蒸蒸日上、母亲、悠久发展、威力、繁荣、爱国、坚强、宽容、谦和、热爱、团结、和谐、多民族、安定、历史文化、历经沧桑、翻天覆地、欣欣向荣、感激、神圣、希望、和平、万里长城、五十六个民族、地大物博、华夏文明、五千年、特色社会主义、与时俱进、文化多元、没有诺贝尔奖、台湾、宏观调控、廉租房、提倡民主、改革开放、可持续发展、国际地

位高

二、祖国命运影响个人前途

1. 有一位诗人曾用了这样一些语言来描述我们的祖国。

是河边上破旧的老水车/是额上熏黑的矿灯/是干瘪的稻穗;是失修的路基;是淤滩上的驳船/是贫困;是悲哀/是痛苦的希望/是“飞天”袖间千百年来未落到地面的花朵

2. 现在身处大上海的你对曾经的祖国有所了解吗?

学语文我们经常说,细节反映真实,下面我们就通过几个细节来了解曾经的祖国。配有【PPT】和一段视频:

一个称呼:我们的国人曾被人鄙夷地称为“东亚病夫”。

一块牌子:华人与狗不得入内:外滩公园,今称黄浦公园,是个不大而漂亮的公园。一百多年来,在这里发生了太多牵动中国人情感的事件,其中最著名的,就是那块“华人与狗不得入内”的牌子。成为近代中国积贫积弱的写照,在国人心中留下了永难平复的创伤。

一首歌曲:《松花江上》。“九一八事变”以后,不到半年时间,东北三省全部沦陷,东北人民陷入了水深火热的惨痛之中,这首歌真实地描绘了当时东北人民家破人亡、背井离乡的悲惨情景。

小结:历史告诉我们国弱遭人欺,没有祖国的强盛就不可能有生命的保障、个人的尊严,没有祖国的强盛就不可能有幸福的家。

3. 前事不忘,后事之师。历史是不能忘记的,但我们更坚信这样的历史绝对不会重来。诗人这样满怀深情地歌颂我们新生的祖国——

我是你簇新的理想/刚从神话的蛛网里挣脱/我是你雪被下古莲的胚芽/我是你挂着眼泪的笑窝/我是新刷出的雪白的起跑线/是绯红的黎明正在喷薄

下面请同学们联系我们的现实生活举几个典型事例来具体感受祖国的日益强大、国际地位的不断提高、人们的安居乐业。

学生回答1:中国成功举办了一届精彩的奥运会。中国以51块金牌,100块奖牌的傲人成绩向世人展现了一个国强民壮的中国。其间,也全面展示了中国经济、科技、文化、文明素养的提高,也有不少人在奥运会上成就了自己的梦想、实现了自己的人生价值。

学生回答2：中国政府撤侨是电影《战狼2》的故事原型。记得东帝汶首都发生严重骚乱时，中国政府租用民航包机把侨胞撤回国内。当中国南方航空公司的两架包机飞抵厦门国际机场时，侨胞们个个高高挥舞着五星红旗，异口同声地高呼：“感谢祖国！感谢祖国！”六十岁的詹先生现任东帝汶商会理事，这是他第一次来到中国。他说以前对中华人民共和国没有真切的感觉，这次中国政府包机将他撤离正处在骚乱中的东帝汶，让他感到身后好像有了一座靠山，他觉得很自豪。

小结：从“东亚病夫”到一届精彩成功的奥运会，从国破家亡、被蹂躏、被掠夺到今天祖国有能力援助危难中的海外华人。事实再一次告诉我们没有祖国的独立和民族的强大就不可能有生命的保障、个人的尊严，没有祖国的强盛就不可能有安居乐业的美好生活。更谈不上个人的理想和前途。

三、祖国的兴旺有赖于公民的努力奋斗

但同时，我们也应该看到，祖国的繁荣富强有赖于每一位公民的努力奋斗。个人的前途与祖国的命运休戚相关。

1. 请听配乐朗诵《与妻书》（节选），交流听后感言

林觉民是中国民主的先驱，“黄花岗七十二烈士”之一，牺牲时年仅24岁。

意映卿卿如晤，吾今以此书与汝永别矣！吾作此书时，尚是世中一人；汝看此书时，吾已成为阴间一鬼。吾作此书，泪珠和笔墨齐下，不能竟书而欲搁笔，又恐汝不察吾衷，谓吾忍舍汝而死，谓吾不知汝之不欲吾死也，故遂忍悲为汝言之。

吾至爱汝，即此爱汝一念，使吾勇就死也。吾自遇汝以来，常愿天下有情人都成眷属；然遍地腥云，满街狼犬，称心快意，几家能彀？司马春衫，吾不能学太上之忘情也。语云：仁者“老吾老，以及人之老；幼吾幼，以及人之幼”。吾充吾爱汝之心，助天下人爱其所爱，所以敢先汝而死，不顾汝也。汝体吾此心，于啼泣之余，亦以天下人为念，当亦乐牺牲吾身与汝身之福利，为天下人谋永福也。汝其勿悲！

……

吾诚愿与汝相守以死,第以今日事势观之,天灾可以死,盗贼可以死,瓜分之日可以死,奸官污吏虐民可以死,吾辈处今日之中国,国中无地无时不可以死,到那时使吾眼睁睁看汝死,或使汝眼睁睁看我死,吾能之乎?抑汝能之乎?即可不死,而离散不相见,徒使两地眼成穿而骨化石,试问古来几曾见破镜能重圆?则较死为苦也,将奈之何?今日吾与汝幸双健。天下人不当死而死与不愿离而离者,不可数计,钟情如我辈者,能忍之乎?此吾所以敢率性就死不顾汝也。吾今死无余憾,国事成不成自有同志者在。依新已五岁,转眼成人,汝其善抚之,使之肖我。汝腹中之物,吾疑其女也,女必像汝,吾心甚慰。或又是男,则亦教其以父志为志,则我死后尚有二意洞在也。甚幸,甚幸!吾家后日当甚贫,贫无所苦,清静过日而已。

吾平生未尝以吾所志语汝,是吾不是处;然语之,又恐汝日日为吾担忧。吾牺牲百死而不辞,而使汝担忧,的的非吾所忍。吾爱汝至,所以为汝谋者惟恐未尽。

汝幸而偶我,又何不幸而生今日中国!吾幸而得汝,又何不幸而生今日之中国!卒不忍独善其身。嗟夫!巾短情长,所未尽者,尚有万千,汝可以模拟得之。吾今不能见汝矣!汝不能舍吾,其时时于梦中得我乎!一恸!辛未三月廿六夜四鼓,意洞手书。”

学生感言(摘录)

为大家舍弃小家,为大爱舍弃小爱,这是常态。而在林先生身上我们能看见另一种意味,林先生的小爱与大爱是相依而生的,小爱补全大爱,大爱成就小爱;小家折射出大家,大家包容着小家。换个角度说,对国家对自由的爱和对爱人对孩子的爱一样深。一个更加健全更加明智的人,他身边的小爱一定是足够深入骨髓的,这样才能使他无所畏惧,为了小爱的对象,为了全天下的人民,这种爱才能被扩充,被放大,成为他义无反顾地,为自由所献身的内驱力。这点我们在林先生身上看得很明显。

2. 观看纪录片《邓稼先》中的一些片段,讨论“你如何看待两位科学家的不同选择”

镜头一:着学生装的杨振宁和邓稼先先后登上轮船来到美利坚留学。

镜头二:取得学位后的第九天,邓稼先踏上归国的旅途。西装革履,拿到诺贝尔奖、志得意满的杨振宁因为买不到长岛的房子耿耿于怀。

镜头三:茫茫戈壁滩上,穿着旧军大衣的邓稼先在风沙中勘测原子弹实验场。数年后罗布泊蘑菇云升起,整个世界震惊,纷纷猜测中国得到了苏或美专家的帮助。

镜头四:已是美国公民的杨振宁在中美建交前夕作为中美亲善大使造访中国。

镜头五:杨振宁访问中国,问邓稼先有没有美国人参与了两弹研制(尚不知邓就是负责人),邓稼先只是说了句:你先上飞机吧。

镜头六:杨振宁在上海的饯行宴会上,突然收到邓稼先的纸条,立刻离席,泪流满面。

镜头七:大量杨振宁与李政道交恶的新闻报道。(时间跨度达四十年)

戈壁滩上,某次核弹点火后未爆炸,为了找到真正的原因,必须有人到那片意味着死亡的地方去。邓稼先说:“谁也别去,我进去吧。你们去了也找不到,白受污染。我做的,我知道。”他很快用手把核弹头捧着走了出来。最后证明是降落伞的问题。几年后,邓稼先患癌症全身大出血逝世。又数年,两弹解密,中央始大张旗鼓宣传两弹一星精神,邓稼先的名字被世人所知。

小结:曾有人说如果当时邓稼先把他的研究成果交给瑞典,他也可获得诺贝尔奖。历史不能假设,我们知道的历史事实是邓稼先为了祖国的崛起、民族的强大选择了隐姓埋名。

不仅仅是林觉民、邓稼先,许许多多的中国人为了祖国的昌盛、民族的复兴,默默奉献了自己毕生的精力。一段视频:

一组“共和国之恋”中的镜头,钱学森、华罗庚、钱三强、李四光、茅以升、吴有训、周培源、钱伟长、王淦昌、周光召、郭永怀、彭恒武、朱光亚、赵九章、严济慈等等为共和国的强盛奉献了自己的青春和热血。

中国从任人宰割到繁荣富强,其中多少英雄舍小我、成大家,默默奉献、甘愿牺牲。他们是中国的骄傲,是国家强大的标志。他获得的已不仅是个人的成功与优秀,而是具有极高历史价值和意义的。

四、正确认识个人前途与祖国命运的关系

国家的富强要靠全体人民的团结奋斗、艰苦创业和无私奉献。作为新时

代的中学生,在当前的社会大背景下,我们应该怎么把个人的前途与国家的命运联系起来呢?

学生讨论发言:

M 同学:因为身在和平年代,所以不免对祖国的归属感与依赖性不是很能够被感受到。但现在,我觉得个人和祖国是唇齿相依。对于我们青年人来说,尤其是对有巨大发展潜力的 11 班来说,更高的智商应当使我们作出更大的贡献。我们应从现在开始积累自己的能量与经验,为以后的发展作准备。

C 同学:如果一个人只是为了考上一个好学校,找到一份好工作而活着,那么,学习与人生就毫无意义了。人是有社会属性的,一个人活着不该仅仅考虑自己得到了什么,而更应该更多的想想自己为祖国、为世界创造了什么,留下了什么。我们应该有下一步的阶段性目标,但同时,更应该有一个远大的目标,活着才会有意义。

H 同学:我认为并不是所有人都能成为像邓稼先那样的科学家,这是由外在和内在因素共同决定的。所以社会中的大多数人都工作在平凡的岗位上,但这并不代表我们不能为祖国作贡献。打个比方,如果一个人努力工作,这必然会对公司的经济效益有促进作用,而所有公司的经济效益的总和也就是中国 GDP 的一部分了。所以我认为每个人都立足本职、努力工作,就是为祖国的发展作贡献了。

Y 同学:我们所要做的就是提高、完善自己的综合素养。也许我们并不能每个人都做到顶尖,但只要在祖国需要的时候挺身而出,贡献自己的一份光和热,我们的祖国就会更强大。

Z 同学:在世界全球化的今天,国与国之间的联系更加紧密。特别是上海这个国际化大都市,来自五湖四海的朋友会有很多。作为中学生,我们不但代表个体,在外国友人面前,我们也是中国的形象。所以,我们要提高自己的文明素养,维护国家的尊严,不作出任何有辱国家形象的事。

小结:要正确认识个人与祖国关系,时刻关心国家的发展和安危,立报效祖国之志。在实际生活中,维护祖国的尊严和荣誉,任何时候都不要做有损国格的事;以热爱祖国为荣,以危害祖国为耻。为振兴中华而努力奋斗。

五、结语

刚才同学们都表达了自己对祖国的拳拳深情,我想,这时,舒婷的这首《祖国啊,我亲爱的祖国》最能代表我们的心声。播放一段配乐诗朗诵的视频,同时教师总结:

"少年智则国智,少年富则国富,少年强则国强;少年独立则国独立,少年自由则国自由,少年进步则国进步;少年胜于欧洲,则国胜于欧洲,少年雄于地球,则国雄于地球。"梁启超曾这样说道。

作为继承传统而又敢于创新的青年人,作为奋发有为而又甘于奉献的青年人。伟大的时代呼唤着青春的业绩。而这份业绩必然来源于"心系民族命运、心系国家发展、心系人民福祉"的作为。只有将自身的命运与国家的前途结合起来,只有把个人的成长和对他人的奉献结合起来,我们的青春才会更加瑰丽灿烂。

【教育反思】

我个人理解主题教育课一要有针对性、二要有一定的教育意义。对于"针对性"我理解是要针对学生目前普遍关注的问题或存在的现象,或者是学生应该关注而没有关注的问题。对于"有一定教育意义"的理解是:不可能通过一节课,学生有彻底的转变,但至少会有所触动、有所思考。

基于此,我首先思考的是选题角度的问题。一个好的切入口会使一堂课取得较好的教育效果,但较长一段时间我都没有找到这么一个切入口。于是,我想了解关于这堂主题教育课,学生最关注什么?我请学生们以寝室为单位,每个寝室交一份班会设计方案。看下来发现,学生们比较关注的是吃穿住行问题、教育体制问题、环境保护问题等,而这些问题我们在以前的班会中已有涉及。这时我换了一个角度思考:有没有一些问题是学生应该关注而没有关注的。这时我们在语文课上学习了殷夫的诗歌《别了,哥哥》,学生们对于革命者为追求真理、关心劳苦大众,放弃安逸、功名、荣耀、利禄,宁愿背叛"天帝"做为了人间的光明盗来天火的普罗米修斯感到由衷的钦佩。但同时,有学生对于殷夫的选择提出了自己的看法,认为殷夫当然是崇高伟大的,但是他是不是一定要以那么决绝的方式和他的哥哥决裂?对于殷夫放弃那么好的前途,而走向"黑的死、白的骨",表示难以理解。我觉得这确实是当前在学生中普遍存在的一个问题，许多人把个人发展和祖国命运截然分开，只重视个人发展，很少考虑国家命运和利益，没有认识到个人发展和祖国命运休戚相关。该如何正确认识个人和祖国的关系？该如何正确认识青年人的社会责任感、使命感？这节语文课最后促成我选定了我主题班会的主题“将个人的发展和祖国的命运联系在一起”。

确定选题角度后，我接下来考虑的是课堂实施。我设计的时候特别考虑了三点：

第一，教育无非以理服人、以情感人。我觉得我的这个选题如果只是讲道理的话，很容易架空，教育效果可能不会很好，因为这个道理说说大家都懂，但心里是否真的认同不一定，就如在学习《别了，哥哥》时，我们其实也涉及了个人与国家的关系，但有些同学还是存疑的。所以，我在设计整个班会时，是倾向于以情感人的。在“祖国的命运影响个人的前途”这一点中，我没有引导学生回顾大的历史事件、也没有给出大量的史实，因为不是上历史课，我只是从一些最细节的方面，调动学生已有的历史知识，重点在于激起学生的情感共鸣。所以，我选择了一个称呼、一句话、一首歌，让学生真切感受国弱遭人欺，没有强盛的祖国就不可能有生命的保障、个人的尊严。而配乐朗诵《与妻书》更能激荡学生的情绪，书信写在就义前夜，林觉民对妻子的一往情深、牵挂不舍，对处在水深火热中的人们不能做到“太上忘情”，这种两难之情加上朗读者深情地演绎，学生能体会到革命先驱们为了自由而放弃生命与爱情的伟大。

第二，在日常的教育教学中，我发现我班的学生已有一定的明辨是非的能力和批判地接受的能力，你直接告诉他的结果往往不及他自己体会、感悟到的来得深刻。所以，我在设计这次主题班会时，注意了选择材料的前后对比：曾经的祖国和现在的祖国。从“东亚病夫”到一届精彩成功的奥运会，从国破家亡、被蹂躏、被掠夺到今天祖国有能力援助危难中的海外华人。事实胜于雄辩，学生能清楚认识到个人发展和祖国命运的一致性。而关于邓稼先和杨振宁我也只是选取了他们生命中的几个有着对比意味的镜头，点到为止。因为我觉得教育有时是需要留白的，意犹未尽有时比知无不言、言无不尽有更好的教育效果，这样，留给了学生思考、回味的空间，一切尽在不言中。

第三，写散文讲究形散而神不散，一堂课，我觉得也应该有一条红线贯穿，层次清晰往往会具有一定逻辑力量，能增强课的说服力，所以，我选择了舒婷的诗歌《祖国啊，我亲爱的祖国》作为整堂课的线索。这是一首我很喜欢的现代诗，诗人深情地描述了祖国昔日的贫困、今日的腾飞以及愿为祖国的富饶、自由、荣光而奉献一切的赤子之心。在进行作文教学时，我常告诉学生作文想打动老师一定要先打动自己，而每次朗读《祖国啊，我亲爱的祖国》，我都会被深深打动，我想也应该能从情感上打动学生的。

从课堂学生的发言和课后与学生的交流中，我个人觉得通过这次主题班会，学生还是有所触动的、有所思考的。冰冻三尺非一日之寒，涉及人的思想观念、行为习惯的教育往往不可能是立竿见影的，但是，如果自此以后，学生对这个问题会有一定的自觉意识，我想这就是教育成效之所在吧。